Raising A Daughter
养育女儿
父母与健康女性的唤醒
Parents and the Awakening of a Healthy Woman

Jeanne Elium & Don Elium
[美]珍妮·艾里姆 [美]唐·艾里姆 著
施建农 等 译

北京出版集团公司
北京出版社

著作权合同登记号

图字：01-2016-6442

Copyright © 1994, 2003 by Jeanne Elium & Don Elium. All rights reserved.
Published in the United States by Celestial Arts, an imprint of the Crown Publishing Group,
a division of Random House, Inc., New York.
This translation published by arrangement with Celestial Arts,
an imprint of the Crown Publishing Group, a division of Penguin Random House LLC
Copyright © Chinese translation, Beijing Publishing Group Limited 2018

2018中文版专有权属于北京出版集团公司，未经书面许可，不得翻印或以任何形式和方法使用本书中的任何内容和图片。

图书在版编目（CIP）数据

养育女儿：父母与健康女性的唤醒 /（美）珍妮·艾里姆，（美）唐·艾里姆著；施建农等译. —北京：北京出版社，2018.8

书名原文：Raising A Daughter：Parents and the Awakening of a Healthy Woman（Revised Edition）

ISBN 978-7-200-14274-7

Ⅰ.①养… Ⅱ.①珍… ②唐… ③施… Ⅲ.①家庭教育—通俗读物 Ⅳ.① G78-49

中国版本图书馆 CIP 数据核字（2018）第 210448 号

养育女儿
父母与健康女性的唤醒
YANGYU NÜ'ER

[美]珍妮·艾里姆 [美]唐·艾里姆 著
施建农 等 译

*

北 京 出 版 集 团 公 司
北 京 出 版 社　　出版
（北京北三环中路6号）
邮政编码：100120

网　　址：www.bph.com.cn
北 京 出 版 集 团 公 司 总 发 行
新 华 书 店 经 销
三河市嘉科万达彩色印刷有限公司印刷

*

720 毫米×1000 毫米　16 开本　27.5 印张　310 千字
2018 年 8 月第 1 版　2020 年 3 月第 3 次印刷

ISBN 978-7-200-14274-7

定价：65.00 元

如有印装质量问题，由本社负责调换
质量监督电话：010-58572393

推荐

培养什么样的女孩，如何培养女孩，是每个家有女孩的父母需要直面的问题。《养育女儿》一书生动描绘了从女孩到女性成长的复杂历程，提出了富有成效的养育女孩指南。更为打动人心的是该书作者对女孩教育鞭辟入里的诠释。正如书中所说："每个女孩都是一个独特的个体，都是在未来充满天赋、才能和智谋的独特幼苗。"女孩教育的核心即在于突破制约其成长的传统意识，尊重男女性别差异和个别差异，悦纳其多样化的表现，帮助女孩发现自己内心潜能，成长为充满自信、富有才华、追求梦想、勇敢坚毅，能够让自己和世界变得更加美好的健康女性。

——中华女子学院教育学院院长陈虹

很庆幸，在女儿还小的时候，我就接触到了《养育女儿》。很庆幸，我能够反复阅读，和一群女孩的父母交流心得，在幸福的互动中，我和女儿一同成长。我由衷地欣赏作者的智慧！他们让我记住了无论自己的情绪如何，面对女儿都要温和而坚定。他们教会我如何去发现女儿的真实意图，帮助女儿成长为她自己。他们告诉我要接受自己和女儿的负面情绪，要学会倾听来自内心的声音。他们给出了在不同年龄培养女儿自信的具体方法，反复强调自信的重要性。

今天，把《养育女儿》推荐给你，从情感的梳理到思维的智慧，从解决生活烦恼到应对文化压力，在养育路上有它相伴，相信你会从中汲取到力量！

——父母必读养育科学研究院院长徐凡

即使是提倡男女平等的现代，一个女孩在平安长大成为健康的女性之前，仍然要面对许多压力和限制。这本书带领父母从远处看见女孩所要面对的社会危机，从近处了解女孩拥有的心灵特质和成长所需。作者引用大量的访谈实例，剖析不同年龄层的女孩心理和教养重点，堪称是一本相当完备的女孩教养书。我相信父母阅读之后，能够以更理解和支持的态度去看待孩子，帮助她勇于表现真实的自我，茁壮地成长。

——两岸亲子未来学与幼儿教育专家林美慧

本来以为自己把22岁的女儿养育得还不错，阅读这本书时却发现不少"盲区"和"误区"，发现了许多因为无知导致的遗憾。养育女儿的前提是理解女性的智慧、长处和力量，书中对性骚扰、霸凌、注意力缺乏症等敏感问题的描述，清晰地给出父母引导女儿走出困境的着力点。尤其对习惯于快速解决问题或制定规则的父母而言，从这本书中可以学会如何关注女儿的感受而不仅仅关注行为、规则和后果，学会提供安慰和支持的机会，学会给女儿归属感和爱，帮她发展自己的优势，养育一个自信而美好的女性。

——《中国教育报·家庭教育周刊》主编杨咏梅

作为一个在乡下"散养"长大的"老男孩儿",一直对所谓"育儿攻略"类图书不感冒。直到自己当爸爸,见到了她的"第一次微笑",才知道为了她,你是值得做出任何改变的,包括去阅读形形色色的"圣经"。《养育女儿》细致描绘了女孩儿们的整个成长过程,给我们"岳父俱乐部"成员以很多有益的参照。对孩子成长最好的礼物是陪伴,那么能在陪伴中做做功课、读读书,达到更高质量的陪伴,岂不是更好的礼物?

——北京外研书店副总经理付帅

怀孕时,朋友问我希望肚子里的宝宝是男孩还是女孩。我脱口而出:"男孩!"绝非因为重男轻女,是因为我担心自己养不好一个女儿。现代社会的女性,既要能持家,又要会打拼;既要懂妥协,又要有主见;既要会顾家,又要能独立……而想要适应这些要求,就必须同时具有柔顺、细腻、谦和、果敢、坚毅、豁达这些不同的特质,并让它们"相处融洽",但最终,我还是有了个女儿。

度过了最初的迷茫与惶恐,我终于开始静下心来思考怎样能更好地养育女儿,成为一个能给她带来正能量、教会她为人处世的妈妈。偶然之间我发现了《养育女儿》,它给了我很大启发,让我从一个全新的角度去理解不同阶段女孩的心理需求,并且教会了我如何朝着心中那个理想的样子去引导和塑造她。

——育学园总编辑刘于君

献给我们的孩子海蒂和马修,
祝你们充满自信和自豪地走自己的路。

致谢

我们真诚地感谢充满智慧的代理人彼得·贝仁，感谢他的耐心、理解和专业的建议；感谢出版商大卫·任道尔的支持和领导，感谢管理编辑费罗尼卡·任道尔的鼓励、鞭策、热情和支持，感谢尼弗·海瑾给我们指出差错并通阅全稿，感谢维克多·伊邱卡为本书做了精美的设计。还要感谢星空艺术出版社给予我们帮助的所有人；感谢奥德丽·约翰逊，这个世界上做书最快的编辑；感谢研究助理劳拉·肯尼迪的杰出工作。还要感谢我们的朋友鲍勃·柯莱格在计算机技术方面的支持为我们节省了时间。我们还要衷心感谢斯通咨询中心的人们。感谢治疗大师朗德里·维尔德温、威利·米沙德、奥德丽·希尔佛曼、布卢斯·希尔佛曼、佛瑞德和莎丽格卢克。还要感谢玛格丽特大道的所有邻居。

我们对我们的咨询者、同事、朋友和那些光顾我们的培训班讲座、家长小组及唐的私人心理诊所的家庭不胜感激。感谢他们让我们分享他们的个人生活体验。为了保护他们的隐私，我们对书中的人名、逸事和个案故事都做了必要的改动，而且在多数情况下把它们交织在一起。我们感谢那些有勇气把自己的故事讲出来的人。他们的忧伤和喜悦让我们所有人受益匪浅。

关于本书第二版，很感谢读者告诉我们这本书带给了他们帮助。当读者拿着已经被翻阅多次的书来找我们签名时,我们是非常感动的。在此,也很感谢我们的女儿海蒂,她用真心和时间让我懂得做母亲的真谛。同时,非常感谢我的代理人彼得·贝仁的再次付出,以及对我有着特别意义的资深编辑费罗尼卡·任道尔。至今,我还记得戴维·海因兹的热心帮助,在此也感谢他的支持。最后,想对我们的家人和朋友们说一声:谢谢你们的爱与陪伴。

推荐序一

我和丈夫结婚3年之后才开始探讨生儿育女的事儿。怀孕3个多月时，我觉得自己怀的是一个女孩，我家那个急性子的爸爸买来一些色彩鲜艳的婴儿用品，又采购了一些好听的胎教音乐磁带，还给女儿起了几十个备用的名字。充满着欢喜，同时又惴惴不安等着她出生。看到粉嫩的小女孩，紧张的父亲竟然不敢出手相抱，唯恐把女儿给抱坏了。

很多年过去了，在做家庭教育研究的时候，我开始思考一个问题，自己养育女儿的经验是来自于人云亦云的常识，还是源于我们家庭内部的教育经验；是基于男女两性生物学上的性别（sex）差异，还是因为性别的社会建构（gender），或许二者兼而有之。我们自觉不自觉地对男孩和女孩区别对待。听到女孩啼哭，我们会呵护有加；看到男孩流泪，我们会横加训斥。在我们的文化中，女孩可以柔情似水，但男孩一定要勇敢坚强。对于女孩的适性养护、适度干预，是否会限制她的发展，女孩究竟应该成为一个优秀的孩子，还是一个优秀的女孩，这是让很多父母倍感困惑的问题。

《父母必读》杂志这次修订再版的《养育女儿》理性地回答了这些难题。与一般图书不同的是，这本书对于男女两性的差异做了非常专业和科学的解读，从母女互动、父女互动、夫妻互动三个维度，以及研究者和父母亲双重角色的视角，收集了大量实证研究的案例，力求揭示和解释男人与女人的不同，养育女孩可能会陷入的误区，以及如何走出误区。

作者指出"男人天生只关注任务""女人倾向于关注韵律和团体与环境的相互作用"，这种性别差异是人类经过若干万年的进化逐渐形成的，取决于"四种强大的力量——生物的、心理的、文化的和女性心灵深处的力量"，人类的性别是生物性与社会建构和文化模塑的结果。把女孩当女孩来养可能会出现的问题是"利用女性的生物特征，限制她们成为什么人"，让女孩因迷失在文化对女性的束缚上而失去自我意识，确实令人难过。身为父母亲，应该从理解性别差异的视角出发，让女孩发现自己内在的力量，摆脱束缚，成为具有两性优秀品质的人。融合取向的性别教育也许不是一个新名词，但是在养育女儿的家庭教育实践中，理解不同年龄段女孩面临的发展困惑，帮助她们在解决问题中，寻找新的发展契机，实现自我超越是父母亲义不容辞的责任。

发现女儿的优秀潜质，克服文化的局限，设置好保护与促进女孩与女性成长的栅栏对于很多家庭来讲都是一个挑战。

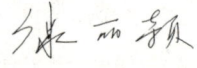

首都师范大学家庭教育研究中心主任、教授、博士生导师
北京市家庭教育研究会副会长

推荐序二

作为两个女孩的父亲，我对如何养育女儿有迫切的需求，《养育女儿》让我对女孩的教育有了清晰的方向。

作为《男孩危机?!》《女孩危机?!》的作者，《养育女儿》进一步加深了我对女孩成长的认知。

我们几年前就发现，女孩的问题和男孩的问题是不一样的：女孩的问题大多数是内隐的、碎片化的，如女孩的不自信、女孩的依赖性，问题不容易被发现。男孩的问题是外显的、整体的，如男孩的学业落后、男孩的体质危机，问题容易被关注。

正因为女孩问题的内隐，所以女孩往往容易受到隐形的伤害。好多父母害怕女孩受到伤害而过度保护女孩，但这反而伤害到女孩自信心和独立性的发展。应试教育对女孩相对有利，从小学到中学再到大学，女孩的学业成绩越来越好，但代价是女孩的体质下降和更强的心理依从性。

今天的女孩父母，容易受到所谓"富养女"说法的误导，物质"富养"女孩，其本意是增强女孩抵御外在诱惑的能力，结果却是许多女孩习惯了物质享受，由奢入俭难，培养出"宁愿坐在宝马车里哭，不愿坐在自行车后面笑"的女孩，最后往往"欲壑难填"。

今天的中国，是一个不断转型中的中国，移动互联时代的到来，正在颠覆传统的价值理念和惯常的行为准则，我们父母有时都会感到无所适从，对于成长中的女孩来说，更是如此，她们在不断变化的世界里缺乏指引……

在这个日益复杂的世界里，越来越多的父母正在试着为女孩寻找"成长坐标"，以指引女孩顺利健康地成长。

《养育女儿》正是当代中国女孩父母需要的"成长坐标"，本书的作者用三部分给出了有力的回答和科学的指引。

第一部分，作者从生理、心理和精神角度分析了女孩发展的背景，让我们了解了女性发展背后的各种力量，描述了不同时代女性的成长历程，她们的所思所想、所困所惑……此外，还特别论述了文化压力对女孩的压制。第一部分让我们有机会对女孩的成长背景和女性的社会发展历程有了一个全面的、全新的了解，知其然，更知其所以然。

第二部分，作者对如何养育女孩从四方面给出了清晰的回答：1.父母合作共育女儿；2.设置栅栏以帮助女儿发展健康的行为准则；3.情感、思维、意志三方面协调统合，全面发展；4.通过倾听来触动女儿真实的心灵。第二部分既有养育女孩的指导性原则，又有具体而微的方法，可以作为养育女孩的操作性指南。

第三部分，作者对女孩成长为女人的一生进行了全历程的纵向论述，告诉我们不同发展阶段的女孩，父母的教养关键也应不同。父母应该与女孩共同成长，抓住每个阶段女孩的教养关键，帮助和引领女孩克服每个阶段的成长阻碍。

《养育女儿》让我们有机会以一个西方学者的视角看待女孩的教育，兼容并蓄中外家庭教育精华，培养出兼具中外文化优点的新时代女性。

《养育女儿》一书对女孩的成长过程和父母教养论述全面、重点突出，既有原则性的指导，又有具体性的方法建议，有理由成为每一位女孩父母的养育宝典！

北京师范大学发展心理学博士

首都师范大学心理学院副教授

首都师范大学家庭教育研究中心副主任

中国教育学会家庭教育专业委员会常务理事

再版说明

　　这套1997年在美国出版，几年之内在北美地区销售超过百万册的图书，究竟是如何吸引了大洋彼岸的中国父母？它和近些年国内外出版的很多育儿类图书中的理念和做法有何不同？

　　这里用得着当年罗大佑唱的一首歌里的一句词："就像彩色电视变得更加花哨，能辨别黑白的人越来越少。"

　　在色彩日益丰富、育儿方法层出不穷的今天，我们给育儿、给孩子、给自己添加了越来越多的负荷，自然的人类繁衍被加上了越来越多的刀刻斧凿。就像我们看惯了彩色电视、彩色图片，似乎黑白照片和黑白电影总是缺少点什么。其实，不是黑白世界缺少了什么，而是我们的眼睛和心态出了问题：我们不敢相信自己的眼睛，不敢相信自己的判断，不敢相信自己做父母的资格；甚至不敢相信自己的孩子，不敢相信他们与生俱来的自我成长的生命力。于是，我们把希望留给权威，留给"专家"，留给所谓"成功的经验"……

　　《养育儿子》《养育女儿》这套书的作者是心理学家。然而，他们既不以向读者传播心理学的概念和理论为目标，也没有标榜要给读者设计什么"成功"的方案。作为一对夫妇、一对父母，他们与读者倾心交流自己的发现和困惑，烦恼和欣慰。从中，你会看到一个品尝酸甜苦辣的家庭，看到这个家庭的成员不断变化、成长的生命力。我们相信，这样的家庭养育出来的孩子，也许其中有的没有被社会称道的高学历、高地位，但一定是健康、快乐、充实的。它就像一本由黑白照片组成的画卷，在带给人沉静的心态和客观的眼睛的同时，也带给人更多的想象和创造空间。在黑白这两种看起来截然相反的颜色中，你可以用更多层次的中间色来看待孩子、描述事物、阐发观点，并留下更多的自由发挥的余地。

这是个色彩斑斓的时代。一如当今很多育儿观念和方法，争奇斗艳地表现自己如何能够"赢"在起跑线上，如何进入哈佛、牛津。然而，过多的色彩会干扰我们的心态和视线。退掉这些漂亮的光环，我们又会感到茫然和失落：从起跑线到终点，我们将要经过怎样的崎岖道路；这一路风景我们还要不要领略……

相对于很多"鼓励竞争""望子成龙"的图书，这套书无论从内容到设计都很朴素、平实，字里行间几乎见不到所谓"人才""竞争"这些词汇。然而它触及的却是人的内心，是生命的根。

这是一套值得品味和有保存价值的书，是一套能在黑白之间发现美丽人生的书。为此，《父母必读》杂志将其重新修订，并重新设计了封面，再次推荐给愿意成为"育儿专家"，并愿意创造自己精彩育儿生活的家长朋友。

前言

> 倾听女儿的声音促使女性直面被埋没的事情。
>
> ——伊丽莎白·德博尔德
> 《母女革命》（*Mother Daughter Revolution*）

《养育儿子》是我们写的第一本书，也是我们第一次向全世界的读者讲述自己养育孩子时的想法和经历。对它的出版及取得的成功我们感到既高兴又惊讶，似乎每个人都在为自己的儿子担心，想知道如何更好地养育他们。当读者想知道我们什么时候会写《养育女儿》时，我心头一沉。对于养育儿子，我觉得自己可以和大家进行深入的交流，因为我的工作本身与男性运动相关，我的性别研究项目可以派上用场，而且我和我的爱人也正在抚养着我们自己的儿子。然而，要写一本关于女儿的书却触及了我内心的一个痛处。每次当我想到它时，都不禁哽咽。我的内心总有一个坚定的声音："不，我没有权利写一本关于养育女儿的书。"但是，在我所热爱的写作生涯中，我下一步要做什么呢？《养育女儿》的写作受到了多方面的压力，我知道自己将沉浸在痛苦的回忆和情感中，我很想放弃。

离婚后，我失去了女儿的监护权。女儿和她的父亲住在一起，我搬走了。做这个决定很艰难，我对抚养女儿感到深深的痛苦。

当我失去耐心，对孩子们的游戏感到厌烦，或者想要独处的时候，我感到极度痛苦。我离开了我的丈夫，他天生就会养育孩子，这让我觉得自己被冷落了、不够好、很失败。如果有人告诉我，是我自己的要求太高了，这可能会舒缓我身为母亲的不安全感，进而让我悦纳自己。可是，我怎么知道有了孩子，特别是有了女儿，总会让我想起自己未解决的童年问题？我试图满足女儿正常的养育需求，可我却总是做不到，我内心的那个没有母亲关爱的孩子也在被唤醒。

当时，我不知道自己童年时的某些需求未得到满足的经历会使自己很难做个好母亲。当我最需要妈妈的时候，她由于身体健康问题无法照顾我。当她住院离家近一年时，没有人向我解释她在哪里，也没有人告诉我她的病情。步入成年，我不明白自己为什么偶尔会有那种可怕的、孩子气的愤怒，这让我感到孤独和害怕，我失去了理智。我怎么会这么不开心？我有最漂亮的宝宝、善良的丈夫和温馨的家庭。对关注、安全感、理解和爱的渴望完全吞噬了我，没有任何东西可以填补我的空虚。我笨拙地开始了漫长的旅程，想挖掘出自己内在的母性，做个合格的妈妈。

许多妈妈或许也经历了类似的旅程。其实，大多数时候我们可以不必离开女儿去追寻自己想要的东西。不幸的是，我只想到了离婚这种方法。妇女运动似乎在鼓励我离开传统婚姻，寻找自己的生活。可是，当时的我太年轻以至于难以理解"解放"的真正含义。我也很担心我的女儿，如果我的抑郁和愤怒以某种我无法预料的方式伤害到她怎么办？我开始忙于接受治疗、做志愿者、发展新的关系、旅行、做研究工作。我越来越能够理解自己不能成为一个好妈妈的原因,但我仍因为离开我的女儿而感到羞愧,我害怕自己的离开已经给她带来了伤害。

我的研究工作涉及我少女时期的问题。我发现,受中西部文化的影响,我家庭中的女性成员是很不容易的。当我还是个孩子时,我发现女孩在某种程度上不像男孩那么有价值。我努力做到最好,让自己健壮、坚韧、冷静。我努力克制消极情绪,比如,愤怒、忧郁和痛苦,以获得我周围成年人的认同。我忙于学业和课外活动来掩饰自己对理解和关注的需求。我想因为自己是谁而不是自己做了什么去得到归属感和爱,但我不得不背叛自己内心的真实想法。我将自己的需要隐藏起来并选择遗忘。我相信是因为我的妈妈生病了,所以我才要很早就开始打扫卫生、做饭、洗餐具。在一个歧视女性的社会中,我很担心自己不能健康地养育女儿,这使我想起了自己尚未解决的自尊心和体形问题。我承认自己童年时没有得到无条件的爱和尊重使我感到悲痛和愤怒。

尽管我积极地处理这些问题,但要写一本关于养育女儿的书仍让我觉得是对自己、对我女儿和对我母亲的背叛。我没有打算从自己如何养育女儿的角度去写,而是打算从我作为女儿时我自身需要的方面去写。结合我对女性心理学的研究,我希望为父母提供视角,来了解女儿在成长为健康女性过程中的需求。我想作为探索者提供个人经验,而不是作为专家给出建议,来帮助其他父母避免我所犯的错误。我的目的是提出一种新的观点,一种观察女孩和她生活的不同方式,而不是根据对女孩"应该怎么做"的陈旧刻板印象来养育她。

尽管我做了详细的解释,但我们的读者和朋友们仍会认为我的女儿海蒂就是《养育女儿》中的女儿。当他们向海蒂说起这本书时,他们会滔滔不绝地说:"哦,所以你是《养育女儿》中的女儿。"但海蒂对我说:"但是,妈妈,你没有养育我。"每次她这样说都让我很伤心,我知道这也会困扰她。现在,我没有按照传统的方式来养育她,我们达成一致意见,我以自己的方式来做她的母亲。我女儿对我在她小时候做的选择有了新的认识。我现在更理解她的感受。理解和同情让我们的母女关系更进一步,让我深感快乐和幸福!我很佩服海蒂对帮助别人的热衷和她抑制不住的对生活的激情。与我在她这个年龄时面临的挑战相比,她面临的挑战需要更多的智慧,我要学习她的慷慨及给予他人爱的能力。

目录

第一部分
女孩和女人 01

第一章　关于养育女孩的问题　03
第二章　女孩是由什么构成的　13
第三章　少女进入成年所举行的神秘仪式　41
第四章　厘清养育观念，打破现有文化压力对女孩的限制　57

第二部分
养育女儿 113

第五章　学会协作式思维，家庭合作共同养育女儿　115
第六章　设置栅栏，帮助女儿发展健康的行为准则　161
第七章　情感、思维、意志，明确三重奏发展趋势　197
第八章　聆听真实意图，触动女儿的心灵　247

第三部分
从摇篮到工作 265

第九章　关注我：从出生到7岁　267
第十章　我无所不能：8～12岁　313
第十一章　你们无法理解我：13～17岁　349
第十二章　寻找自我：18～29岁　397

第一部分

女孩和女人

第一章

关于养育女孩的问题

是花,总要开放。

——艾丽丝·沃克

她总是那么忧郁，那么闷闷不乐。

每一样东西都必须是粉色的，而且拒绝穿背带裤。

她一直致力于一门艺术。

她太敏感了。我说什么她都烦。

我们像抚养儿子那样抚养她，但她实在不喜欢玩卡车和枪械游戏。她试图通过保持安静、与人合作、学习成绩优异、几乎隐藏自己来取悦我们，特别是以此来取悦她的老师们。

要我在家当母亲，而不是当职业的辩护律师，我担心自己成不了女儿的好榜样。

她有两个哥哥，并学会了如何支使我们。她总是那么招摇。要她不那样，除非世界末日就要到了。

她与男孩约会已两年了，我真担心她会遇到麻烦。这年头的孩子，他们净做一些成人做的事，而且连眼都不眨一下。他们这么年轻，怎么能为长远的后果承担责任呢。

她是一个完美主义者。她参加的活动太多，比如，乐队练习、吹笛子、打排球、游泳、在玩具店打工、在医院当志愿者，再加上非常刻苦地学习，我们很少能见到她。

她想和我一起做所有的事。如果她母亲有什么不同意她，她就看着我；如果她母亲对某事说"不"，她就找我；如果她对某事不高兴，她就趴在我肩头哭。她信赖我，我很高兴，但我不知道当这些事发生时，作为父亲，我该怎么办。她越长越大，不能再搂抱着了。当她抱住我时，我也感到有点不自在。

我受够了。她是那么尖酸刻薄。您可能会认为我是一个来自地狱的母亲。我们对任何事情都没有共识，服装、发式、颜色、食品、朋友、政治、价值观。我喜欢的，她一定厌恶；她崇拜的，我肯定痛恨。有时，我怀疑我们怎么会来到同一个家庭里。想当初，3岁的她是多么可爱。

让她做点儿事，我不说上20遍她是不会动的。而且，有些事要让她做她还会不高兴，然后愤愤地走进自己的房间去生气。

她像她的兄弟一样粗鲁。我总是认为女孩应该是害羞的、退缩的、喜欢布娃娃和读书，而且既安静又干净。

女孩的眼光

这些听起来很熟悉吗？男孩的麻烦和女孩的问题是不同的。要了解其中的奥秘，我们有必要从一个新的视点来看待女孩。我们不得不切入问题内部来审视它。我们有必要用"女孩的眼光"。我们必须戴上不同的"眼镜"，以便使我们能够看到女孩所能看到的世界。我们必须摒弃那些认为男孩和女孩是一样的，男人比女人好，女人比男人好，或男人是错误的，或者某个性别优于另一个性别，某个性别更有能力、更友好、更有派、更粗暴、更易于抚养、更聪明、更理性、更弱、更难以对付、做男孩的家长更容易或做女孩的家长更容易等狭隘的观点。

抛开关于女孩的假想后，我们第一次开始现实地看待女儿。

我们开始理解女性的本质，她们表现出的问题，她们行为背后的动机，她们需要从我们这些家长身上得到什么帮助等，这使我们认识到什么是健康的女性。许多父母都觉得，理解女孩就像想要了解一个刚从太空飞船上下来的外星人一样。的确如此，因为我们从文化中获得的对女孩的认识与现实中的是极其不同的。我们误解女孩，因为主流文化期望女性的行为像男性那样，而忽视她们的独特性。这种期望使女孩和妇女在现实社会中显得缺少才能和效率，因为这个社会是以人能够获得独立性的程度，即能够独自控制或对抗他人的程度来衡量一个人的才能和效率的。

一个女孩不可能成为一个好的首领，她总是要先将每一件事说一遍。我们不可能玩到一起。

——亚历山大，11岁

我们公司的政策要求我雇用一定数量的女职员，但我总是不愿让一个妇女来当主管。一个经理必须能承受孤独，能发号施令并希望别人来执行。

——约瑟夫，35岁

我们的女儿由于目标不同才显得生机勃勃，因为她们把世界看成是一种关系。与争取独立不同的是，女孩们寻求的是一种平等的付出与获得、相互依存和相互积极制约的关系；当她们意识到自己是某种关系的一部分并能关心这种关系时，她们的自尊心就得到增强。女孩把关系看成是行为的基础；她们的行动就是试图与别人保持关系。女孩们主要是寻求与他人保持联系的方式而不是控制对方。韦尔兹利学院的斯通发展服务和研究中心（以下简称斯通中心）的治疗师、作家及研究人员认为，这是一种关系式的生存方式。

关系式的行为并非女性独有。所有人生来都有这种能力，但是我们很快把男孩引导到更被主流文化接受的自主性上来了，而把女孩的这种天然的、与人保持联系的能力加以培养并精练成关心和照顾他人并辅助他人发展的艺术。理解了女孩们的这种关系取向的模式或世界观，我们就能理解为什么她们有自己的行为方式。

女孩们需要知道四件事：1. 我们有关系吗？ 2. 我们的关系的本质是什么？ 3. 我和谁处于这种关系中？ 4. 要保持这种关系需要做什么？当我们抱着理解的眼光来看待女孩们的行为时，她们的问题就会变得明朗，而且易于与她们共同生活。在她们成长为独立自我的过程中，需要形成和维持联系。她们以这样或那样的方式寻求照顾或被照顾，而这种方式在某个时候可能是不成熟的，甚至会起反作用。

亲爱的妈妈：

很抱歉，最近我总是冲您叫喊，而且很容易发疯。这都是因为我爱您，而且非常想念您，而您却不得不整天忙于工作。我不知道自己为什么叫喊，但我希望您知道我爱您，而且知道我这样发疯并不会影响您对我的爱。

您的女儿崔茜

——崔茜，12岁

能够关心他人并不意味着软弱

我们喜欢斯通中心关于健康女性的下述观点：健康女性有能力清楚地知道自己的需要和情感；能采取有目的的行为；具有创造性和效能；能意识到自己的行为会对他人产生影响。这些特点意味着强壮、有能力、有动机、自尊心强、有同情心、关心他人和智慧。我们这些家长希望自己的女儿能具备这些品质——但即使对成人来说，要使自己具备这些品质，也仍然是一个艰巨的任务。

对于女孩来说，力图成为一名健康的女性尤其困难，因为当在各种关系中挣扎时，她们会很容易迷失在这些关系之中。在没有理解生存关系中互惠互利的重要性时，许多女孩以损失她们自身的需要为代价来学习给予他人。甚至，她们把自己也给了出去。为避免使别人痛苦或不给别人带来不便，她们咽下了自己的需要和感情。她们的心声暂时听不见了，由此转变成怨恨、忍受失常、愤怒、失望、自尊心下降、依赖和性功能失调。有些女孩学会了玩弄伎俩、遮遮掩掩和消极地获取她们需要的东西。有些女孩拒绝女性的传统观念、放弃关系并躲避关系中的陷阱。争取独立的动机使她们忽略了自己的需要和情感。她们变得怨恨、激怒、抑郁和孤独。她们变得专横、（感情）迟钝并抑制自身的需求。无论是抛弃还是接受文化的性别陈规，许多女孩都失去了她们作为女性的自身优势。

我们为什么要写这本书

唐：我的一个咨询者是一位成功的企业高管，首次来我我时，她为自己在个人生活中缺乏浪漫和情侣而感到沮丧。她以一种不近人情的语调告诉我关于她个人的事，列举了许多她曾以这样或那样的理由"断然拒绝"的男人。最后，我打断了她的话："您是个女人啊。"她惊讶地盯着我看，就好像我是个疯子。她默默地左右看了看，好像我是在与房间里的另一个人说话。然后，她小心地问我："您是在跟我说话吗？"我点了点头。她突然大喊："从没有人注意过这一点。"在整个治疗过程中，这位美丽的女强人开始逐渐意识到，她是在试图以男人的生活方式来取得她父亲的爱和关注。由于认为父亲从不承认女性的价值，她拒绝接受自己的女性特征，并且迷失在她成功的事业中了。

在我们的文化中，我被那些进退两难的女孩或妇女所打动，我开始到处寻找答案。作为心理治疗师，我看到男人们为了理解妻子，就好像在打仗，也不知道如何对女儿的生活发挥积极作用。我看到女人们对自己的父亲和丈夫发怒，因为她们觉得不受重视、被误解和被小看。我看到女孩们为使她们的独特性被承认而抗争，但又不愿简单地给自己贴上"女性"的标签。我看到女孩们为了保住与父母的关系而挣扎，她们在这个时代混合的"性别汤"中感到失落。作为一个丈夫和继父，我担心自己是否会忽略与我生活在一起的女性成员。

我参与本书的写作，有以下几个原因：帮助我们改变现有文化对女孩和妇女们危险的误解；学习如何支持我的妻子和继女以她们的方式继续保持自己女性的本色；促使新的心理学不再忽视女性的体验；阻止传统文化和家长继续对女孩们说，要使自己在家庭中或在社会上取得成功，她们必须做或不能做什么；为女孩和妇女提供发现她们的强项和弱项，她们的直觉和智慧，她们的关系及她们独立的自我的机会。

珍妮：与写一本关于抚养女儿的书比起来，写一本关于抚养儿子的书显得容易多了。当别人问我"为什么"时，我开玩笑说："当然，女孩要复杂得多！"这可能对也可能不对，但看到了有关女孩和男孩的研究后，我可以肯定我们能够发现支持这些观点的证据。我发现这本书难写的理由主要不是个人的，而是社会文化对性别的观点。

我自己也是一名女性，但这并不一定就具备内在的便利经验。在中西部一条缓缓流淌的小溪边的树林里，我常常与马和狗做伴，度过了最愉快的时光。至少，这是在青春期到来之前，在一切永久地改变之前的一段最无忧无虑的时光。然后，我就不得不应付"箍牙"、男孩、身体形象和如何引人注目等问题。直到后来，我设法理解为什么女性在所有事情上都被忽视，从教堂的礼拜仪式到信誉等级。我自己作为女儿、妻子、职业母亲、离婚者和中年妇女的经历都促使我成为本书的作者。

我参与如何抚养女儿这本书的写作是对现实的一种检验。我对女性成长历程的理解到底有多少？我能给家长清楚地描述这个过程吗？我能够向家长详细地解释在使女孩成长为健康女性时，我们还需要做些什么吗？毫无疑问，在撰写本书的某些章节时，我会感到困难。我发现自己越写越清晰。

当我意识到其他妇女弄不清她们怎么做女人和怎么做人时，我感到非常吃惊。难怪我的丈夫和其他男人有难以理解我们的时候！为了让人理解，我们妇女一直在以官方文化的语言来表达自身的体验，但直到最近，他们才像理解外国语一样理解我们。

  我感激那些妇女研究者和作家，我将在随后的章节中提到他们的工作，他们使传统文化对妇女的漠视和偏见转向听取妇女经历的清晰而强烈的声音。通过参与本书的写作，我想要向父母们转达有关女性的知识，让女孩们健康成长，不只是为了我自己的女儿，更是为了所有的女儿和所有的儿子。

第二章

女孩是由什么构成的

> 小女孩是由什么构成的?
> 糖果、香料和一切美好的东西。
> 小男孩又是由什么构成的呢?
> 剪刀、蜗牛和宠物小狗的尾巴。
> ——古老的童谣

珍妮：我女儿小时候友善而讨人喜爱。当然还不止这些，她固执、富有同情心、害羞、喜怒无常、漂亮、愉快、狂怒、苛刻、容易合作、不易理解、容易高兴——所有这些混合在一个幼小而美丽的人身上。像所有的女孩一样，她也是糖和香料的混合物。

当我们在背诵这首古老的摇篮曲时，我们中有多少人会停下来想一想，香料并不意味着"甜美"。当我们想让某样东西"味更香"时，会增加调味品的浓度，加一点花椒或胡椒，甚至加更火辣的辣椒。我们调制的东西就变得风味十足，"哗——"这就变得更有滋味、更有趣。咬一口会弄麻我们的舌头，使我们的眼睛流泪，使我们的体会更加深刻。但不幸的是，许多小女孩在成长过程中被教得只有友善和讨人喜爱了。她们不得不藏起"辛辣"的一面。如果一个女孩经常被教导要"讨人喜欢"和"做事要像个淑女"，如果做不到就要不断地受到惩罚，那么，她就会把天性中明显的"辛辣"掩盖起来。对她来说一些重要的东西就会转入地下。

另一方面，不鼓励她表现出人格中的"糖的一面"也是危险的。如果我们强迫女儿成为好强、独立、进取心超强的人，以为这样

第二章
女孩是由什么构成的

才有价值并和男人"平等",那么,我们会让女孩和妇女觉得自己永远是第二位的。一个小女孩不只是我们这些家长和社会引导的那样,她是一个受四种强制力影响的混合物,这四种影响力是:生物的力、心理的力、文化的力和女性心灵深处的力。理解了生物、心理和心灵的力量(在本章中讨论)和文化的影响(在本书第四章中探讨),我们就可以避免只局限于那种"天然与养成"观点的争论了。人类的塑造过程比遗传和环境本身更重要。如果我们忽略了这四种力量中的任何一种,就等于忽略了女孩们与生俱来的权利——作为完整的健康女性的权利。

生物性的影响

我们通常关于男女差别的观点仅限于生殖系统和刻板的性别角色陈规。医学专业的学生都是用男性体格来学习解剖、做检查和拟订治疗方案的。由于医学界认为无论男性还是女性,人体的结构基本相同,因此直到最近医学研究和生理发展研究仍是基于男性进行的。与此相似,由于认定女孩从未达到过获得独立与自主的标准,绝大多数心理发展的模型是从男性的观点出发建立起来的。那些发现男女大脑有差异的大脑研究结果被嘲笑和掩盖,因为人们害怕这些证据会被用来反对妇女争取平等的权利。在我们周围到处可以听到这样的叫喊:"男人和女人是一样的!""男孩和女孩是完全相同的!"

我们做父母的会有许多疑惑,因为我们看到女儿和儿子在性别上存在着许多差别,更不用说我们的妻子、丈夫、母亲、父亲、老板和朋友了。一些写书的人和医学研究可以忽视它们,但这些差异实实在在地每天发生在我们的厨房、卧室、教室和职场。尽管本书并不比较性别特征，但漠视男孩和女孩之间的差异是引起每个人巨大混乱的原因，特别是我们这些家长更不能忽视这种差异，因为我们将要肩负着将孩子抚养成健康成人的责任。

研究人员莫安妮·莫伊拉博士和记者大卫·耶瑟尔是《脑内乾坤：大脑也有性别》（*Brain Sex: The Real Differences Between Men and Women*）一书的作者。这是一本可供非专业人士阅读的关于当前大脑研究的书。他们指出，由于不同性别的人在行为上的差异在早年（一些研究表明出生后几小时）就有所表现，女性和男性必定会以不同的方式体验并对外界做出反应。确实，我们有些人可能会说我们生活在完全不同的世界里！我们认为有大量的证据证明男性和女性的独特大脑先天就有以独特方式做出反应的倾向。例如，就拿做爱这件事来说吧，男人总是先行动然后再说话。他们倾向于对行动更感舒服，所以他们倾向于首先朝这个方向运动。女人通常在与情侣进行交谈后才感到联系更加紧密，然后才准备进行身体的接触，所以她们常常想先说话。

请注意我们使用了"通常""有趋势""倾向于"之类的词来描述生物性对行为的影响，因为决定我们行动的因素不只有生物性。然而，不低估它的影响力并认识到它对女孩的影响，这会有助于我们更好地引导她们走向健康女性之路。

女性蓝图

正像在生物学上创造一个新生命令人敬畏一样，制造一个女婴也是非常直截了当的。母亲贡献22条染色体外加一条"X"染色体，而父亲也贡献22条染色体外加一条"X"染色体。然而，基因并不能完全决定我们是当女孩的父母还是男孩的父母。从受精的那一刻起，胎儿的自然倾向是沿着女性的路线发展的。在胎儿的头6周内如果出现或缺乏雄性激素，会使生物型模板固化或改变。如果父亲贡献一条"X"染色体，而且没有雄性激素出现，那么，胎儿就会沿着原先的蓝图发展成女婴。

女性蓝图的发展由女性激素激活，女性激素主要是雌性激素和孕激素。胎儿的大脑沐浴在这些激素之中，并在女孩的模板上制定壮观的蓝图。错综复杂的女性框架的生物倾向就此形成并从一开始就影响女婴的个性特征和行为。她的大脑是典型的女性大脑，有着与男性大脑不同的独特的表现方式。

大脑结构与行为

在"养成"与"天性"之争中，支持养成的专家们认为，要通过给孩子们特定的玩具，或者通过允许或不允许他们陈规性的行为，来按照性别陈规抚养我们的子女。然而，事实上在任何文化条件产生影响之前，即使在出生后几个小时，行为差异就显而易见了。例如，女婴对噪声的反应比男婴更强烈，而且对冷和潮湿更容易感到不舒服。触觉研究的结果也表明，女孩对触摸更敏感。事实上，在触觉敏感性方面，最敏感的男孩的得分也比最不敏感的女孩的得分低，而且，这种差异一直持续到成年期。这或许可以解释，为什么在背后亲切地拍一下，对于男人而言是一种玩笑，而对于女人却像是击了她一掌，这一掌简直是在伤害她。

而对男性伙伴来说,这样做只是有意识地表示诙谐的动作。

我们都知道,男孩对物品感兴趣,而女孩对人感兴趣,这就是所谓的性别模式。大脑研究专家观察了出生后2～4天的婴儿,结果支持这种性别模式。女婴对人脸保持兴趣的时间长于男婴,而且,不管被注视的人是否说话都是这样的。随后,当他们躺在摇篮里时,男婴和女婴都会愉快地冲着看护人牙牙学语。但是,男婴不需要看护人待在那里和他保持对话。他们冲着摇篮上的玩具或其他东西一样会咿咿呀呀说个不停。但女婴却不是这样,如果看护人忙于其他家务,她们会很快对游戏失去兴趣。

我女儿问的问题和儿子一样多,需要得到的关注也一样。但女儿的问题却不同。她总是想知道我在做什么和为什么这样做。儿子却问:"这是怎么回事?"我知道他们都希望我参与,但女儿主要对由她的问题引起的交流感兴趣,而儿子则对我的答案更感兴趣。

——劳拉,3个孩子的母亲

俄亥俄州金赛研究所主任,心理学家琼·瑞尼希博士评论说,在子宫内时,我们就在激素的影响下被"调了味",而且随着我们长大,这些"味道"逐渐表现出来。女性在生命的早期就表现出这种先交流再行动的倾向性。女孩学说话也比较早,而且表现出与别人交流的兴趣更浓,词汇量也大,天性更喜欢参与需要与别人相互影响的活动。

我儿子和女儿以非常不同的方式告诉我他们在哪里。我知道儿子在哪里,因为我能听到他的声音。我知道女儿在哪里,因为她会告诉我她在哪里。

——约翰，2个孩子的父亲

女性和男性大脑组织上的真实差异，明确地说明了行为倾向上的差异。斯坦福大学的心理学研究专家戴安娜·迈克杰尼斯及其同事发现，这些行为差异看来与文化是不相关的——就总体而言，不论是加纳、苏格兰、新西兰，还是美国都一样，同时，她总结了这样一些差异：

> 女性是沟通者而男性是行动者……男人擅长需要视觉空间能力的作业，而女人则擅长需要语言能力的工作。男人在地图、迷津和数学方面表现出色。他们在心理旋转和将三维物体定位在二维空间的心理表征方面较出色。他们善于在空间中给自己定位……而对于女性来说，在男人薄弱的方面比较优秀，特别是在需要语言的领域。一般来说，她们在需要客体操作和视觉敏锐度的事情上表现都不太好——她们对光的敏感性较差就是一个例子。但她们在需要语言机能的方面，几乎都很优秀……她们的词汇记忆很好。另外，她们唱和声的能力，比男人强6倍。

我们强调这项研究，不是支持那种认为女孩不能学数学的陈词滥调，而是想说，许多女孩会发现在空间操纵物体、识图和高等数学方面比男孩更困难，但女孩比男孩更会采用不同的策略来完成这些事。

在信息收集和问题解决方面也表现出性别差异。例如，许多女孩发现当把地图转到和自己的行进方向一致时，识图就变得容易多了。大多数男孩可以更轻易地在头脑中"看"到方向。同样，女孩倾向于用语言方式来解决抽象的数学问题,而不是像男孩那样更多地运用视觉能力。美国大学妇女协会的报告表明,女孩以小组形式学习更好,因为在小组里领导者或老师与成员可以共享语言信息。

卡洛尔·吉利刚所说的有关女性道德发展的工作,是说明女孩和男孩在处理问题和寻求答案方面有差异的另一个例证。她发现,女孩和妇女倾向于根据关心的伦理来选择解决问题的答案,并关心其他人会受到什么影响。男性则更多地根据一系列规则和法律、公正的原则,以及什么是逻辑上公平的原则来决策。

雌性激素和女性行为:五种生物性影响

在从出生到7岁之间,女孩和男孩的身体发展基本相似。起作用的激素主要是由脑垂体分泌的生长素。到了大约8岁,当女性激素的水平开始增加时,女孩的发展会发生戏剧性的变化。首先这暗示着正在发展中的女性身体开始显露出来。在女孩身上起支配作用的激素——雌性激素和孕激素,能有助于对蛋白质的吸收,减缓生长的速度,并增加体内的脂肪。这些激素的水平较高时,可以使身体变丰满、乳房隆起,并准备开始来月经。月经可以发生在9岁到13岁的任何时候。随着青春期的到来,在胎儿发展期早已编码的女性基因和激素蓝图,在明显的身体变化中表现出来。当然,并不是所有的女孩的身体发育都符合科学的"标准",许多人的月经周期会或早或晚地开始,这取决于她们各自的女性蓝图。

第二章 女孩是由什么构成的

雌性激素和孕激素对身体的影响是不会弄错的。生物特性促使女孩和妇女出现特定的自然行为。我们将此分为五个范畴：圆圈、容器、巨幅画、语词和关系。

圆圈。从一开始，女性生物特性就使妇女和女孩在一个圆圈里运动。家园——社区的中心、家庭和女性领地——是圆形的。在部落中的妇女和女孩围成圈在一起工作，以圆周运动筛谷子，制作圆形的篮子，用手臂将孩子围在胸前喂养。她们把自己的帽子做成圆形的，她们在圈子里跳舞，她们尊重太阳、月亮和季节的周而复始，她们自己的身体也有周期性的变化。

如今，我们常说现代妇女总是"围着圆圈跑"。抛开这个评价中的批评的成分，我们发现这种说法很真实。女性生活的本质就是一个圆圈。尽管我们的女儿们会发展她们独特的表现方式，雌性激素和孕激素影响着她们去创造、关注整体、去交流和保持某种关系。

容器。从远古时代起，女性就被称为"生命的容器""生命的赋予者""伟大的母亲""宇宙之源"。不管她的种族、社会地位、受教育程度、宗教信仰、婚姻状况、职业选择、政治归属等如何，在妇女一生的某些时候，她总要面临是否要一个孩子的问题。作为女性就有这种生物性上的强烈欲望。

有孩子对女性生活的影响是巨大的，并且会发生永久性的变化。用阿德瑞尼·理奇诗中的话说："无论她选择了什么，她的身体将发生不可逆转的变化，她的心思将不再相同，她作为妇女将被现实塑造。"她不能再认为自己是一个孤立的"我",她现在牵挂着另一个——无论距离有多远——这种无形的纽带比宇宙中的任何力量都强大。

我知道我不可能成为我儿子的母亲——我自己还是个孩子——所以当他出生后我就放弃了抚养的权利。我再也没有见过他。但是,即使是18年后的今天,每当他生日的那天,我总是想他在哪里,他现在成为什么样的人了。

——马吉,34岁

在有关性别政见的历史上,这种从自身的身体孕育生命的能力给妇女带来的权威却是细微的。作为早期捕猎—采集者部落的一名成员,她们由于具有生育的力量而受到尊重,或者在某种意义上是敬畏。古代的母亲身份赋予了部落中的妇女独特的、分工明确的角色,这种角色受到与男人平等的评价。没有男性的那种狩猎的勇猛、强壮和保护的能力,或者没有女性采集的技能、社区组织的能力、生儿育女和抚养孩子的能力,部落文化就会消亡。

随着农业社会的形成,性别角色开始发生变化。男人被认为对社会组织和精神生活负有更多的责任。但是,女人和男人的相互关系最戏剧性的变化是发生在工业革命的进程中。妇女第一次被狭隘地只限定于她们的生育能力并被放逐回家。母亲身份变成了"压缩和降低女性潜能"的天职。

20世纪后期的发展,诸如妇女运动、维持家庭生活的经济现实性,以及或许是妇女自身的精神,都有助于妇女走出家庭。她

第二章
女孩是由什么构成的

们回到了学校,走进了工作的世界。如今,我们绝大多数的女孩几乎很自然地被授予不可思议的双重责任——母亲和职业。然而,不管我们社会中男人和女人的角色发生了何种变化,有资料估计,90%的美国妇女将在她们生命的某个时期要一个孩子。女性保持着生物学上的生命的容器的本质。

巨幅画。两个朋友,乔希和莎拉去参加一个聚会,而第三个朋友莫利选择了看电影。第二天,莫利打电话给乔希。下面是他们的对话:

莫利:乔希,聚会怎么样?
乔希:火!那里有很热的低音演奏家,嘭、嘭、嘭……
莫利:还有谁在那里?发生什么事了?
乔希:哦,没什么。

随后,莫利给莎拉打电话,他们的对话是这样的:

莫利:你喜欢这个聚会吗?
莎拉:你简直不能相信。随着那些闪烁的灯光,安把整个屋子都吸引住了;戴安娜穿着她的黑色牛仔装;吉米把头发染成紫色,这样好与她的鞋子相配;卡琳来晚了——她父亲不让她用汽车,所以,她只好打电话给她正在上班的哥哥,并等他休息时接她;琼和劳拉互不说话;所有的食物都是粉色的;安的妈妈试图待在视线之外,但她对这新的表演场地感到紧张;马塔不得不带着他的小妹妹;劳莉的另一只眼睛也青了——她父亲又喝醉了;哦!还有确实不错的低音演奏家。

女孩本来就比男孩更敏感。女性大脑的线路可以接受和解释大量的感觉信息。每个女孩都有潜能发展起精确调控的嗅觉、触觉、味觉、视觉和听觉，使她能获得非语言信息、微妙的交流线索以及一些往往不被人觉察到的隐含的信息。她能注意到更具体的细节，而且能记住更长的时间。这或许是因为许多女性都有理解他人的直觉——她们知道什么是正在发生的事，因为她们能"感觉"到更多，并且更重视个人的和人际间的各个方面。青春年少的女孩对每一件小事都有如此强烈的感觉，因为她们接受了更多的信息。了解这些有助于家长了解"为什么她如此抑郁不乐"或"为什么她如此容易激动"她这样容易激动、容易哭泣、看上去情绪忽高忽低，因为她有时比家长（特别是父亲）看到了更大的画面。

感觉敏感性的性别比较研究发现女孩和妇女对声音更敏感，并且能更好地唱和声。她们特别善于注意声调的变化，这使她们能够觉出朋友和配偶的潜在的细微的感情感受。

测试视觉的研究发现，女人在黑暗中比男人看得更清楚，而且视觉记忆更好。她们确实能看到一个更大的图案：女孩和妇女具有更广泛的周边视觉，因为她们眼睛的视网膜上具有更多的杆状和锥状感觉接收器。

我们已经提到女孩和妇女具有更高的肤觉敏感性。她们身体任何部位的触压觉敏感性远远大于男人。她们的痛觉阈限比较低，但比男人和男孩更具有对长期疼痛的忍耐力。

女性和男性在味觉偏好方面也不同，女性对苦味比较敏感，并更喜欢甜味，而男性更多地喜欢选择咸味。总体来说，女孩和妇女有更多的味蕾。

当谈到嗅觉时，研究表明女性更为敏感，特别是即将排卵前会增强。在除臭和加香料的肥皂被广泛使用之前，当女性最容易受孕时，人类是通过气味相互吸引的。研究表明，女人能发觉与男人的天然气味相似的一种合成的麝香气味，而这种气味男人几乎难以察觉。

文化鼓励女孩和女人增强这种感觉敏锐度的行为。在想象着通过文化的契约来控制有关家庭和爱情的问题时，女性能够清晰地看到人际关系的整幅图案。这是她们的生物性在引导她们。

语词。这并不意味着女孩和女人比男孩和男人交流更多。事实上，研究表明，在混合的对话中，男人比女人更多地打断别人并发表意见。然而，女性更加强调对话，而强调的方式不同。女性的生物性使得女孩们先说然后再做。她们注重交流，是因为她们的大脑结构有利于掌握词汇。女性的语言技能中枢集中在大脑的左半球，而男性的则分散在大脑的前部和后部。这就导致了许多脑科学家得出结论说，妇女和女孩比男人和男孩喜欢会话是因为特殊的大脑定位使得她们更容易这样做。

我女儿很早就学会了说话，从此她说个不停。

——贝丝，一位 10 多岁女孩的母亲

当我告诉我的男朋友我为什么生气时，我只能用少于 10 个词表达。

如果我说多一点，他就会着急，他听不进我说些什么。但对女朋友就不同了。我至少用3段话——第一段话强调我们之间的友谊，第二段表明我们共享感情，第三段使她确定我要办成这事——否则，她就会觉得被伤害和被侮辱，而且，她会认为我不近人情。

——凯蒂，16岁

所有年龄的女性都显露出交流的倾向。学龄前儿童玩具偏好的性别研究结果表明，3~4岁的女孩比相当年龄的男孩更多地选择电话作为她们喜爱的玩具。在一项有关两性关系的调查研究中，绝大多数妇女指出的排在首位的问题是与情侣之间缺乏语言交流。只有极少的人提到性生活问题。语言研究专家黛博拉·唐能博士，在她的一本著名的名为《你就是不理解》（You Just Don't Understand）的书中强调，二年级学生偏爱做的事情是：男孩选择"玩游戏"，而女孩选择坐在一起聊天。

唐能博士进一步解释说，女性利用交谈来增强亲密感、提供支持并获得支持，最后达成意见的统一。这里我们再次看到了两性之间的另一个差异。当女性利用交谈来表示联系时，男性则利用交谈来解决问题，提出建议和显示优越性。这说明男性和女性之间通常存在沟通困难。女性通过与她们的伙伴分享感情以获得支持和理解。她们经常抱怨的是她们被告诫如何解决问题而不是支持和理解。这种反应让人感到被拒绝。当一个女人希望有人心心相融时，她相爱的人却以他的智慧伤害她。

女性喜欢面对面交流，而男性更喜欢肩并肩——就像钓鱼和观看运动——或像古代背靠背打仗的方式，那样，部落中的伙伴可以在背后保护自己。男女的这种差异使事情变得更为复杂。一个男人本能地认为面对面的位置是针对敌手的。这看起来让人啼笑皆非，因为在交流中，让女人觉得最舒服的姿势，对男人来说却是最危险的。

关系。女性的大脑易于考虑她周围人的福利——家庭、朋友、合作者，总之是她的集体——人们的幸福重于物质或要完成的任务。研究表明，女孩比男孩更欢迎陌生人参加她们的游戏组。女孩知道并记住朋友的名字。她们的游戏涉及更多的轮换和非直接的竞争，如跳房子和抓子游戏。当女孩们发生争执或有不同意见时，游戏会停止或转向解决争端，而男孩们则认为争吵和相互之间大喊大叫是游戏的一部分。女孩们不太喜欢参与可能使组内成员关系破裂的对抗性行为。相反的，她们或者不和爱惹麻烦的人玩，或者寻找一种巧妙方式表示对问题行为的不赞成。对于我们许多人来说，这种非直接的方式让人生气，但对于维持一个小组的和谐——女性的一种传统责任，这种非直接的方式显得非常有效。

承担维持小组成员在一起的责任也有不利的一面。当不允许直接交流负面情感时，女性的这种维持关系的特性会转化成背后中伤、玩弄手法和使用诡计。

我听取了我女儿与她的许多朋友的问题后发现，最使我不安的是，她偷偷地与她最要好的朋友的男朋友约会。她不断地告诉我她不想伤害她最要好的朋友。然而，电话铃一响，她就和那男孩说好半天话。后来，只要我一说："喜欢你最好的朋友的男朋友，一定很不容易。"她就会生气地回答:"你到底站在谁的一边?"塔玛拉从未考虑就她的两难问题与她的女朋友谈一谈。她有时把自己的朋友圈设计成蜘蛛网,并不断地被纠缠其中。她非常努力地把各种关系拢在一起,即使冒着最终使自己受到伤害的危险。

——弗兰,16岁的塔玛拉的母亲

根据《为什么女人不能更像男人》(Why Can't a Woman Be More Like a Man)的作者西丽亚·哈拉丝博士的观点,在关系和联络圈中活动是女人自尊的主要源泉。她说:"一个女人的幸福程度更多地取决于对她和她所爱的人的关系的满意程度,而不是生活中的其他成就。"珍妮特·L.萨里博士,在斯通中心的一本正在编辑的文集中写道:"我们所有人都需要被人理解和'认可',但另一个易被忽视的重要方面是,在女人的一生中都有'理解'他人的需要,这是她们自我成长和发展的重要部分,也是实现她们自我价值和活动能力的重要部分。"事实上,研究者和教育家卡罗尔·吉利刚博士在她的研究中发现,当很成功的女人描述她们自己时,她们并不提职业生涯。相反,她们解释自己与他人的关系——作为妻子、母亲、合作者、被领养的孩子、前妻、老板等。

心理影响

自从弗洛伊德开始研究人类的心理发展以来,我们广泛接受的心理发育和成熟的模型包括分离和个体化的概念。弗洛伊德和随后的其他心理学家认为,心理发展是一个人从母腹到逐渐脱离成为一个独特自主个体的稳步发展过程,最后,这个自主的个体不再依赖关系的交互作用。

尽管这种模型在某种意义上遵循的是男孩的成长历程——从最初关注母亲，到对家庭和学校世界的探索，再转向父亲和其他男人，学习在世界上成为一个男人到底是怎么回事——当前的研究者和理论家们还是怀疑，这能否很恰当地反映男人心理发展过程的细节。那么，这个模型当然不能表达对女性的心理发展起作用的独特因素。

认为女性沿着同样的心理道路发展的假设，已对妇女造成了严重的伤害。研究者和理论家们不是设法清除以男性世界为根基的文化偏见，去倾听妇女的经历和观察她们的发展，而是去寻找她们误入歧途的方式，认为是她们偏离了已公认的关于成长的概念。结果是标准的心理学理论把妇女描绘成不如男人分化和独立，因此在发展方面当然处于劣势。这种"发展缺陷"的假设又很容易直接与当今妇女中的许多易怒、自尊性差、感到力不从心和性别混乱等情况相联系。

这种认为我们每个人必须成为分离和自主的成人的臆断，暗示着我们必须学会自己做决策，创造一个远离他人的生活，不需要关系，并且如果必要，我们可以孤独。这就是所谓的心理发展的"孤独的徘徊者"模型。这种人类成长的标准给女孩们的未来描绘了一幅惨淡的景象，并且设定了一个女性注定不能实现的目标。因为在现实中，女孩们是发展在关系之中的。

壁挂：关系中的自我

色彩丰富而精致的壁挂由中世纪的女人和男人手工缝制而成，被挂在冰冷的城堡的墙壁上，给人以温暖的感觉，它们也记载着城堡主人的伟大功绩。我们可以想象最初的思路：明快的颜色反映了乡村的天然色彩。从一开始，讲述故事和展现探险者足迹的情节就是交织在一起的。当初，情节和形式之间的关系是简单的。随后就逐步变成越来越复杂的油画，在这里添上一些橡树树叶的细节，在那里画上一些惊恐万分的野兽。

从婴儿时期开始，一个女孩的成长过程就像编织一幅既大又复杂的挂毯，她自己处于中心，而分离和自主并不是女孩心理发展的中心。女性人格看来是在关系和联络中得到自我确定，那里包含着越来越复杂的相互影响。与早期用以解释男孩人格发展的模型不同的是，女孩不是去学习拥有单独的自我感觉，而是设法去随着与他人的关系网的扩大，在不断复杂的关系中发展自我。

设想你一边低声细语地对咿咿呀呀的小女儿说着话，一边给她换尿布。她躺在那里，挥舞着手脚，明亮的眼睛闪烁着机灵的光芒。她沉浸在你声音的每一个细微变化之中。你因为她非常可爱而微笑。她从胖乎乎的嘴唇中吹出小泡泡以示回报。你大笑着说："看你多能干！"她就以温柔的声音和有力地蹬踢双腿表示回答。在这相互作用中，她和你都感到愉快。

简·贝克·米勒博士和韦尔兹利学院斯通中心的研究者们认为，从女孩诞生的那一刻起，她就开始发展注意和关心发生在她和其他人之间的事情。即使在婴儿早期，她也会被母亲、父亲或其他重要的看护人的情感所影响——通过自身对别人的反应的影响来塑造这种相互作用。这是她一生中编织精致壁挂的开始。

寻找她的心声：发展自我

在关系的壁挂中，一个女孩最容易与母亲打成一片。她来自母亲，也最喜欢母亲；而且，母亲往往是最重要的看护人。早期的母婴纽带是一个女孩编织关系壁挂的织布机。

在这与母亲的重要关系中，一个女孩的自我得以形成。这就是，她要知道她是谁，她在接替着什么，她的需要和愿望是什么，她在想什么，感受到什么。一个女孩要找到她自己的心声，有勇气说出她的信念和经历的真相。

正如前面指出的，许多人格发展的模型都强调，独立于母亲之外是健康自我形成的关键。听取了女孩和女人的心声后，斯通中心的研究人员、卡罗尔·吉利刚博士以及哈佛大学的同事们对此有了不同的想法。她们的工作表明，女儿和母亲之间共同的相互作用关系，可以促进和加强女孩自我感觉的发展，而不是限制这种发展。

> 感觉到"与另一个人有更多的联系"意味着感觉一个人自我的增强，而不是受到威胁。它不会使一个人自我的某部分丢失，相反它将向更愉快和更有效走近一步。因为它是女孩和女人感到"事情该是这样的"必由之路，她们也希望事情是这样进行的。
>
> ——简·贝克·米勒博士

女性迎合男性

为了成为健康妇女，一个女孩必须保持与女性本质的联系，以母亲为象征和榜样。当我谈到女孩的女性本质时，要记住的是我们并不是指我们文化陈规断定的女孩应该怎样——甜甜的、安静的、可爱的、合作的、容易同意别人的、非逻辑的、穿粉色镶边裙的、数学不好的和只对洋娃娃和男孩感兴趣的。在我们所有人中，正常的女性应该是看重关心、联系、关系、自然和全部生活。这也被象征为德墨特尔，主管谷物的女神，即畅销书《每个妇女之女神》（*Goddesses in Everywoman*）的作者琼·希诺德·波伦博士所谓的"总是使自己与他人协调的脆弱的女神"。德墨特尔表达了妇女对亲密关系和纽带的需要。

这种文化力量经常与女孩想与母亲保持健康联系的天然倾向相冲突，这一点，我们将在本书第四章中进一步讨论。传统上，母亲作为看护人、家庭主妇和挣部分工资的人的角色在我们的社会上被贬低，因此，女孩可能会转向父亲。他的世界看起来更强有力、更引人注目、更有趣和更好玩。父亲和他的世界对女性是不理解和轻视的，这使得女孩变得不仅要从她与母亲的重要关系中分离出来，而且还要和真实的自我分离开来。

我父亲总是我最心爱的家长，参与他的事总是更加好玩。他告诉我，我能做我想做的任何事，我也这样做了。现在我觉得失去了什么，因为我拥有一份需要的职业，而不去张罗关系。从某种意义上讲，在生活的道路上我已完成了对我来说很重要的事。我的职业给了我极大的满足，而父亲也为我自豪，但一旦他去了，我还是我。

——珍妮尔，55岁，公司首席执行官

在女孩的心理发展过程中，一个关键的阶段是在继续与母亲保持关系的同时，形成与父亲，或与重要的父亲式的人物的关系。如果父亲能尊重女性的深层本质并支持她的女性方式，一个女孩就能保持与其真实心声的联系，并能绽放出健康妇女的花朵。与父亲的亲密关系可以使一个年轻女子发展起一些积极的男性特征，在她的世界里她需要这些特征：自信、问题解决和决策力，以及内在的力量感。

因此，对于一个女孩来说，健康的心理发展包括了日益复杂的关系壁挂，与体现着深层女性特征的母亲继续保持关系，并与激发她的有着深层男性特征的父亲建立支持性的纽带关系。有了来自母亲和父亲的这两种重要力量的均衡的支持，一个女孩就能在世界上同时保持女人的优势和强大的力量，坚强而有教养，果断而又谨慎，直指目标而又能体谅别人的需要。她有勇气表达自己的想法和感受，也有力量去追寻自己的命运。

精神生活

关于治疗，瑞尔克说："不要把魔鬼带走，因为它们将把我的天使一起带走。"

——詹姆斯·希尔曼

在这种文化中，我们都生活在巨大悖论之中。被称为熔炉的美国欢迎来自世界各地的人们，在讲平等的同时，也力图使我们每个人都相同。主流文化把多样性当成问题来解决，为了让事情平和地进行，有些东西需要被除去。移民的孩子为了上学必须放弃母语而学英语。新到某个社区的人必须适应当地的风俗,否则就会遭受怀疑。在治疗中,我们必须改变我们的症状,让感觉好一些,并且"一切都尽力而为"。我们的女儿必须适应学校的行为规范,穿校服,并做个好孩子,否则就会被贴上有注意力缺失、"刺头"或更糟糕标志的标签。

我们竭力想顺从,这使我们忽视或放弃了能使人康复和痊愈的重要东西——我们的皱纹、不正常和功能紊乱。我们不屈不挠地想消除这些丑陋的皱纹,却是我们进入自己的愿望、饥渴的心灵和灵魂生活的必经之路。理解这一点非常重要,因为,如果女孩们不去"迎合",那么她们就可以健康地拒绝毫无意义的努力、不恰当的期望和粗俗的误解。

当朵莉上小学时,因为她的行为,老师连续多次叫我去谈话。我经常对自己说:"要是她能上课不说话,并安静地坐好就好了!"回过头来,我认识到对于一个二年级的学生来说,长时间地坐着不动太难了。朵莉现在是大学田径运动的冠军,获得了全额奖学金,并且是一个最优秀的学生。她那无穷的能量和对生活的热情使我吃惊。那些使她在小学时不断制造麻烦的力量,现在变成了她最大的优势。看来,我们是在以错误的眼光看待问题行为。

——安洁丽卡,20 岁的朵莉的母亲

当我们试图抹平她们的皱纹、打磨她们那粗糙的边缘、削掉她们的毛刺和消除她们的迷茫时,我们在强迫自己的女儿拒绝她们自身的重要特征。我们把她们真实的自我驱入地下,在那里她们个人的"金子"被埋没。

我妹妹在 28 岁时开始经营了两家成功的企业，即使这样，她仍然认为自己比较愚笨。最近，我提醒她，是母亲过去常说她"漂亮，但愚钝"。我希望她最终能开始认识到，关于她，母亲是错误的。她已经做到了自我实现，因为她有组织能力、聪明，而且对经营有敏锐性。

——吉娜，30 岁

我们必须允许我们自己和女孩有远大的前景。在这新的前景中，精神和心理得到满足。我们的所有这些——可爱的品质和不太容易相处的特征——是我们独立灵魂的一部分。我们的耐心、强烈的情绪、深思熟虑的感情和对心灵的渴望是我们指向命运的运动。

命运

命运：名词，一个人的运气。

——美国传统词典

一个女孩的命运就是她的定数、天命，是她那指向生活目标的天性。有些女孩很小就知道了自己的命运。杰奎琳·杜·普瑞，世界最著名的大提琴演奏家之一，当 5 岁的她从收音机里听到大提琴的声音时，她说："我想要这样的声音。"还有一些女孩在对自己的命运有所感觉或有模糊的概念时已经很大了。她们在无意中得到了一些，通过少量的实验获得了一些，或经过了多年的尝试，才发现自己的真正位置。在一个女孩能自我实现前，我们不知道她们的命运，但是，我们可以认识她们指向命运的细微迹象，她们的生活情趣。

我们可以像哈利那样改变对她们行为的看法。哈利是我们在一次家长讲习班上遇到的一位父亲。"直到现在,我不得不放弃我对女儿朱迪思的看法。在16岁时,她是一个恶魔。但是,你说了,与其把她看成恶魔,倒不如把她看成是长大后会成为领袖的人。这使我对她有了全新的看法。我不再嘲弄她那混乱的形象,开始帮助她设法发挥她的领袖才能,使她不再陷入麻烦。我能做到!"

我们都以特定的风格或气质生活。一些本土的美国人把它叫作嗜好。它是一个人在魔轮上的开始点,而一个人的生活任务就是绕着魔轮运动,学会在每一个方向上认识道路。占星学家说,我们生在哪颗星星下,我们的人格和行为就受到哪颗星星的影响,而且根据整个宇宙论的符号和意义,能预知个体的天命。哲学家、教育家鲁道夫·斯坦纳和理论家、心理学家卡尔·荣格分别给人类指向一定行为的倾向下了定义,称为"气质"和"态度类型"。这些指导对理解人格特征是引人入胜的,而且也让我们更好地理解我们自己的行为,对为什么我们的女儿这样做和以这样的方式来反应的了解越多就越安心。"哦,贝蒂总是对任何美好事物吹毛求疵,原来那是她的风格,她的第一反应就是这样。"这并不意味着我们不能去改变那些星星刻在冰冷石头上的命运。贝蒂的父母需要帮助她学会像发现缺点那样去发现优点。

有些女孩从出生开始就具有独特的风格;而另一些则需要我们慢慢地模糊地感觉她们将成为什么样的人。

我的女儿从出生的一刻起就很认真。当助产士把她放到我的腹上时,我看着,以为她眼睛里会流露出惊讶和疑虑,但戴菲妮没有。她平静地看着我的眼睛，好像在说："好了，我来了。下一步是什么？"从此以后我们的关系就是这样。我试图改变她，但改变的是我自己。

——劳丽，14 岁的戴菲妮的母亲

发展心灵

从孩子到成人，一个女人的灵魂发展必然经历过无数次的尝试、跨过无数的障碍。这一转化过程就像苏美尔人的美丽神话所记载的天地女王伊娜娜那样。这一过程被叫作"从天堂到地狱"。跟随她下降到地狱去面对死亡并要求归还她的灵魂所缺少的那部分。

伊娜娜，被她所有的臣民所爱戴，掌管仁爱和公平，负责植物、动物的生长和人类的繁衍。被称为富裕金女神的她友好、美丽，并拥有奢侈的服装和与女王的权力相配的珍宝。但即使拥有了所有这些好处，她仍然不满足，仍然渴望拥有一种她自己也说不清楚的东西。她决定去走访她的姐姐艾里希克戈尔，地狱的黑暗女王，就是人们所说的骷髅女王，或许在那里能发现她自己没有的东西。

她告诉自己忠实的仆人尼苏伯，请她在地狱的门口为她守护三天三夜。如果她不能按时回来，就让尼苏伯召集妇女们为她哀悼，并到爱尼尔、娜娜和恩克的大神庙为她求情。尼苏伯同意后，伊娜娜就大声地敲响了地狱的大门。

当艾里希克戈尔了解了伊娜娜进来的愿望后，沉思良久，最终她看到伊娜娜的灵魂的死亡时机已经成熟。艾里希克戈尔命令把地狱的七重门全部拴上,并宣布,天地女神不应该像她计划的那样来到地狱。艾里希克戈尔命令道:"每一道门都要夺去她的威力。""我要把她碾成死去的灰尘。"伊娜娜被这样的判决震惊了,她义愤地叫喊着。但她被一只无形的手弄得失去了声音,除去了王冠、珍宝和王家的官服。最后,伊娜娜被脱得精光,挂在墙上的挂肉钩上死去。

三天三夜以后,悲痛的尼苏伯召来妇女们为伊娜娜哀悼。然后她匆忙地来到非凡的太空神的神殿,请求他的帮助。被太空神拒绝后,她来到了遥远的月亮神——伊娜娜的父亲那里,也遭到了拒绝。最后,神父恩克——古代的水神,对伊娜娜怀有怜悯之情,并设计了救她的方案。用他指甲缝里的污垢塑造了两个小生灵,飞进了地狱的大门,并找到正在处于生产痛苦中的非凡的艾里希克戈尔女王。按照恩克说的方法,这两个小精灵对她的痛苦给予了深深的同情,并把她从阵痛中解救出来。她愿以任何东西作为回报。他们要了挂在墙上的伊娜娜的尸体。他们给她喂以生命的面包和水。伊娜娜苏醒了,并通过了所有七道地狱之门。她失去的所有东西都回到了她的身上,而且比从前更强大、更有力量。她出现在阳光之中,恢复了她不怕死的威力,并被誉为通过黑暗转换时期的向导。

要使女孩的原始智慧和情感成熟起来,对家长和女儿双方来说都是艰巨的任务。我们都经历过一生中一个重要庆典,一种仪式。女孩的人生历程就是进入灵魂的地狱,而我们则在入口处犹豫不决地准备为她们求情。

根据畅销书的作者,荣格精神治疗专家克拉莉莎·平考拉·伊斯坦思博士的观点,女性的灵魂是野性或狼——野蛮女人的原始模型——的本性的居所，是一个我们在梦中、神话和寓言中接触的符号、故事和意义的集中和普遍的造型。呼唤灵魂的野性、本能的天性的喊声在现代妇女听起来是如此的微弱，因为她们已被我们那不可抗拒的文化支配、驯养成随和、温顺和乐于助人的人了。然而，我们可以帮助女孩重新找回这重要的天性。克拉莉莎·平考拉·伊斯坦思博士写道："我们知道，灵魂——精神是可以被伤害的，甚至负重伤，但几乎不可能被消灭。你可以切削灵魂并扭曲它。你可以伤害它使它留下伤痕，你可以在上面留下病态的记号和恐惧的灼痕。但它却不会死去，因为它受到地狱中拉·鲁巴的保护。"

我们如何抚育女儿的灵魂生活的发展？我们必须允许她以符合她天性的方式成长，对她的野性、棱角和指向命运的细微迹象开放。我们必须教她唱歌；给她讲古老的神话和故事；让她在月光下狂笑；允许一切能培育她独特天性的行为。发展女孩的灵魂，我们需要保护她走自己的道路的权利。

孩子们并不属于我们……
他们是来到我们生活中的小小的陌生人，
给我们带来愉快和照料他们的责任，
但我们并不拥有他们。
我们要帮助他们成为他们自己。

——鲁思·奴妮维拉·斯坦能

第三章

少女进入成年所举行的神秘仪式

许多妇女的生活，

就像沙漠中的生命，

微小，但非常灿烂，

而且，大部分发生在地下。

——克拉莉莎·平考拉·伊斯坦思博士

我们生活在父权制社会还是母权制社会并不要紧，重要的是我们能否成为真正的我们。千百年来，传统文化利用女性的生物和心理的力量诱使女孩和妇女进入预先规定的角色。简·贝克·米勒博士在她的《女性新心理学导论》（*Toward a New Psychology of Women*）一书中指出了主流文化认为什么是生存的必要方式，主流文化怎样塑造着正在成长的女孩。文化是通过父母来实现这些目标的。养育者是这些文化观念的载体，他们把这些关于妇女和女孩应该怎样的观念传递给女儿们。

在我们的文化中，对妇女的性别角色存在着明显的陈规，妇女和男人都受到了精神上的伤害。妇女在自己的家里像仆人，妇女不得不去当妓女、当低薪水的粉领工人等现象使我们许多人受到侮辱。但是，我们有多少人真正想停下来，审视这无意识地支配着父母行为的文化观念呢？200年来，美国从来没有一位女总统这一事实，对我们的女儿们又说明了什么？抚养子女和管好家务的工作也像赚钱和管好企业那样受到尊重了吗？

一种文化是由社会成员创造的，这种价值观对我们的女儿来说已是如雷贯耳。从聚落社会、狩猎—采摘部落、神奇的20世纪50年代，到如今的技术时代，在这个悠久的历史进程中，流传的故事都在对女孩和妇女描绘着文化的态度。看一看古代为少女进入成年所举行的神秘仪式，我们就可以发现我们离大地的关系、离周而复始循环着的自然、离我们自己的身体走得有多远。理解女性的智慧、长处和力量可以使作为女性的我们对试图把女性压入地狱的力量提出疑问，解放我们的女儿，使她们成为真正想成为的人。

聚落社会

一个女孩出生了，参加出生仪式的人们欢呼着，奔跑在石子路上。喧闹的声音向大家传布着这一喜讯。母亲冲着新生的女儿微笑。产后，产婆在帮她时，她喃喃地说："你将成为戴梦娜·戴丽娅的女儿。"放在产盆里的那神圣的胎盘是孕妇在孩子出生前精心制作的精美的作品。这精致的作品上面有花纹和弯弯曲曲的图案点缀着。它将被供奉给大地女神以表示对安全和健康分娩的感恩。

新生儿的父亲在附近守候着，他一直准备着要去为他的妻子和女儿感激女神。除了一小束甜蜜的草药，他还准备了一些吉祥物以表达对女儿生活的希望——一台小巧的织布机模型代表手艺，一架天平象征身份，一个产盆表示他承认女儿的女性天资及与女神的联系。他放入了半枚硬币用以象征富有以及对财富的公平分配，放入了一缕自己的头发以表示对她的思想和观念的支持，还放入了一小撮黑土表示对所有天然事物的尊重。

小戴梦娜在母亲和祖母的背袋里或在父亲和祖父的怀抱中安全地茁壮成长。她在织布机的旋转声中，在镰刀割麦的沙沙声中，在从寺庙传来的颂扬女神的歌声中安静入睡。在她的周围，戴梦娜看到母亲、父亲以及各个年龄的人们正在创造着和谐而美丽的生活，对所有的生灵怀有深深的崇敬之情。她安心地成长为家族中有价值的一员，将来有一天会在这个群体里占有一个重要的位置；成长为神圣仪式的容器的制造者、店主，或者做她祖父牧场的一个饲养员。

当这个小姑娘长到第十三个夏天时，她和其他同龄的姑娘会进到月亮女神庙里等待她们的初潮。她正在步入成熟女性的阶段，一位妇女陪伴她，并教给她这个阶段的一些秘密。通过梦想、工作时的默想和洗涤神圣的花瓶和那些侍奉女神的人穿过的礼服，她把等待的时间花在侍奉女神上。

在她初潮的第一个早晨，大家为她举行特别的感恩祈祷，并欢呼着迎接戴梦娜开始了她新的妇女生涯。她的身体被丰富的自然色彩（海蓝和绿色）、神圣的礼服和鲜花所装饰。然后，她来到正在等待她从月亮女神的寺庙里出来的一大群人的面前。一只巨大的公牛被烤熟了，在以她的名义举行的宴会之后，戴梦娜被认为在年轻妇女中有了一席之地，拥有女性的长处，孕育生命的力量和女神对她整个命运的保佑，她将成为这个群体中活跃的一员。
——新石器时代早期的姑娘传略集，公元前 5000 年

这种早期文明的一个显著特征是对生与死的自然循环、对自然、对女性形式——女神的象征，万物之母的崇敬和尊重。亲身

体验与自然的联系,去深深地感受四季的循环和天气的变化,或亲手去耕耘。这就意味着对生与死的亲密的拥抱。这就是克拉莉莎·平考拉·伊斯泰思博士在描述生/死/生本质时想象出来的。所有的事都有循环——更新、衰退、再更新;结合、分离、再结合;山峰、山谷、山峰;子宫内膜形成、脱落(月经)、再形成等。

因为自然循环——无论是神圣的还是世俗的——在古代人们生活中都占据很重要的地位,所以一个女孩的初次月经会引起进入妇女身份的庆典仪式。妇女身份的仪式包括在神庙中等待转换的发生和随后被认为发生了重要的变化而受到群众的尊重。她以女孩的身份进入,以妇女的身份出来。她不是被强迫成为妇女的,而是自己长大成人了。

狩猎—采集部落

一个女孩出生了,但疲惫的母亲却发出一声听天由命的叹息。她想:"我的男人将因为我没有给他生一个儿子而对我发火。"她喃喃地对小婴儿说:"是不是我应该也让你流产以慰雷神保佑我们战场上的战士?"

从生产的帐篷里发出的这一声哀叹给部落的其他人发出了没有生男孩的信号,于是,阿奴拉克,部落的首领,踢着身边的树桩,深感挫折。他怒气冲冲地想:"这次她一定会求我保住这个女孩。"强壮的儿子,许多的儿子,这是部落的首领和勇士必须拥有的,这样才有资本显示他的权威。阿奴拉克决定,他可以让科瑞恩接受这个小女孩当他儿子的配偶。他儿子两个月前才出生。于是,这就算平息了。他的女人可能留住这一个，但她必须服从他的决定，保证使这孩子嫁到科瑞恩家以获得一份丰厚的聘礼。

于是，阿奴拉克的女儿被许诺给科瑞恩的儿子科瑞尔，聘礼是20张野兔皮、1对熊掌和1张美洲狮的皮。这女孩在妇女们工作的影子中成长，收集谷物和用稻草编织篮子，随着部落在广袤的草原上缓慢移动，征服竞争对手或敌对部落。她学习采集藏于高大的草木中的小草莓。她的祖母给她示范如何剥去她父亲狩猎带回来的大动物的皮，用来做帐篷、沉重的外套和脚上的靴子。让她做这些小事，她很高兴，而且由于她在干活时总要发出叽叽喳喳的声音，所以被叫作葵琪。等她再长大一点以后，她将学习更难的活，割兽肉——把最上等的部分留给她父亲和祖父，有些切成小条制成肉干、有些剁成小块炖着吃，把巨大的臀部留着，以便在为尊重给他们食物的动物灵魂所举行的庆典活动时烤着吃。

当这少女的初潮临近时，她的母亲和祖母就用树枝、野草和泥浆造一个小屋。她将在这间小屋里等待她的初潮，有点孤独和恐惧，同时又有点好奇：这奇怪的事情会怎么改变我呢？她以规定的姿势坐在那里，腰背挺直，两腿交叉。只有在睡觉时才可以将后背靠在柱子上。白天，她母亲悄悄地给她带来微苦的草药混合茶喝，然后离去，让她独自沉思和幻想。她等待着这将影响她未来生活的梦，这是葵琪仅有的能够想象自己生活的时间。她忠实地学习日常事务，这是在部落生存的保证。她有一种制造护身符的不寻常的技能，在狩猎和与敌对部落打仗时用来保护人们。科瑞尔会为能娶她做女人而感到自豪。她被告知要表现得优雅可

第三章
少女进入成年所举行的神秘仪式

爱，而她也知道自己作为女性的地位。她已学会示弱，并且在她父亲狂暴和报复天神发怒时躲得远远的。她希望科瑞尔的脾气会比父亲的温和些，这样她得到的待遇将会比母亲好一些。

终于，她初次月经后从小屋里出来了。她感谢她的图腾，她梦中的鹰和那浓烈的草药。曾经告诉她如何编织茅草以吸收经血的母亲，冲到她的身边，并带她到科瑞恩的屋子，把她的手放到科瑞尔的手中，并目光下垂，喃喃地说："现在你叫蕾拉，科瑞尔的女人。我会想你的，我的宝贝。"尽管，为了部落的大局，她和她母亲仍然会肩并肩地干活，但是蕾拉现在将和科瑞尔的母亲和祖母在他家干活。蕾拉的父亲目睹这情境，一边离开自己的帐篷，一边笑着说："喏，你过去了，现在科瑞尔不得不养活你了。"
——青铜器早期的姑娘逸事集，公元前 3000 年

随着北方来的入侵者对女神崇拜这种古老欧洲的平等文化的渗透，美术、建筑及和平的生活方式遭到了侵蚀，同时也侵害了女孩和妇女。北方的气候和天神都是粗糙而苛刻的，并伴随着男人法律和对做错事的严厉惩罚。对大地女神的那种赋予生命的力量的崇拜被天神的愤怒报复所推翻了。对作为女神化身的妇女们的女性力量的尊重，变异为恐惧、仇恨和对镇压与控制的需要。

男女角色变得更加固定，支撑性工作和权威都赋予了男人。喂养孩子、做衣服和收拾家事、饮食准备和储备食物、照看病人伤员等不被重视的工作被赋予女人。标志青春期开始的典礼残酷地把男孩和女孩推入了成年期。女人和男人肩并肩劳动和为整个部落的利益而共同决策的现象不复存在。

对女性权力和智慧奴役和侵害的漫长历史从此开始。我们可以通过希腊和罗马帝国的辉煌、中世纪的黑暗、文艺复兴时期艺术和社会的复苏、维多利亚女王的统治、美国西部移民的先驱者和殖民地，以及在第一、第二次世界大战期间美帝国主义的诞生等来追踪历史的进程。

以前，全世界的妇女们都在条件恶劣的血汗工厂劳动，但是，第一次世界大战、第二次世界大战给妇女提供了许多前所未有的就业机会。尽管领导层和管理者的政治代表和职位仍然没有她们的份儿，但是，为填补战士们留下的空缺，妇女们热情地进入劳动大军，并在战争中为国家的事业贡献她们的一份力量。

神话般的 20 世纪 50 年代

一个女孩出生了，于是全家欢喜。她的名字叫莉丽·玛丽，随其祖母和外祖母。阿姨们、祖母们和堂兄弟姐妹们都喧闹着希望有机会抱抱这孩子，而且，在爸爸妈妈外出跳舞或看电影时总能适当地照看孩子。莉丽的头一个月是在家庭的宠爱中度过的。她按时进食，并且使她父母高兴的是她现在能睡整觉了。她是个好带的孩子——可爱、安静和愉快。

莉丽的父亲，一个经常在旅途中的销售人员，薪水提高得很快，可以在郊区为这日益兴旺的家庭买一所房子。于是，他把全家迁出了城市，离开了祖母们、阿姨们和堂兄弟姐妹们，搬进了全新的、大农场式的家，拥有大草坪和附带的车库。里面备有所有可以想象到的用具，使收拾屋子和做饭等家务成了轻而易举的

第三章 少女进入成年所举行的神秘仪式

事。莉丽成长时，被玩具娃娃和盘碟所包围，可以模仿她母亲做家务。

莉丽的母亲为她这便利的新家感到自豪，但她想念母亲、姐妹和祖母们的帮助和亲近。她受过高等教育，但把时间都花在清洗、做饭和照料孩子们身上。有时，晚上她感到孤独，心想，她应该走出这光亮的前门，朝西一直走下去。

到了9岁，莉丽成了一个像男孩那样顽皮的小姑娘，她喜欢打棒球、骑马和爬树。她是"父亲的掌上明珠"，喜欢和父亲在一起做事，而不是和妈妈在一起消磨时光。他们是好朋友，而且，在父亲的鼓励下，她相信自己能做任何她立志做的事情。有那么几年，莉丽沐浴在她父亲那灼热的赞许声中，她外出和探险。然后，莉丽到了13岁，于是一切都变了。

有一天，她感到中下腹部痛，而且在女生浴室，她惊恐地发现内裤上有褐色的污点。她每小时回浴室一次，希望自己第一次是弄错的。但是没错！这种糟糕的事就慢慢地变成了事实。这是她的经期！这该死的！去年，她母亲给了她一本可怕的书，一本关于什么将发生在她身上的书。她是多么恐惧这一天。现在，她该怎么办？校医可能还不太难说话；她朋友佩吉上星期找过校医。莉丽强忍窘迫，告诉了校医所发生的事。校医友好地解释了月经，并告诉她如何使用卫生巾。她给莉丽一些小册子带回家并把她送回了教室。当晚，她告诉了妈妈，请求她对父亲保密。她妈妈微笑着说慢慢就会习惯的。

莉丽很快就发现她父亲不那么喜欢和她在一起了，不再像以前那样经常邀她玩球类游戏了，即使有，她妈妈也常在。她渴望他总能给她以关注。她变得不那么具有探险性和自信了，而且对曾经喜爱的科学也不那么感兴趣了。她变得更关注自己的外表、被朋友们接受的程度和对男孩的魅力。在家时她常做梦、郁郁不乐而且不好合作，而她母亲常撤到另一间屋子，她因为受到挫折、伤害和感到无能为力而痛哭流涕。

除了心境经常摇摆外，莉丽依然是很受人欢迎的，经常约会，学业成绩好，而且在学校的各种组织里兼了好几个要职。她是作为一个荣誉学生毕业进入了大学，在那里她计划遇见她的"白马王子"，她知道她最终要嫁给他并依赖他的。

——20 世纪 50 年代郊区女孩逸事集

在第一次世界大战、第二次世界大战期间，妇女开始有这样一种共识，参与和实现公共事业。后来，男人们从欧洲战场返回，于是，妇女们被迫切希望放弃她们的职业回到家里。在第二次世界大战后的 10 年里，特别强调家和家庭——妈妈和苹果派（译者注：此处象征着井井有条、完美无缺的家庭生活）。许多妇女愉快地开始从事收拾家务和开始家庭生活，感谢她们的男人能平安回家。大众妇女杂志的故事标题反映了那些日子的态度："如何诱捕一个男人""温柔始于家庭""趁着年轻要个孩子""医生谈母乳喂养""训练你的女儿成为妻子了吗""政治，真是一个男人的世界""家中的职业""给我做饭是一首诗""运作家事"。当美国进入和平繁荣时期，家庭妇女就进入了具有比从前更现代化设备的郊区新房子里，反复地购物、做饭、用汽车接送孩子、洗涤、清理、购物、做饭等。

那些年里，女儿们被捆住了。妈妈经常沮丧或过度地沉浸在管孩子的事务之中，而女孩们转向爸爸以躲避妈妈那令人窒息的控制。父亲的世界是令人兴奋的，拥有自由和探险的承诺。这美妙的时光直到一个女孩进入青春期，进入女性的神秘——文化信念中的女孩和妇女应该成为的样子。在20世纪50年代，女孩们进入大学去寻找白马王子，她们非常激动，因为他将把她们带到郊区，在那里幸福地生活，洗涤、清扫和做饭，洗涤、清扫和做饭……

技术时代

B超检查发现是一个他们期待的女孩，而且羊水诊断她一切正常，于是，幸福的父母开始了用玩具熊装饰婴儿室的进程。她母亲决定像对待自己的儿子那样对待自己的女儿，避免旧的把女孩限制在过去那种规定角色里的陈规陋俗。她的名字叫莫利·林妮。她出生后被按要求母乳喂养，并得到了全家人专心的关注。

莫利在娃娃和卡车、"忍者神龟"和"女孩乐高"中幸福成长。在家时，她学习紧随其哥哥和邻居家的男孩们，而在幼儿园，她更喜欢和其他女孩一起玩"过家家"、打扮和画画。

她母亲对莫利同时有女性和男性世界而感到满意。她自己全日制地在一家跨国公司从事紧张而具有挑战性的工作。尽管一个全日制的管家减轻了大量必要的清洗，而且莫利的父亲也承担了到日杂店为家里购物的工作，莫利的母亲仍然为职业、做饭和其他保证一个家正常运转的琐事而感到精疲力竭。她经常因为一个星期没有多少时间花在孩子们身上而感到内疚。她在早上7点把他们送到幼儿园，她丈夫在下午6点下班后接他们回家。有时她晚上开会，使她没法在莫利和哥哥睡觉前回到家里。尽管周末可以用来收拾家务以便为下一周紧张的工作做准备，但她仍试图单独花点时间和每个孩子在一起，了解他们在学校里做了什么，做得怎样。

随着莫利的成长，她经常在困难的事情上寻求父亲的帮助，她父母都鼓励她尝试每一件事情。她学习很好、很受朋友们的欢迎，并参加芭蕾舞、体操、科学俱乐部、话剧、射箭和笛子课程。成功的愿望使莫利把自己推向完美。

但从11岁开始，她的世界开始崩溃。她母亲设法搞一个家庭聚餐晚会以庆祝莫利的青春期的到来，但莫利一想起这件事就感到恐惧和窘迫，好像她的身体在与她作对。她因为在月经来潮之前和来潮期间痛经而十分痛苦，没有食欲、不能入睡和怎么也不舒服，使她觉得自己没有价值、丑陋和不可爱。到13岁时，莫利认定自己太胖，决定开始严格减肥，这使她虚弱和消瘦。母亲想接近女儿的所有努力都被生气、责备、抱怨和蔑视回绝了。曾经给予支持和有趣的父亲现在也显得冷漠和苛刻了。她觉得被一个她曾经认为总可以依靠的人抛弃了。为了掩盖自己的痛苦，她巧妙地操纵自己的爸爸，让他给自己买昂贵的礼品、衣服和为她支付各种活动的费用。

曾经自信和坦率直言的莫利学会了掩盖自己的真实感受，以便适应家庭和学校。面对周围的现实，她变得沉默了。为了与父母和朋友们保持关系,她学会了不是总把真实的感受和真正看到的讲出来。这样,她学会了把自己的一部分排除在关系之外,以便身处其中;一部分转入地下。

现在,17岁的莫利决定到一所全国著名的大学去攻读工程学位。她怀着疑惑离开了家,但决定尽自己的努力去做。她与人交朋友、寻找住所、找工作来帮助父母减轻消费负担和供自己上学。尽管莫利经常约会,但她把考虑结婚的事放在一边,计划完成学位,首先使自己成为一名工程师。莫利在第二年体重增加了30磅(约13.6千克),她仍然受着食物和体重的折磨。

在体重、自己制订的严格的学习计划和对成功的完美需要的压力下,莫利开始吃药,想让自己在长时间的学习中保持清醒,然后一旦上床就很快入睡。现在她意识到自己面临着情绪和体质的崩溃,莫利给家里打电话求助。对每件事总是迅速采取行动并做出决定的父亲,给她讲她身上的负担,并让她坐头班飞机回家。她母亲意识到女儿的失望,平静地说:"我今晚到你那里。"母亲倾听了莫利的问题,表示了自己的信心,并帮助她寻找治疗师。莫利参加了校内的一个十二步训练教程,慢慢地对自己的减肥战、情感需要和过度用药获得了认识。

——成长在技术时代,20世纪90年代

以前,这种生活抉择的大杂烩从未在女孩和妇女身上发生过。工作的母亲总是有的——单身母亲不得不通过工作来维持她们的家庭,其他母亲选择工作通常不仅是为了自己,也为了帮助解决家庭的经济困难。在一般情况下,她们的工作总是与服务有关的,诸如秘书、保育员和教师，提升到薪水较高的管理者的空间很小。20世纪六七十年代的妇女运动，争取在工作中平等机会的斗争，现在仍在继续，但当今的许多年轻妇女把同时选择家庭和职业看成是理所当然的。文化所创造的"女强人"仍有很大的诱惑力。

我们大声呼唤，让妇女有机会在世界人类大家庭中发展她们的潜能。我们的星球不能再浪费这一半以上居民的天赋、才能和资源了。在职业生涯中，因公因私，每个层面都需要妇女。

珍妮：不幸的是，文化陈规仍然公开或不公开地规定，妇女应该怎样在职业世界取得成功，我们应该成为什么样的领导，以及我们仍然要肩负照看孩子和做家务。在早年的妇女运动中我们所犯的两个最大的错误是忽视了工作母亲的需要和引导妇女相信我们必须在男人标准的规则下进入工作世界。我们才刚刚开始知道真正的女性领导是什么样的。她可以和男性领导一样有力和有效。为了在工作上取得成功，我们没有必要成为男性（领导）的克隆体。

经济学家和作家西尔维亚·安·休利特那具有煽动性的《美国妇女的生活：解放神话与现实困境》（*A Lesser Life: The Myth of Women's Liberation in America*）一书的标题使这个国家的许多女权运动者感到蒙受了耻辱。然而，休利特博士明智地解释，为什么欧洲的妇女运动对工作妇女而言是一种如此积极的力量，影响到19世纪美国的女权运动者，使她们认为，妇女不平等的基本原因是家务和照看孩子。

绝大多数的妇女都会以某种方式接触孩子，即使自己不生孩子，也会通过领养或继养侄女、侄子等方式接触到孩子。欧洲的女权运动者直接针对妇女的核心需要——必须的支持性服务使妇女能够成为工作场所的创造性力量，而不需要以牺牲母亲和家庭主妇的角色为代价。不像在美国那样追求平等的权利，欧洲的社会女权运动者觉得平等的权利是斗争的一小部分。她们主张在劳动力市场上，妇女应该得到补偿，从而减轻妇女在家里家外工作的双重身份。这里有一些不幸的事实继续在阻碍着美国的职业妇女：

- 美国是世界上资本主义国家中唯一没有法定的产假政策的国家。
- 美国是世界上资本主义国家中为数不多的，付产假工资最多不到 5 个月的国家之一。
- 在为双职工提供可以承受的、有益的、安全的、健康的儿童保育服务方面，美国远远落后于其他资本主义国家。
- 与其他资本主义国家相比，美国的男女工资差是最大的，而且如果妇女有了孩子需要请假的话，差距就更大。
- 美国对儿童保育很少给予支持或根本不支持，而自由的权利和大量的产后帮助、适宜的产假，以及灵活的哺乳时间和照顾生病的孩子是欧洲生活结构的一部分。

妇女运动之母、女权运动者和作家贝蒂·费瑞丹认为，直到现在，妇女必须对要么承担当妻子和母亲的全部责任，要么以男性的方式从事终生的职业选择做思考。她断言："就我们所知的人类心理学和人类历史……无论是妇女还是男人都不单独以工作或爱为生……人类规定自己成长在爱和工作之中。"

在技术时代，我们的女儿们面临的选择是混杂的。大量妇女继续选择承担维护家庭关系的责任，但同时选择有创造性和挑战性的工作，使她们具有奉献和属于大社会的感觉，也使她们通过自己的努力获得经济上的回报。在这个文化背景下，试图同时照顾这两者就等于在做不可能的事。"女强人"一说也不能无中生有。如今的工作妇女试图在男人们长期以来取得成就的工作领域取得成就——但男人总是得到女人在家中的帮助，她们承担了所有的其他生活琐事！如今，工作妇女也是家庭妇女，在工作场所没有支持性服务，在家里家外妇女的工作都得不到尊重。试图两者都要，就会使妇女、男人和我们的孩子都遭受一定的损失。

珍妮：如果我能给我女儿某样东西的话，我将给她一个尊重妇女人身的世界。在那里，人们理解对女性的灵魂来说，从事社会上的创造性工作与养育孩子或维持家计一样必要。在我的这个世界里，"你工作时怎么找到照看你孩子的人？"的问题对工作母亲来说就不存在。在我给女儿的世界里，人们将问："既然孩子是我们共同的未来，怎样才能使妇女在抚养健康孩子的同时，还能自由工作呢？"

第四章

厘清养育观念，打破现有
文化压力对女孩的限制

> 我意识到父亲对我要求严格，
> 因为，一个男孩必须有所作为。
> 而玛丽·托则没有这种感觉，因为她是个女孩。
> ——W.崔蒂，见奥利夫·安伯恩斯著的《冷峻树》
> (*Cold Sassy Tree*)

珍妮："然而，玛丽·托则没有这种感觉，因为她是个女孩。"这句话大概只是W.崔蒂随口说说的，却使我为之一惊。W.崔蒂是个活泼的年轻人，是奥利夫·安·伯恩斯南方农村生活趣闻的解说员。这是一个14岁男孩对我们的女儿们正在成长过程中承受着的传统文化压力所做的推断。我们可能要说："我们已经摆脱了那些20世纪90年代的人们的旧观念。"但是，在很多人的头脑中依然认为，女孩没有必要"成为什么人物"，因为，她们仅仅是长大、结婚、生儿育女，然后依靠一个男人来养活。

正如我们在这本书的前面所强调的，我们的女儿们出生时是什么样，成人后又是个什么样的人，这取决于四种强大的力量——生物的、心理的、文化的和女性心灵深处的力量。生物力量方面我们没有太多能做的。很清楚，那些影响力是在出生前就随着基因代码而确定了。我们说，心理能否健康发展，取决于在日益复杂的人际关系中有无健康的自我意识。另外，我们大概也知道一些，父母的态度和环境如何把女孩心灵里微小的、多变的火花压抑或释放到她整个的女性生涯中去。

第四章
厘清养育观念，打破现有文化压力对女孩的限制

真正对父母的能力形成巨大挑战的是文化的压力。迄今为止，它利用女性的生物特征来限制她们成为什么人，能做什么，就已经降低了女性的力量。我们的文化已经习惯于把有判断力、独立和果断定义为男性的品质，而把合作、体贴和善于交谈定义为女性的品质。但是，却低估了后者，同时忽视了这样一个事实：众所周知，人类的所有这些品质对生活的连续性都是同等重要的。

心理学家、作家艾米丽·韩库克博士在哈佛所做的关于女孩和妇女的研究中发现，女孩在她们成长的过程中失去了她们真正的身份。她在书中写道："被埋葬的女性身份，其核心是孩提时培养的明确的、重要的自我，一种女性成长过程中消失的关键的身份。"一个女孩在这些社会为她预先规划好的角色中失去了"关键身份"：乖巧的小姑娘，少年荡妇，胸脯丰满的啦啦队长，美丽纯洁的少女，倔强的年轻职业女性，满意的妻子，投入的母亲，游荡的泼妇，中年守旧者，老女人。陷入这些文化陈规，其悲剧就是，女孩们不再有她们早期生活中的自我意识，或是忘记，或是从未发现她们自己到底是谁。

13岁以前，差不多所有自己喜欢的事都允许我做——爬树、骑马、打棒球，在小河边散步。后来，再如此玩闹就不像个"淑女"了。于是，我不得不穿着裙子去学校，注意我的头发，保持指甲清洁。曾经，生活是如此自由，如此开放。而后，我变得狭隘、落伍、厌烦。现在，我奔波于一个又一个工作之间，一个又一个男人之间。

——珍妮，45岁

文化的长臂触及美国的每一个家庭，通过电视、书本、报

纸和教育系统影响父母的言行和态度，告诉我们的女儿，她们应该成为什么样的人。无意间，我们沿袭了我们自己的成长方式去培养女儿们遵守文化标准，可我们甚至没有意识到这些标准。我们按照"专家"的指导去教养、行事，并屈服于孩子们自己认为需要的，那些他们在电视上、告示板上或朋友的橱窗里所见到的东西。

才能：一种养育导向

我们要培养健康的女儿，其最大挑战是，需要我们有意识地考虑一下，透过目前的文化镜头来看待女儿是不是一种对待她们的最佳方式。每走一步我们都不得不自问，某种特定的态度或文化的"戒律"是否能培养出一颗健全的自尊心，是否能让一个女孩按照自己的意愿成长。

我们从治疗学家兼研究者卡里·瑞佛、罗莎琳德·巴尼特和格雷斯·巴鲁克那里借用了有关才能的思想。他们这样写道："才能的获得包括观察社会，并找出在那个社会中能使你生存下去的技能。"我们的女儿们如何能在这种文化中生存下去并取得成功，将取决于我们如何培养她们适应生活的能力。我们可能不这样认为，但是父母对女儿们成长的影响力远远超过文化的力量。让我们一起考察一下现有的文化态度和实践是如何限制女孩和妇女的才能的，而在促进有能力的女儿们的成长方面父母又能做些什么。

第四章

厘清养育观念，打破现有文化压力对女孩的限制

分裂

要想为了我们女儿们的利益而利用文化的力量，我们自己首先必须从我们生活的文化轨迹中苏醒过来。要从别人教我们的关于女孩或女人应成为什么样的人的信念中理清我们自己真实的想法，这可不是个小问题。在西方文化中成长起来的女性有时是如此痛苦，以至于我们只有摆脱那些不公平或受伤害的情感意识，才能应付现实。分裂，这个心理学术语描述的是这样一个过程：埋葬痛苦的记忆和情感，拒绝眼前的现实，使我们能很好地度过每一天，好像一切都美好。男人和女人都需要从他们经历的现实中分裂出来。

心理学研究在某种程度上没有注意到在它的研究对象中没有女性。你也知道，你必须扪心自问：她们干什么去了？在成人和青少年样本中没有女性，可女性是参与这些研究的呀。这就是我们为什么要讨论分裂的原因。我们不得不讨论分裂，因为女性也合作著书，如《青少年心理世界，一项175个男孩的研究》(The Psychological World of the Teenager, a study of 175 boys)。不，很重要的是，你必须仔细考虑这个事情，按照逻辑，这是不可思议的。你不得不去想，在此过程中，是什么力量促使一个女人去写这本书《男人生活的季节：成人发展的阶段》(Seasons of a Man's Life: Stages of Adult Development)。

——卡罗尔·吉利刚博士，女性心理和女孩发展的哈佛研究项目主任

忽视分裂的人是如此的卓有成效，所以，我们解释吉利刚博士所关注的问题显然是冒险的行为。这两项研究的题目多么令人费解，因为它们暗示着关于青少年及成人发展的心理学问

题，只有男人和男孩才是我们值得去发现的、我们需要知道的。不知为什么，我们都被调教得相信，女孩和女人的经历，对研究和理解人类行为都是不重要的。只要我们了解了男性，就了解了人类全部。这些流行的文化态度完全否认了女性经历的特殊性，限制了女孩和女人的发展，剥夺了急需我们的女儿们提供天赋、才能及资源的世界。现在是我们做父母的去面对我们的分裂，并且开始认识限制并阻碍了我们的女儿们成长的文化态度和行为的时候了。

这就是女孩

在我的女儿出生前，我已经决定，我会像对待我儿子一样去对待她。没有多褶的、粉红的裙子，没有房间的小装饰物，没有娃娃和碟子玩具的限制。我会鼓励她成为任何她崇拜的对象——火箭科学家、医生、飞行员。现在，她4岁了，她喜欢多褶的、粉红的任何东西，最喜欢娃娃和碟子，并且喜欢小饰物！当她长大时，她想成为一个啦啦队队长，做个母亲！是我做错什么了吗？

——卡罗尔，8岁的肖姆和4岁的莫利的母亲

不管我们是不是有意的，大多数人都是以不同的方式对待男孩和女孩。粉红色的家居和头上的一个粉红色的蝴蝶结，就向世界表明：“我是个女孩，我的思想、行为、交往都和男孩不一样。”而且，不幸的是，粉红色的饰物也激活了我们对于女孩的态度及观点，这些将决定着我们如何对待她，而且，我们甚至还不了解她，她刚刚才来到这个世上。

第四章

厘清养育观念，打破现有文化压力对女孩的限制

不论我们预先决定怎样对她，我们的女儿都有她们自己的独特的偏好和行为方式。我们从文化中学来的关于女孩应该有怎样的态度和信念，决定着我们是帮助女儿拓宽并加深她们的偏好和行为，还是缩小并限制她们健康地成长为女人的选择。

关于女孩和男孩的养育经历的研究表明，我们的家长可能是无意识地在生活中用不同的方法训练女儿和儿子。像奥利夫·安·伯恩斯的《冷峻树》中的 W.崔蒂，小男孩经常"被迫带头"，经常比女孩更早地为自己的行为负责。女孩呢，人们常希望她们甜甜的、顺从的，通过她们的美貌和才智经常顺利过关，很少失败。男孩通过研究他们的行为系列，学会了如何面对权威、解决问题，而且相信自己有能力处理生活带来的任何困难。因为我们倾向于把女孩看作脆弱的、需要保护的对象，我们，尤其是父亲冲上去帮助女儿完成任务或解决困难的行动太快了点。通常，女孩长大了，但她们仅靠自己却不知道自己想要什么，也没有能力知道如何去获得这些。治疗师西丽亚·哈拉丝博士在一本资料丰富的《女人为什么不能更像男人》（*Why Can't a Woman Be More Like a Man?*）的书中写道："小女孩的无助感最终会变成女人的犹豫不决和不负责任的习惯。"

在我的成长过程中，父亲替我把什么都做了。他帮我结算账目，给我找到第一份工作，为我买了第一辆车，而且还定期地维护它，等等。在我结婚之后，由我的丈夫做了这些事情。现在，我离婚了，我感到恐慌。这个世界对我来说简直太陌生了，简直没有能力去处理好这些基本的生活问题。

——莫琳，46 岁

我们的女儿们无论多么甜美、顺从、美丽动人，或是如何的大嗓门、苛刻、郁闷和不可捉摸，她们都需要一些经历来增强她们的女性的力量，抵消她们的女性弱点。这里我们所说的女性，是什么意思？

我们对女性的定义，可以追溯到女神文化时代，那时候精神生活还没有从日常生活中独立出来。在那种文化里，女神被视为是"内心世界的保护神"。人们相信她能带来人类活动中最重要的东西——保护火种、准备食物、维护神圣的部落生活中心。因为她有生杀予夺的力量，她令人生畏又受人尊敬。她是江湖郎中、动物的保护人，是传说的编造者，是旅行者和战士的保护者，是艺术的守护神。智慧女神索菲亚综合了7种学习能力——算术、几何、天文、语法、修辞、辩证法和音乐，现代学者认为，这些知识并非男性独有。柏拉图在《人类的灵魂》（anima mundi）一书中讲到，由于女性定律存在于整个自然之中，哲学上的斯多葛学派（译者注：禁欲主义哲学学派）把她誉为宇宙间唯一重要的力量。

从这些早期的信仰中产生了一种更深刻、更广泛的"女性"含义。人们开始用生命的缔造者、内心生活的保护者、神圣领域的维护者、母性、聪慧、脱俗、保护、坚强、有力、富有同情心和联系性来定义我们的女儿们带有的可敬的潜能。这种对女性的新的理解，包括很重要的一点是她凶狠的方面，比如，好斗、易怒、破坏性和挑战性。德墨特尔——谷物女神，也是神话的母亲，她失去女儿珀尔塞福涅时，对哈得斯——主宰阴间的冥王所表现出的愤怒和悲伤是多么强大有力，以至于她每半年就要使所有的生命枯萎并死去。

我们在心里、在头脑中如何描绘我们的女儿,这将转化成我们对她们的信念,继而又指导我们的养育行为,最终将决定我们是引导女儿们进入拒绝她们自然本性的角色中去,还是增强她们的能力,以实现她们的目标。

玩具和游戏

"我有些好消息,也有些坏消息。"一位年轻的母亲这样告诉她的朋友说,"我们的女儿丽莎很喜欢我们送给她的那个生日礼物——一个手工台,可是,她却把它当炉子用了!"

孩子是通过模仿他们眼中父母的行为来获得性别角色的。毫不奇怪,一个女孩早期的游戏包括她看到的周围的活动。可能利萨经常看见她母亲(或父母一起)做饭,而较少看见他们谁使用手工台和工具。

珍妮:在我家里,父亲用工具和木头干活,而且他要求我哥哥必须学会如何使用和维护他的工具。很遗憾,他并没有这么要求我。我有做木工的天赋,但是,这些工具给人感觉是那么庞大,我经常都不知道做某项具体工作应使用什么工具。

《纽约时报》(New York Times)的撰稿人玛丽安·保罗斯报道说:"如果有一天,有更多的妇女进入国会并且担任政府的重要职位,当总统夫人只负责健康福利的改革时,职业妇女在家里的作用依然不会有多大的变化，哪怕她有最高的社会地位。虽然女人和男人的性别角色越来越趋向平等，但是，女孩们仍然可以发现，母亲是家务的主要承担者。女人，即使她们也在外面工作，仍然是经常做饭、照顾小孩、洗衣服、打扫卫生，还要管理家庭事务，而男人更多的是主管草地维护、汽车维护和房屋维修。"

孩子们会把所有的东西当玩具，无论它们是不是玩具，这是他们的天性。比如，把手工台当炉子，把叶子当碟子，把松仁当点心，等等。鼓励他们在游戏中发挥想象去重现周围的现实世界，会使所有的孩子在游戏中受益，他们解决了日常家庭生活中经常遇到的困难——他们不知该如何应对挫折、不得不与人分享、不能做超出他们能力范围的事情——可以冲破限制来学习做一个成人。

儿童的游戏教会他们成人生活所必需的才能。假设我们来到儿童的房间检查了玩具和空间环境，就可以发现性别角色的信息、提供创造的机会以及对增强能力的激励。瑞佛、巴尼特和巴鲁克的著作中引用的一个早先提到过的经典研究结果：男孩的房间里布置了各种各样的工具，这是为他们的户外活动准备的，而女孩的房间里有一些适合安静的、室内活动的工具。我们怀疑这种差异至今仍然存在。

唐：现在，我在我8岁儿子的房间里。谁都能准确地说出这是个男孩的房间，因为门旁边的架子上放着双大号鞋。这儿还有更多的线索——一面墙上的恐龙壁画，一个装有数千个（我有一点儿夸张了）乐高玩具的显眼的箱子，一大桶林肯圆木，一大抽屉的整齐的木头建筑积木，

第四章
厘清养育观念，打破现有文化压力对女孩的限制

一小柜子形形色色的忍者神龟，一盒子的工具和钉子，一抽屉各式各样的"武器"——弹弓、剑、水枪、橡皮筋手枪，一篮子的蜘蛛、爬虫和恐龙、棒球手套，一大筐的球，一大堆原色的纸板块。我还看见了一个大的木制的娃娃家，里面有一篮子的石头、羽毛和松果，许多的木头动物、武士和侏儒，有一箱乐器，一篮子大理石，一储柜的磁铁，一盒子碟子、食物和炊具，一套瓷器茶具，一个纸板城堡，一个木偶剧院和许多的木偶，满架的玩具、拼图、魔术秘诀和成千本所有他喜欢的书（又一次稍有夸张）。还有就是，除了他放在后院门口的玩具卡车和汽车、车库里的旱冰鞋和自行车、起居室里的棋具，还有厨房里的艺术用具。

大部分玩具，通过锻炼大、小肌肉发展手眼协调动作和空间视觉的准确性，可以增强控制力和能力。许多玩具是动作定向的，需要充分发挥创造力和创新精神。

以下是我的同事和朋友们描绘的他们8岁女儿房间里的物品：

一堆狗和马等玻璃动物的收藏品，一个装满了绒毛（填料）动物玩具、两个洋娃娃女孩及其附属用品的架子，一个娃娃摇篮，一盒盒的纸板游戏，一整套书，一大摞智力拼图玩具，四本关于纸洋娃娃的书，一抽屉的服饰珠宝、动物日历、各种各样的动物标语，随身听，各类芭比娃娃及其附属用品，小男孩娃娃，斯洛文尼亚家庭式的娃娃屋和学校及其附件，炊具，一只熨斗和熨衣板，一双棒球手套，一套桌椅，一套茶具，彩色橡皮泥、蜡笔、绘图纸、颜料、邮票和墨水盒，车棚里有一辆自行车，足球、滑板车、滑雪板、滑冰板和一个绳球，后院的树上还有一个小屋。

我们注意到：提到的玩具大部分定向于家务的、给予关照性

的活动，它们可以锻炼创造性和形象思维，但很少把重点放在增强实际动手能力、视觉—空间能力或是大／小肌肉运动发展的玩具上。我们承认，女孩更喜欢某些玩具，比如喜欢娃娃甚于忍者神龟——但是，我们建议给她们提供更丰富多样的玩具和活动（在第九章将详细阐述），通过掌握这些需要动作、问题解决和创造性思维的玩具，她们的才能和自信能得到提高。

"我这么胖！"

有多少人确切地知道谁长得像芭比娃娃？然而，研究表明，5岁大的小女孩就已经懂得女人希望的完美体形比例是36∶24∶36。在9岁时，女孩便开始挑剔地注视自己的身体，审视着它的比例。实际上，80%来自乡村的9岁女孩关注节食和自己的体重。1996—1997年，研究员在波士顿布莱根妇女医院进行了体重困扰研究。研究显示，体重超重的5岁女孩与体重正常的同龄人相比更缺乏自尊心。在12057名年龄在9～14岁的女孩中，15%体重正常的女孩极度关心自己的体重。这两个年龄段的女孩都有长时间节食的倾向，这对她们身体的正常发育会有不良影响。青少年期间，成熟引起的性激素的正常变化竟使她们身体的自然围度变成了令人讨厌的、可恶的、丑陋的"肥胖"。我们的女儿是从哪里学来这些对待自己身体的态度的呢？

我们大多数人都伴随着家人对自己的长相或行为的看法长大。"哦，天哪！你的体形和你的姑姑艾伦好像。""她一定会很高，就像我母亲似的。""小心，你的结局可别像你表姐梅，她没有丈夫，不得不自己工作一辈子！"这些记忆中的话语或者恐吓我们，或者激励我们变成为完全不同的人，或者成为我们将要实现的预言。这些女孩和妇女收到的关于自己身体的微妙、有害的信息——这太大，那太小，这儿太多皱纹，那儿需要缩小——这些会使得她们的自尊心降低，并减弱了她们真正感受快乐和尽情享受生活的能力。

关于妇女和女孩看起来应该是怎样的信息来自多方面。其中，最有影响力的是家庭。大多数人都是伴随着家长对自己的长相或行为的看法长大。"哦，天哪！你的体形和你的姑姑艾伦好像。""她一定会很高，就像我妈妈似的。""别吃了，你会变胖的。"这些记忆中的话要么恐吓我们，要么激励我们变成完全不同的人，要么成为我们将要实现的预言。最近在医学杂志《小儿科》（Pediatrics）发表的几项研究表明，儿童受父母对其体重担忧的影响显著，他们要么骨瘦如柴，要么肌肉发达。

珍妮：我小时候，我家人把我当秤砣用。我坐在爷爷奶奶的冰激凌机上，因为曲轴很容易转。我的堂兄太大，我的弟弟和其他堂妹又太小，我正合适。当我父亲要铺平乡间小路时，我坐在平路机上，这样它就不会翻过小石堆，就可以修一条漂亮的、平坦的小路了。父亲还用绳子为我做马镫子，让我站在上边，好让挖土机（桩眼挖掘机）能切穿土地上一层厚厚的黏土。我有了这样一种概念，我是个大块头，也就是说很胖。当我30出头时，我让母亲按年份把我从小到大的每一年照的照片寄给我。厚厚的包裹寄来了，我打开它时以为会看到一个龅牙的胖乎乎的小女孩。使我吃惊的是，原来我一直都不胖！

娱乐业是影响妇女和女孩如何看待自己形象和自我价值的另

一个信息来源。关于 9 ~ 14 岁女孩体重问题研究的领导者艾莉森·E.菲尔德说:"大众媒体鼓励不切实际的瘦身理想。"从女孩外表的任何一个地方都可以反映出文化中关于体形的信息。高速公路上方,广告牌里穿着最新款牛仔裤的模特身材纤瘦,格外醒目。电视广告——更大声,更丰富多彩,很快就能吸引眼球——不断鼓动女孩使用这种香皂、穿这些鞋子或者选择那支口红。电影和少儿节目的特色是选时髦的小孩来做主演。身材一般或偏胖的女孩会被视为可笑的、不时髦的或者是神经质的。

十几岁的女孩尤其容易受到媒体审美标准的影响,这表现在,近期针对青少年的美容书籍大量涌现,13 ~ 17 岁孩子使用化妆品的人数在增加。许多过去以中老年女性为目标人群的化妆品公司现在将市场瞄准了青少年。"化妆之后,我更漂亮了,"13 岁的塔莎说,"漂亮了很多,当我照镜子时,我想'我离不开眼线,它可以让我的双眼放大。'"许多塔莎这个年龄段的女孩想把自己打扮成超模或者流行歌手那样,因为美丽让她更有自信。在妇女和青少年杂志上刊登的化妆品和美丽服装的广告比文章还多。作家卡罗尔·泰瑞斯在她的作品《对女性的错误衡量》(The Mismeasure of Women)中引用的研究表明,与男性杂志相比,女性杂志更多地把重点放在体重和体形上。对 48 种流行的女性杂志所进行的统计分析的结果表明,有 63 个食物广告,而在同样数目的男性杂志中只有一个。女性杂志中讨论体形和尺寸的文章数目有 96 篇,而男性杂志中只有 8 篇。

我父亲经常会就女人的身材发表评论。我们在开车时,看见一妇女沿街散步,他说:"看那个西瓜都要跑出来了,她应该坚持减肥。"要是恰好在母亲面前,他会说:"哇,看那多漂亮。现在有一个多好的标本。"那时,我会死过去的,特别是如果我的某位朋友也和我们一起在车上时。我母亲从未发表过议论,但是她对待食物真的很挑剔。

——帆,22 岁

在生命的早期,女性就获得了气味、颜色和体形总不怎么合适的信息,除非她们用了某种产品,维持适当的体重,穿着瘦身衣服。时装和化妆品企业的专断以及流行媒体间的促销战,促成了女孩和年轻女性饮食失衡的增多、化妆整容业的繁荣,还有丰乳术的产生,而丝毫不管那些已被证明实际存在的危险和负面作用。由于饮食不足导致的身体方面的明显损失,使家庭陷于疑惑之中:女儿到底出了什么问题?怎么才能忍受她们那么可怕的内疚感?据统计学家预估,每年至少有 150000 名妇女接受丰胸术,而且接受手术女性的年龄越来越小。英国《每日快报》(*Daily Express*)报道了一名 15 岁女孩的故事,她希望在自己 16 岁生日时,父母会带她去做丰胸术。她告诉记者,她 12 岁时开始考虑手术。"你在电视上看到的每一个人都做了丰胸术。如果我想成功,那我就得做。尽管我现在不知道该怎么办。"女孩的母亲说,较大的乳房可以增强女儿的信心,"有那么多年轻女孩对自己的样子感到沮丧或困扰,所以如果你能做点什么,那太好了。"女孩的母亲已经做了丰胸术、腹部和臀部吸脂术,还整了鼻子和脸颊!

我的女儿经常高度紧张。在出生后头 5 个月里,她不停地哭。我从未真正懂得如何去接近她,但最糟糕的是在她十几岁的时候。在她不吃东西后,她母亲和我差一点失去了她,而且我们真的不懂她的问题。所有我们能想的只是"我们做错了什么"?她一直是个漂亮的小孩,我们也经常这样告诉她。但是，在她14岁以后，她就看不见这些了。医生告诉我们说，她正在慢慢地把自己饿死。我们吓呆了。谢天谢地，我们及时发现并及时进行干预。

——里奥，20岁的范丝婷的父亲

美国厌食暴食协会估计，在美国，1%的十几岁的女孩会患神经性厌食症，并伴有严重的副作用。这些女孩和妇女收到的关于自己身体的微妙的、有害的信息——这儿太大、那儿太小、这儿太多皱纹、那儿需要缩小——会降低她们的自尊心，还会减弱她们真正感受快乐和尽情享受生活的能力。

我们并不只是在谈论性快感，而是指通过完全清醒的感官来经历（体验）世界的快感。曾几何时，我们允许自己坐下来面对一顿精美的食物，欣赏各种色彩、搭配、气味和滋味，而且真正地品尝每一口味道，而不去想我们是否应该把它吃下去，因为它富含脂肪、糖或是胆固醇？

六年级的小女孩因为害怕长半两体重而计算她们每天摄入的热量，她们简直是与自己的身体为敌。由于长期地比较、核对，一直害怕她的身体背叛自己，女孩的要求变得很苛刻，她的感觉受到限制，感情萎缩。她失去了知觉的源泉，是她的内部取向系统告诉她发生在她身上及周围的事情的感觉。这些在女孩时期失去的东西，其心理代价是成年时期的不满意、犹豫不决、易受伤害、孤独感、孤立感、缺乏自主性和不快乐。

然而，没有办法把我们的女儿完全藏起来，完全隔离社会上任何关于女性体形的信息，不能让她睡觉，不能让居所周围布满荆棘，像在"睡美人"中的一样。我们可以教她为自己考虑一下什么是健康的体重和体形，帮助她养成良好的饮食习惯，提供机会让她发现有趣的运动来增加她的能力，而不是严密地保护她直到把她交给什么英俊的白马王子。如果父母和兄姐能为她做榜样，她就能很容易地学会这些态度和习惯。我们将在本书第九章至第十二章讨论一些特定的方法来帮助女孩们锻炼健康的身体，那时我们将揭示女孩从出生到 17 岁之间，分别需要些什么。还将分别讨论家庭态度、玩具的选择、媒体节目和少儿教育，以提供实用的方法，让我们的女儿有自信，并且关心自己成长着的身体。

月经忌讳

追求"完美体形"最令人伤心的结果就是，女孩学会拒绝她们身体的自然美、功能和目的。早期的哲学家说过，身体就像灵魂的家园或神殿，而且远古文化很崇尚女性外表，因为它的朝气勃勃，它的生育能力。我们的文化的"尊重身体"已经变成了追求年轻、皮肤光滑、黝黑、胸部隆起、腰纤细等难于达到的体形，从不流汗、不长斑点、不长皱纹或不来月经。

过去的文化把月经的来临当作是一个女孩生命的成年庆典仪式。月经来潮仪式——血液的神秘——是农村生活中复杂的一部分。很可能，女人的月经周期与季节和月亮周期有关，而且还是他们选择庆祝或祭神的日期。人们接受，并且害怕或尊敬月经，但从不拒绝它。家庭治疗师琳达·赖利写道："在那个社会里，女人不害怕自己，彼此也不害怕。女性的形象没有好的或坏的。

每月的循环不被看作是罪恶；女人不觉得她们自己是社会上的无价值的东西……她们的各个方面都受到尊敬。"

女孩的精力像月亮一样周期性地有亏有盈地变化着，有些文化非常尊重这种规律性的变化，但这种态度和行为只有很少的一部分流传了下来。今天，在我们的文化里，月经周期这个主题在女人、女孩和家人之间是很忌讳的。所以，广泛存在着月经前紧张综合征（PMS）以及与月经本身有关的各种症状。

医学博士苏珊·M.雷克确定了150多种月经前紧张综合征的症状。以下列举了常见的一些：

易怒	粉刺	焦虑
疖子	情绪波动	过敏
消沉	麻疹	敌意
膀胱炎	周期性偏头疼	尿道炎
腰背疼	小便少	头昏眼花
哮喘	腹胀	虚弱
咽喉疼	发抖	鼻炎
声音嘶哑	关节疼和肿胀	便秘
发胖	胸部过敏和肿胀	嗜甜
痛经		

我在11岁时就月经来潮，当时可把我害苦了。我母亲看起来神经紧张，而且真的不想谈论它。我父亲根本就完全忽视了我。被我哥哥发现时，他取笑我并冲我做鬼脸。我觉得脏，觉得我的身体背叛了自己，

从而对它充满了恐惧。在那"祸根"以前，我曾像个男孩一样——骑马、游泳、爬树。在"每月的那个时期"我常常很低沉，至今如此。我真的感到自卑，就好像那以后我失去了某些珍贵的东西；可能是我的自由或是自尊。

——梅，45 岁

当一个年轻女孩学会把自己的身体视为敌人时，每月都要在内心发动一次战争。荣格学说的理论家安·优兰诺提议：一个女性受月经影响程度的大小将影响她的经历、情绪和能力。她写道：

在排卵期，女人的身体感受性很敏锐而且能受孕。那时期，她可能会觉得情绪高涨，性情丰富，创造性思维和洞察力极强。如果她的"自我"未能跟上这种周期，她就经常把能量浪费在日渐增多的繁忙事物和啰唆之中，或是紧张的调情之中。如果她跟上她身体和精神的这种变化，每个月的这段时间就可以增加她对自己能力的信心，对自己予以重新肯定……在经期……女人经常感到她的能量和感情被收敛到一个意识阈以下的很深的地方。在那个远离中心的地方，女人会像在"地狱"一样，喜怒无常，过度敏感，痛苦而烦恼地度过这个阶段。如果她与自己保持一致，那么这个阶段就会成为她发展丰富的洞察力和新关系的时期，或者，有可能在排卵期突然出现创造力。

在《石头的循环》（*A Circle of Stones*）中，朱迪思·杜克要我们考虑一下，如果别人鼓励我们去接受身体上的这种变化，那么，我们的生活将能得到什么样的改善。

作为一个年轻女子，如果给你一个地方，在那里，你可以和女人在一起，那么你的生活将会有多大的不同？在那里，当你试图去安排你的每一天、每一刻时，你能被他人接受。

有一个地方，在那里，你可以学会静静地集中精力……温和的韵律帮助你以平常的方式度过，使自己成熟起来……有一个地方，在那里，当一项任务结束时，你能感觉到有一种原始的力量流出来支持你……你还可以学会如何接受并维持它作为回报。你的生活可能会有多大不同？

消除月经忌讳，意味着要全面地看待我们的女儿。把她们看作性的生物时，这对我们来说尤其困难。但是，贯串女人一生的月经周期的高潮和低潮，是她的最基本的自然属性。不承认如此有力的周期性力量对女性及其周围的一切所产生的巨大影响，就等于站在龙卷风中而没有注意到正在刮风。在讨论特定年龄问题的四个章节中，我们探讨了支持女孩的实用方法，特别是教她们如何处理月经来潮问题，以及如何接受它，使它成为家庭生活的有机部分。

生活在不安全的世界里

意识到我们的女儿在暴力文化中面临的真正危险，我们做父母的就可以早早地排除一个女孩可能要遇到麻烦的隐患。在她进入性成熟的转变以前，我们希望她能懂得如何避免被伤害。

我希望我的女儿很安全，而且，作为十几岁的孩子在我的邻居中成长让我觉得不受伤害和羞辱。所以，我教她要友好、微笑、令人愉快，而且乐于助人。我丈夫经常说，他不喜欢"多嘴的女人"，我认为大多数男士也这样，所以，当他因生气或被顶嘴而惩罚女儿时，我并不介入其中。

——杰妮，16岁曲茜的母亲

事实是我们因为希望女孩们漂亮、顺从、乐于助人，而不是希望她们因为自信、有能力和果断而成为牺牲品。知道自己想要什么并且能够说"不"，这是一个女孩最好的防卫。一个家庭杂志获奖的专栏作家，查恩·圣地亚哥是这样定义一个常用的保护女孩的过程的："十几岁时，男孩获得更多的自由和特权，女孩则变得更加与世隔绝。男孩在晚上到处漫游，女孩必须待在家里，男孩单独乘车；女孩一定不可以，男孩被教导要勇敢地面对世界；女孩被教导要小心地看待世界。"

我们不是在提倡"把所有的警惕抛入风中"。身体伤害的威胁对女孩或妇女来说是现实存在的。尽管性犯罪的准确统计数据是很难得到的，但是所有的发现都表明，我们的文化存在着惊人的、越来越多的问题。各种研究估计，3.5%～15%的女人将被强奸，而且据奥克兰，加利福尼亚的东方海湾强奸危机中心报道，一个女孩在18岁生日以前遭到强奸的可能性达到1/4。另一项研究预言说1/4的女性在她们大学期间在校园里将遭遇性攻击。

对女孩来说，性骚扰很早就有了。伯克利高中45%的女生报告说在学校时遭到性骚扰。这结果来自一个小样本——1246名学生。但是我们怀疑这所高中是否能代表这个国家其他城市中学的情况。在学校，这个法律要求她们必须去并花去了大量时间的地方，我们的女生必须忍受勒索、霸占、不断地被要求约会以及暗示性的评论这样的事，即使不是犯罪也是有损名誉的。一听到这些统计数字，足以使哪怕是最勇敢的人都想躲在家里。想象一下，这些信息告诉人们这个世界是如何看待女性的：它仅仅是一种东西，一种通过威胁、恐吓和暴力来使用和操纵的东西。

我们如何才能使这个世界变得更安全，成为我们的女儿们成长与成功的地方？让我们回到能力的操作定义："掌握能力，包括观察社会的能力及识别生存技能的能力，从而获得成功。"那好，我们观察了我们的社会而且发现，它对女孩和妇女很粗暴。那么，我们如何帮助女儿们增强能力以解决这个问题？让我们从女孩本身和外面的工作开始。

女孩必须有关于力量和能力的意识。记住自信的感觉，即与困难斗争并突然解决了问题之后的那种全身热血沸腾的感觉。一个小女孩在她能第一次自己做事情时就会流露出新的信心。一个政界领导能够仅仅通过权威和信心给她的选举者灌输忠诚。有研究表明，人们在街上走路的样子，就足以招引或抵御背后的袭击。"心不在焉"式的走路、有点胆小，或者看上去像对占据人行道空间表示道歉的人，明显是暴力分子喜欢的对象。我们不是在暗示说受害者应该对她受到的暴力负责。而是说，一个沿街行走的女性，如果流露出她对自己力量和周围世界的认识，那她就大大打击了潜在的攻击者。

有两种文化信念扭曲了我们的女儿关于力量和能力的意识：女性是无助的，因此需要我们的保护；女孩是脆弱的，因此必须得到照顾。如果我们认为女孩需要我们的保护，那么我们就不能成功地教她们要依靠自己内在的资源面对困难。如果我们认为她

第四章

厘清养育观念，打破现有文化压力对女孩的限制

们是脆弱的，那么就不会鼓励她们尽力自己去解决问题。

关于保护女孩的观念是一个错综复杂的事情，有保护就有溺爱。所有的女孩需要她们父母的保护。在不同的年龄阶段有不同的需要。当还是婴儿和初学走路时，我们要保护她们避开强光、噪声，避免吞下小东西、跌倒，免受寒冷、饥饿，不让他们过快地了解现实生活的艰辛，等等。当她们长大时，我们尽自己所能去教给她们过马路的安全规则，以保护她避免出车祸；通过提醒她们潜在的危险、不安全地带、坚持集体出游等，使她们免遭绑架和骚扰。我们告诉她们关于酒精和毒品，还有不安全性行为的危害。这些来自父母的保护，可以使女孩们获得安全，提高她们健康成长的可能性。

但也存在另一种保护，也就是所谓的"过度保护"。把女孩和她们自身分离开来，而且限制了自信的发展——这是一种知识，即如果外部的所有力量都失败了，她们能依靠自己内部力量来完成所需做的工作。通过思考、计划和行动，女孩就学会了自立。经常，这个过程都被来自父母老师们提前给予的帮助和建议阻碍了。我们支持女儿的努力并对她们的能力表示有信心，从而培养她们的自立能力。父亲常犯的一个最大的错误就是投入得太快，批评他的女儿正在进行的项目如何如何，然后自己接过来把它完成。女孩可能碰到一些不同于男孩的问题，但是，结果都是一样的。要知道，做某些事情没有对或错的方式，而只有有效或无效的方法。让我们退出来，给女儿们一个空间去做些实验，在没有外界压力的情况下去发现她们自己的方法。一个聪明的父亲会观察他女儿是如何进步的，给予鼓励，在她前进过程中为她提供她能接

受或拒绝的帮助。

根据心理学家玛丽·菲尔德·伯兰克、勃利丝·麦克维克、南希·鲁尔·戈德堡和吉尔·马特克·塔鲁尔完成的一项研究，男孩因为探险和冒险受到表扬，而女孩因为安静、听话、无想象力和顺从而受到表扬。尽管这些行为使得一个女孩很容易待在附近，但是，并不能为她们的生活做好准备。面对不可避免的生活的选择，比如，加入哪个同伴群体，什么时候和谁发生性关系，投身于什么职业方向，如何对生活伴侣负责，如果女孩在小集体中没有测试过她们的意志力量，她们就会觉得很困难。允许犯错误，可以使女孩们懂得她们是能够处理这些关系的。她们认识到世界不会灭亡，而且不会失去我们的爱。有了这些自信和对自身能力的意识，她们将能够对毒品说"不"，对错误的人们说"不"，对没有准备的性行为说"不"。而同样重要的是，她们能够对生活中她们想要的东西说"是"。

女孩必须锻炼身体力量。认为女孩是弱小的这种信念，使我们过度担心我们的女儿们的身体能力。鼓励她们参与那些至今仍然由男孩控制的活动领域，我们可能对此百感交集。经典故事《绿山墙上的安妮》（*Anne of Green Gables*）中有这样一个情节，当安妮大胆地想走过房顶时摔了下来，这使我们要么为之发抖，要么背地里想起我们小时候冒险时的兴奋。不论是哪种情况，我们都需要控制我们本能的冲动，提醒我们的女儿要小心。

我的弟弟经常对什么都感兴趣——爬到桌子上去够放在高处柜子里的漂亮东西。母亲一发现他，就会向上伸出胳膊，耸耸肩，并把他放回地上，这暗示着她自己已经接受了一个男孩的天性。然而当我因为对高空的热爱而爬到健身房的金属杆上或后院里的大树上时，她就站在我的背后，双手向外伸着仿佛要抓住我似的，或者撇起嘴好像要控制一声尖叫。她总是不断地提醒我要谨慎——"看着你的脚步，不要爬那么高，别往下看。"直到我不再为我的探险而兴奋为止。

——玛丽杨，29 岁

人们鼓励而且希望大多数男孩都参加团队运动和其他体育活动。其实女孩也需要，而且应该有这些经历。身体的力量和耐力可以给女孩们以自信，而且掌握一种新技能能增强自尊心。因为有些女孩不像男孩那样天生喜欢体育运动，所以可能需要我们去鼓励她们发现她们喜欢的项目。一些女孩喜欢团队运动的竞争性，另外一些可能不喜欢，因此尊重女孩的兴趣爱好非常重要。她可能倾向于个人型运动，比如，游泳、高尔夫、乒乓球、武术、田径或体操，而不喜欢棒球、足球或篮球。

自信心和身体健康是女孩们强有力的护身符。在适当的年龄阶段开始一些自卫课程对每个女孩都极为重要。这种训练虽然不能确保我们女儿安全，却使她们比没受过训练的人有优势。海湾地区遭袭击模拟训练组织（BAMM），是一个教女人自卫课程的组织，它的毕业生宣称，在这个世界上她们感到更安全而且更有能力。

在 BAMM 课堂上，我不得不超越自己的极限，发现我的力量所在。我学会了用新的方式在人们之间设置界限，而且也学会了在我生活的其他方面说"不"。我的老板占用我的时间我能告诉她。还有，我觉得我不必像过去一样完全照我母亲希望的那样去做每一件事情。现在我更好地掌握了自己的命运。

——堂娜，22 岁

大多数男孩在成长时都学过如何打架和摔跤。BAMM 的毕业生艾瑞克·博宁指出，如何打架是"不教给女孩的"。别人告诉我们不要打架，因为我们很软弱。所以如果我们打架，其结果很可能是自己受伤害。与那些信念相反，统计表明任何试图反击的努力，比如尖叫和踢脚，都是对攻击者的威慑因素。大多数人没有意识到，女性的腿比大多数男士的上身更有力量。BAMM 教育我们如何利用那种力量来对付对手。

女孩必须学会处理愤怒。愤怒身后经常潜藏着暴力的可能性。由于这个原因，女孩经常害怕愤怒——她们自己的和他人的——而且她们已经学会变得要么对此无能为力，要么消沉。

在我家里从来没有一个人发过火。你只是没有表现出来而已。如果我哭了，我经常得到同情，但是如果我叫喊，我却只得到蔑视。现在，如果谁对我发怒我就会受不了的。我花了大量时间以确保它从不发生。我不能忍受被忽视或被单独留下。

——莎伦，31 岁

愤怒是有什么事出了问题的有力指示。这种警告信号是有用的，如果没有它，一个女孩就不知道发生了什么事，不知道怎么表达她的感受，不知道该怎样鼓起勇气去做些什么来改变它。我们的文化陈规认为，发怒的妇女是巫婆、魔女、泼妇、母狗或爱唠叨的人，这些都大大不利于妇女愤怒情绪的充分表达。允许我们的女儿去感受并发泄她们的怒气，可以使她们更多地进入自己的感情生活。当我们触及不到任何深层的情绪时，我们经常是大吃东西而不是叫喊，是喝酒而不是哭泣。我们会用透支的信用卡购物而不感到焦虑，卷入不健康的性关系而不去认识自己的孤独感。

愤怒是一种很强的情绪，是女孩内在引导系统中的一种重要的成分，在第七章将会揭示愤怒的动机性力量，还有我们做父母的如何才能帮助女儿把她的能量作为一种积极的可以控制的力量来使用。

女孩必须提高发言权。如今，从心理学界关于妇女和女孩发展的研究中，我们听到很多关于倾听女孩的心声和帮助妇女恢复她们真正的发言权的声音。几千年来，宗族制文化下女性的沉默已经造成了如此深的伤口，以至于我们直到现在才开始从它的影响中恢复过来。女人的声音在当她们成为男人的财产"家庭主妇"时就在家里丧失了；女人的声音在当她们被禁止拥有土地或商店、禁止公开演讲或写作时，就在社会生活中丧失了。她们的声音在教堂里丧失了，那里一直只有男牧师才是最神圣的。在中世纪，妇女因为具有医疗技术和草药知识而被作为女巫烧死。在现代宗族式的文化下，为了生活和生存，女性一直保持沉默以取悦他人，以保持和睦和迎合家人、朋友和社会的所有强烈要求。女人发言权的消失导致了女性自己的牺牲。

通过斯通中心的筒·贝克·米勒博士及同事与哈佛大学的女

性心理和女孩发展项目主任卡罗尔·吉利刚博士等颇有价值的工作，我们最终允许妇女和女孩摆脱文化的枷锁，说出她们对现实生活的真实感受。吉利刚博士在她的关于少女的开创性研究中谈到青少年的这一特点。这时期女孩必须潜入地下、必须保持沉默、为了保持关系她们必须有所牺牲。本书第十一章我们将讨论父母如何能帮助十几岁的女孩度过这一时期。

女孩的这种发言权的丧失是不可避免的吗？或者我们做家长的能有什么方式使她们说出自己的感受和体验，以及在她们生活中什么是重要的？因为社会关系是女孩和妇女自尊的最初来源，所以，女孩们需要知道，当她们大声地说出她们想要什么或者告诉我们她们对事情的感受如何时，她们不会失去我们的爱。这种信任从她们出生的那天起就开始发展。教育女孩要提出特定要求，而不要成为转弯抹角和只说好话的人，这有助于避免她们为了得到自己想要的东西而不得不玩弄手法和算计别人。

> 我的丈夫总是抱怨，我不能直接告诉他是什么事情在困扰着我，或者我想要什么。他是对的。我就像我母亲。无论什么时候她想要什么东西，她总是不直接说。她会说："这儿热吗？"而不说："请把炉子关小一点，我太热了。"在一个周五晚上，我不是告诉我丈夫我想做什么，而是问他想要什么，然后说："哦，好的。"之后却因为没有做我真正想要做的事而感到不满。
>
> ——维尔玛，35 岁

可能我们必须更加敞开胸怀去聆听女儿们的现实。小孩经常难以克制地说真话。我们不是在建议允许女孩不考虑后果地向别人倾泻她们的感情。相反，我们在谈论女孩看见的而我们的文化认为看不到的东西。卡罗尔·吉利刚博士引用了她同事的论文中的一个精彩例子。一个14岁女孩安娜写道："40天后，挪亚方舟里不会塞满许多动物吗？"

女孩与攻击：霸凌

虽然最近女孩的霸凌行为被广泛报道，其发生率和霸凌的程度也呈上升趋势，但这种行为并不新鲜。许多现在四五十岁的女性仍然因为当年其他同龄人女孩的挑衅和嘲笑而感到受伤，虽然那些行为在当时并没有被当作霸凌。当我们听到关于校园霸凌的消息时，我们大多数人想到的场景是一个笨拙的大男孩，他的社交能力很差，脾气很坏，在休息时欺负比他弱小的男孩。不像男孩的霸凌行为那么明显，女孩的霸凌行为通常比较微妙、操纵性强、伤感情。就像被欺负的男孩一样，由于担心被进一步排斥，受到霸凌的女孩很少向他人诉说。男孩乌青的眼圈很容易被父母问起，而女孩常常会将因霸凌产生的痛苦憋在心里，让别人看不见。

女孩变成霸凌者的原因是什么

女孩变成霸凌者的原因就像女孩的灵魂一样复杂。权威人士、心理学家伊丽莎白·格肖夫认为，她们的这种行为始于家庭。在分析了最新的研究结果后，格肖夫在1938年开始进行研究，她发现不论是对儿童还是成年人来说，父母的殴打、攻击、反社会行为和他的心理健康问题之间存在联系。

加利福尼亚州圣拉蒙山谷学区的一个青少年智囊团认为，人们成为霸凌者是因为"他们需要关注，他们不接受多样性，或者他们希望控制生活的某些方面，这些可能是他们在家中得不到的"。

《怪女孩出列：女孩中隐藏的侵略文化》（*Odd Girl Out: The Hidden Culture of Aggression in Girls*）一书的作者瑞秋·西蒙斯认为，由于女孩的社交程度很高，她没有表现出的负面情绪会以伤害他人的方式而发泄到其他女孩身上，这可以称之为"关系攻击"。因为她没有学会协调冲突、找不到非暴力的解决办法，所以女孩会骂人、诽谤、排外及使用心理操纵术。

罗莎琳德怀斯曼在关于女孩和霸凌者的书《女王蜂与跟屁虫》（*Queen Bees and Wannabes*）中描述了女孩如何通过刻薄的方式建立个人势力，使其他女孩因害怕成为受害者而与她保持一致。霸凌者和受害者都知道，受欢迎比做自己更重要。

明尼苏达大学研究员、心理学家尼基·克里克博士推测，女孩会高度重视社交关系，然后利用这些关系互相伤害。为了确保自己融入群体之中，霸凌者试图通过告诉另一个女孩不和她玩或她们不再是朋友，来破坏她的友谊或同伴之间的亲密感。

在养育女儿的过程中，让她们感受到生活中的权利及其影响，诚实地表达自己可能会产生消极影响。之前我们曾经说过，有时女儿过度自信并不好，因为她会表达自己的真实想法，而当她还不够圆滑，没有掌握建设性批评的艺术时，她不会正确地表达自己，她的话可能会很伤人。她想变得强大，想掌控自己的命运，这种欲望可能会扭曲为控制他人的行为。

霸凌伤害了受害者和霸凌者

直到成年时，霸凌的受害者还会觉得很受伤。多数不同年龄段的女性都会遇到霸凌问题。

> 因为艾丽西娅，五年级对我来说简直就是地狱！每当想起她如何对待我时，我的内心仍会颤抖。前一天，我们是最好的朋友；第二天，她就会告诉我她认为贝丝更好。然后，她们俩都不和我说话，而且还让别人也不要理我，就好像我有病一样。当然，每个人都照她说的做了。最糟糕的是，艾丽西娅自己弄丢了她最喜欢的外套，但她却告诉老师是我把它偷走了。于是，老师叫来我的家长，说了他们一顿。更可怕的是，大人们都对我感到失望。他们怎么会相信我会做这样的事？之后，有一天，艾丽西娅穿着那件外套高兴地走进了教室，然后对我只是耸耸肩说："噢，对不起。"没有人会质疑她。即使是现在，我也很难会相信朋友，我对所有事情都感到内疚！
>
> ——玛丽洛，46岁

大多数霸凌者承认，最容易被欺负的是那些不能自卫的人。对于玛丽洛和其他霸凌的受害者而言，可悲的是她们将自己对霸凌者的愤怒转化在自己身上，而不是反击或寻求帮助。这种未表达出来的愤怒通过多种方式影响着受害者。她们更容易处在愤怒的"边缘"，随时随地可能爆发，因此，她们的人际关系会很紧张。这些可能会减弱她们的自尊心，影响以后与他人建立健康持久关系所需的信任，最终会产生恶性循环，导致抑郁症、饮食失调、残酷的自我批评和危险行为，比如，偷窃、吸毒和性侵犯。

霸凌者的攻击行为也会对女孩自己产生负面影响。研究员尼基·克里克博士认为，女性霸凌者在同龄人中会不受欢迎，还会遇到一些调整困难，比如，无法遵循规则、难以应付压力、抑郁、孤独。

其他研究人员发现，被同龄人拒绝的女孩在以后的生活中仍然会遇到调整困难，包括在学校与人相处有问题、学习困难、有轻微犯罪行为等。多数人到了成年以后还会有心理健康问题。

父母如何做

首先，我们必须承认自己的女儿可能是霸凌者。大多数研究表明，当女孩初次学习与他人互动时，父母必须教她。霸凌行为不会突然从高中开始，而是从女儿很小的时候就有了。没有父母干预，女儿就有可能做出控制他人的行为。当面对女儿的霸凌行为时，如果父母能够理解这些最初的攻击行为是尚未成型的领导能力的早期征兆，这对女儿的发展会很有帮助。如果父母任由女儿发展，她可能会变得有控制欲，进而实施控制行为。在父母的指导下，女儿的这些早期征兆可能会转化为合作、团队建设和沟通的技巧。

通过玩游戏和分享玩具来学习包容的艺术，了解如何和平解决冲突，以及表达强烈的感受有助于孩子们建立健康的关系。面

第四章
厘清养育观念，打破现有文化压力对女孩的限制

对强有力的社会信息，女孩认为愤怒是不好的，她学会了压制自己的愤怒。但这种情绪会助长霸凌，所以，我们必须教女儿对已经越界的朋友说："不！我不喜欢那样！"或者"不要那样对我！"当清楚地表达自己的感受时，女孩为自己站了出来，开始自我保护。她发现自己不必屈从于别人不友善的言辞或他人打算破坏她人际关系的企图。当我们允许女孩生气时，她会知道愤怒是一种标志，表明某些事情是错误的，而不是要把愤怒情绪隐藏起来，或者表达愤怒会是令人羞愧的事情。我们要让她识别出霸凌行为，并且学习用积极的方式来获得她想要的和需要的东西。

当听到"这样做，否则我不会和你一起玩"时，父母就该介入并协助孩子进行互动了。关注那个霸凌的孩子，跟她说："拉托尼亚，你学会了和莎拉分享，很棒。你现在想把茶具拿出来吗？"这将焦点集中在可接受的行为上，通过建模来教她合作，而不是强化霸凌行为的负面。这样，我们教给孩子一种非暴力的方法。通过学习解决冲突，潜在的霸凌者和潜在的受害者都会看到新的可选方案，满足她们的需求，继续接受她们的同伴群体。

费城儿童医院的研究人员对攻击进行了定义，从广义来讲，攻击是"儿童对另一名儿童造成身体或精神伤害所采取的任何行动"。他们估计，多达30%的学龄儿童被反复嘲笑、威胁，或遭到同伴袭击。

因为有些受害者不愿说自己身上正在发生的事情，所以，父母必须对女儿行为中的细微差别非常敏感。比平时更安静、睡眠不安、缺乏食欲、不愿意参加她以前喜欢的活动、家庭作业有问

题等多种现象都表明孩子受到了困扰。父母给受到伤害并拒绝沟通的女孩最有价值的支持是倾听。没有判断的倾听，没有批评的倾听，倾听而不提建议，倾听而不提供解决方案。敞开心扉倾听她所表达的痛苦。当知道我们理解她后，她会有所行动。

社区参与

大多数霸凌行为发生在操场上、学校走廊上、午餐时间或夜间电话里，这些地点和时间都远离教师和其他成年人的监督。教育者和家长意识到，儿童侵害儿童的行为只能通过共同努力来阻止，许多社区正在制订预防侵害计划。奥菲利亚项目 www.opheliaproject.org 和女孩倡议网络 www.girlsinitiativenetwork.org 是两个寻求以合作和尊重的方式授权、支持和联系女孩的组织。它们调动社区参与，充分利用各年龄段女孩的特殊才能、技能和资源。通过参与共同的事业，女孩学会重视和欣赏与其他女孩相似和不同的地方。因此，终结霸凌的真正答案就在于每个女孩，要使每个人成为反对攻击的大使，使她成为合作的寻求者。

早期的性压力

女儿在性方面的压力和某些情况下她们对性行为的渴望往往会让父母失去平衡。儿童早期实验让我们为女儿感到担忧，害怕她感情受伤、身体受伤、怀孕、患艾滋病及其他性传播疾病。当我们感受到压力，或者认为我们已经准备好面对女儿在十六七岁时的性冲动，实际上，她很早就已经感受到了这些压力。

第四章

厘清养育观念，打破现有文化压力对女孩的限制

> 我没想过必须向我 10 岁的女儿解释"给男孩口交"的意思，当我发现她在学校的浴室里给别人口交时，我非常震惊！她还只是一个孩子！
>
> ——乔安娜，33 岁

日间脱口秀播出的关于口交派对和约会暴力的故事令人震惊。女儿在性成熟的过程中充满危险。了解在女儿的社交关系世界中发生的事情，以及如何引导她走出困境可以使父母知道他们的着力点在哪儿。

为什么？ 当听说越来越多的初中生和高中生口交时，我们想知道为什么。对于多数人来说，在学校浴室、看门人的房间里或校车后面进行口交会让人感觉很低俗，对男孩和女孩来说都是一种侮辱。当青少年女孩被问及为什么她们要进行口交时，她们说了几个理由。"我这样做是为了让我的男朋友开心。""这不是非常安全吗？""呃，这不是真正的性行为，不是吗？"

沟通不是万能的，但它确实有帮助。 请记住，女孩通过沟通保持联系。如果你愿意发起关于健康和强壮的身体、爱情、快乐、感受等的对话，关于性的问题和对话自然会随之而来。我们可以与女儿公开谈论任何话题，这样当她面临困难的情况或决定时，她就会来找我们。对于一些人来说，不经评判、说教或提要求而进行沟通是一个挑战。比如，她们可能会问："妈妈，一个男孩在你们第一次看电影时就拉你的手，那时你几岁？"我们可能会本能地回答，"12 岁，但你要确保他不再做任何其他的事情！你知道男孩通常是什么样的。你让他拉你的手，你知道下一件事就会……"在"但"之后，其实她的注意力就不在这儿了，我们也

错过了与她真正沟通的宝贵机会。

关注她是谁，并倾听自我的声音。在讨论性问题时，仔细聆听女儿的想法、要求或试图说出的内容至关重要。她在面对一些没有跟我们谈论过的情形时说"不"的信心本应可以增强。但如果女儿对于她在学校听到的关于口交的事情感到不安，而我们没有关注她的感受时，我们就错过了另一个向她提供安慰和支持的机会。询问她的感受通常比告诉她事实或制定规则，比如"不要"和"从不"更有效。如果父母急于快速解决问题或制定规则，女孩会感到非常突然，进而会沉默不语。

进行实验。有些女孩沉迷于神秘感、兴奋感及对早期性行为的渴望中。她往往太过投入而忽视自己行为的实际危害和长期影响。为了帮助女儿考虑早期性行为的影响，父母需要询问关于"自我"的问题。关于"自我"的问题关注的是感受，而不是行为、规则和后果，比如，"你认为自己这样做,你会如何看待自己？""你觉得你这样做会快乐吗？""你认为男孩会在乎你的感受吗？""你觉得你下一次见到这个男孩会感觉怎样？""你的朋友是否知道你口交？"

父母可能没有意识到女儿的性活跃，面对父母的直接提问，女儿只会否认。为孩子提供可以与她尊重的人坦诚地讨论各种问题（包括性行为）的机会很有帮助。青少年中心、计划生育部门、学校等部门的青少年讨论组导师或领导人是很好的人选。女孩可能觉得在其他具有类似经历的人面前可以更放得开，这些人已经发生了积极的性行为或者正在为之做准备。

第四章
厘清养育观念，打破现有文化压力对女孩的限制

这是一种权利。有些女孩说，她们进行口交是因为他们喜欢它赋予的权利感。"我喜欢有个男人想要从我这儿得到某些东西，只有我可以决定给他还是不给他。我不会太迷恋任何一个人，所以，他们无法控制我。"然而，通过这种方式获得权利的女孩常常说，她们忽视了别人给她们贴的不良标签，忽略了她们的坏名声。

> 如果你关心高中时发生在其他人身上的事情，你会发现所有人都在追我，所以，我就选择了这样做。我认为我应该像男孩一样性活跃，我也应该很享受。我很小心，但"荡妇"的标签在整个高中生涯中一直跟随着我。
>
> ——雅斯曼，23岁

年长、经验丰富的青少年建议，最好等一等，因为，男朋友想要并不是一个足够好的理由。

> 我痴迷于性爱。我无法理解它。这让我疯狂。但是，我意识到我的女朋友真的不想做。她的感受是什么呢？我觉得自己总在想得到她。但以后，我也仍然可以享受性，所以，我没有理由不能等待一段时间。现在，我的女朋友和我有更多的乐趣，因为，我们没有压力了。
>
> ——杰罗姆，16岁

女孩对于口交的误解很大。许多女孩承认口交不是真正的性行为。"这不是性交，对吧？所以，我还是一名真正的处女。"其他女孩认为口交是一种满足男朋友而又不冒怀孕或得病风险的方式。口交当然是一种无须担心怀孕而进行性交的方式。但专家

警告说，包括艾滋病毒在内的一些性传播疾病可以在性伴侣间传播。此外，年轻女孩还没有足够的洞察力，也还不够成熟，预测不到参与早期性行为（包括口交）对情绪的影响。我们意识到，告诉年轻人早期性行为对情绪会产生什么影响可能为时过早，但我们似乎有理由得出这样的结论：这些早期性行为会导致很明显的社会问题，比如，强奸、家庭暴力、乱伦和性虐待。过去，关于性、亲密关系和表达爱的定义似乎已经不适用了。我们需要坦诚地讨论一下性到底是什么，以及它对情侣有什么意义。

女孩不能学数学

在19世纪80年代早期，人们普遍认为高等教育对女孩的健康不利，这阻碍了许多有抱负的学生上大学。那些父母思想解放的女孩在家学习，或者上女子学校，如，莎拉·皮尔斯的利菲德女子学院，在那儿，她们可以学到如何成为纯洁的年轻妻子或者可能是老师。那时候，适当的教育包括水彩画和良好的针线活；也偶有一些校长，如莎拉·皮尔斯要求她的学生学习古代历史、拉丁语和希腊语。

时代和教育实践当然也必须改变，但是由美国大学妇女协会（AAUW）编辑的一份报告得出结论：在今天的教育体系中女孩仍然处于劣势。根据这份报告，认为女孩和男孩在学校具有同样经历的观念是完全错误的。一些关键的实践和环境导致了性别的不平等。

老师在课堂上较少关注女孩。不同的研究表明，在教室里老师不仅叫男孩的次数比女孩多，而且当男生大声地回答问题时，老师注意听，而当女生想大声地回答问题时，典型的情况就是让她们举手或者等待，直到被叫起来回答为止。非洲裔美国女孩甚至比白种女孩更少被叫到，不管她们多么频繁地试图得到关注。因为老师们假设女孩都是认真的学生，所以他们倾向于通过对作业进行评价，提供建议并予以表扬来鼓励男生。当女孩需要帮助时，一些老师要么替她们完成任务，要么告诉她们去找别的同学帮忙。这些做法使女孩特别泄气，因为她们特别希望能和老师有直接的交流。

男孩比女孩得到更多的来自老师的关注，因为他们遇到的麻烦更多。有时，他们和别人说话，有时他们大声地喊出答案，而且他们经常在队伍中推撞、拥挤和加塞儿。

——克利斯汀，9岁

教育成了女孩们的旁观活动。通常，女孩形成课堂活动的安静背景，被鼓励去承担听众、支持者和帮助者的支持性角色。当领导、学生会主席和单人表演者的经历和实践可以给女孩们积极参与她们的教育和指导自己生活的自尊心和信心。可悲的是，研究表明，在太多的课堂活动里女孩都被排除在外。

学校开设了两门截然不同的课程。我们都知道，在学校里要教语文和数学等课程，也教一些次要的、不热门的、经常有偏见的课程。在这里，孩子们学到了传统的、性别角色行为。这些行为得到微妙的强化，而且我们大多数人都注意不到。

"女孩可以先走，因为她们很安静。"类似这样的评论使女孩受限制，成为期望中的角色，限制她们的选择反应。有时候女孩在学校里受到性骚扰，校方会做出轻描淡写的处理。比如，"男孩就是男孩"，这给女生和男生都传递了"女孩不值得尊重"和"可以对女孩施行攻击的"等有害信息。鼓励女孩和男孩之间进行粗野的、竞争性游戏，这使得许多女孩只好站在一旁。老师们经常没能教会女生可以增强信心、培养才能和参加游戏需要的运动基础。因为许多女孩缺少使她们的体内有"熟悉"感的早期训练，她们会觉得被进行得太快的游戏所征服和被高技能的游戏者所支配着。老师们经常不能提供平等的游戏机会和小组成员身份而让女孩获得更积极和成功的体验。

教材中根本没有考虑女孩。美国大学妇女联合会加利福尼亚分部教育平衡法特别工作组主任和教师，艾黎西亚·海特曼认为，在选择女孩感兴趣的主题时存在不公平现象。举例来说，标准的历史课本其特征是战争和武器，这很符合男孩的兴趣，但是很少能激发女孩的热情。在历史事件的编年史中显然没有女孩和妇女，而且女孩很感兴趣的那些历史人物的生活细节也被忽略了。

许多教科书对女孩和妇女的描绘，使这种限制和妨碍女性在我们的文化里得到充分发展的陈规得到保存。第一批读者继续把男孩描绘成探险者、英雄和领导，把女孩说成护理员、追随者和在家消遣的人。另外，研究表明，使用无性别的、多文化的材料可以促进所有学生的学习。悲哀的是，1989年一项关于那些经常被指定为公立中学英语课本的研究表明，其中只有1/10是由女性编写的，而且没有一本出自少数民族作家之手。

第四章
厘清养育观念，打破现有文化压力对女孩的限制

出自少数民族家庭的女孩在学校尤其危险。 少数民族女孩遭受种族歧视和性别歧视，而且来自低收入家庭的女孩必须面对学校里邻居的威胁、老师的低期待、糟糕的医疗保健和营养不足。许多研究表明，一个女孩的社会经济地位比其他任何变量都能更好地预测她的学业成绩。

一些关于少数民族家庭的研究指出，黑人和西班牙人家庭特别重视合作和集体内部的作用，然而，美国教育系统强调竞争和个性，这样就使来自这些文化的女孩处于更为不利的境地。学校里代表多种文化的课程很有限，而且大部分少数民族女孩在教材、课程计划，或者学习活动中都不能找到能反映她们生活的东西。另外，关于课堂态度的研究显示，老师对少数民族的男孩和女孩都给予较少的关注，因此，降低了她们的自尊心和参与课堂活动的愿望。

还有一些影响少数民族女孩学业成绩的因素也降低着她们的自尊心。一些研究认为，早孕发生率和自尊心弱有关，而且自1988年以来，青少年怀孕比率一直在升高，几乎全部都发生在15～17岁的拉丁美洲人和黑人女孩中。一位来自科罗拉多州丹佛市的获奖教师桃乐萨皓格，这样描绘她的一些学生的命运："怀孕仅仅是我们的学生必须处理的事情之一，她们大多数已经成为她们生活的牺牲品——贫穷的牺牲品，身体的、性的和感情虐待的牺牲品。"

学生辍学的准确统计很难得到，而且少数民族女生辍学有着不同的原因。在所有民族的辍学生中，贫困女生的比率大大高于

男生，而且与男孩相比，女孩更经常把"家庭相关问题"作为辍学的原因。有一项研究揭示，兄弟姐妹多和母亲的受教育程度低是女孩离开学校的原因。当然，与学校也有关，例如成绩差、老师不感兴趣或不给予支持、感到被学校文化所忽视等。学校文化包括同学团体和学校课程，所有这些降低了她们继续上学的动机，导致了她们在学校的失败。

对女孩的不同的期待会影响她们在数学和科学上的表现。以前的那种男孩和女孩在数学成绩上的差异已经减少了，而且在持续下降。然而在中学数学快班和数学高分群体中，男孩的数量远远超过女孩的。在科学方面，男孩和女孩的成绩差异越来越大，而且没有缩小的迹象。有些研究者把这种科学方面的性别差异归因于不同的学习风格。男孩受鼓励去探索、冒险和从经验中学习，所有这些都提高了他们在科学教育中的成绩。

看一眼女孩和男孩的心灵就会发现她们对成就的反应有着惊人的差异。比如，当男孩数学好时，他们把自己的成绩归功于天赋，而女孩则认为高分是努力学习和良好学习习惯的结果。令人惊讶的是，研究表明，父母也同样这么认为。许多老师也看上去认为男孩天生在数学和科学上更有天赋，女孩天生擅长阅读，这是对数学课和科学课堂上的男生和阅读课上的女生加以特别关注的结果。

有趣的是，我们发现男孩和女孩在数学和科学方面的差异并不是在不同文化中都存在的。在日本裔美国人、夏威夷本土和菲律宾裔美国人的文化中，没有人认为数学不适合于女性。在那种文化中，女孩经受较少的负面同伴压力，而且也受到来自父母的鼓励去投身数学和科学生涯。在亚裔美国人的文化中，无论男孩和女孩都有能力学好数学和科学，而且其成就更多地被归功于努力而并非天赋。

家长、老师和其他受尊敬的成人对女孩的影响比同伴群体的影响大。我们知道，一旦我们的女儿进入青春期，就会发生巨大的转变，从追求学业成绩转变为集中关注外表形象、朋友关系和男孩。这些转变可能会影响我们的女儿对教育和职业的选择。没有我们的兴趣、参与和指导，她们可能受心存好意但有偏见的同伴、老师或者职业顾问的影响，去选择没有挑战，或不合适的班级和职业。

> 苏珊的父亲鼓励她像自己一样成为一名工程师。她的数学和科学成绩很好，对一个聪明的、有抱负的青年女子来说，搞工程将会是一个稳定、令人兴奋的职业。她仔细地听着父亲讲，但从来没有真正考虑要当工程师。"女孩从不干那个，而且我也不想成为一个那样做的女孩……工程师不适合女人。"至少这是在整个学生阶段，她从无数老师那里得到的信息：你是一个女孩；不要为数学和科学操心，女孩不需要这些东西；让男孩去掌握那些东西吧。
>
> ——苏珊·贝利，韦尔斯利大学女性研究中心主任

我们对女儿们数学能力的信念会对她们对这一科目的能力有显著的影响。帮助女孩学数学和科学的最佳方式，就是对她们的能力有清楚的认识，而且从一开始就鼓励她们。小孩子是天生的科学家，单纯地吸收着这个世界是怎样运转的知识。当我们允许

自己用他们的眼光看这个世界时，就又一次意识到怀疑和好奇的力量。宾夕法尼亚州立大学工程界妇女组织的莎伦·卢克主任声称，女孩从动手活动和摆弄鸟进食器、水族馆、蚂蚁场、花园、照相机、望远镜、磁铁和放大镜等的经历中学习最好。允许女孩弄得脏一些，允许提问、冒险以及用她们自己的身体做实验，可以培养她们掌握知识的感觉，那将带领她们通过最困难的化学实验测试和计算课程。

良好的数学基础包括懂得如何去考虑一个问题，而且计划好解决该问题的步骤。学校和家长要经常感到愧疚，因为他们忘记了，"如何"做一件事情确实比答案本身更重要。就像教一个饥汉如何钓鱼，而不是给他一条鱼一样。掌握了钓鱼的技能，她就能自己经常弄到东西吃。为了增强数学能力，女孩需要一些能发展她们空间能力的游戏和玩具，比如积木、拼图、多米诺骨牌、乐高玩具、跳棋、象棋、玩具模型、折纸材料和手工工具。父母可以通过给女儿们演示数学和科学是如何用在日常生活中的，比如，算账或做饭等，把这些知识带回家。

当被问起为什么认为女孩的数学成绩在12～13岁左右会骤然下降时，莎拉（13岁）和伊莱恩（11岁）的父亲佛瑞德肯定地说："答案很简单，她们不想把努力放在这上面！有如此多的令她们分心的东西——男孩、女朋友、MTV。她们认为数学并不重要，我告诉她们这很重要，你们必须掌握。不论你是不是用得上它，目前它重要不重要，但是一旦你学会了，你就有把它作为工具使用的能力。不要因为强尼长大必须成为一个火箭科学家，而你仅仅是回家生小孩而让你自己在这方面落后于强尼……胡扯！事情不应该发展成那样。"

这又一次成了才能的问题。为了过一种幸福美满的生活，我们的女儿——和其他的女孩一样——需要什么？在数学或科学上有能力就能帮助她实现自己的梦想，并且为这个不健康的社会贡献她的一份力量吗？试图让她在自己不感兴趣的科目上表现突出是不同于能力要求的。强迫她做她不愿做的事，只能导致愤恨和逆反。如果一个女孩讨厌数学而且她的天赋似乎在其他方向上，那么让我们教她如何来完成数学工作即可。可能，她将来不得不雇用一个人来帮她纳税，或者让她的"突出的其他方面"来负责平衡她每月的账目。每种方式，她都在经营，我们已经教会她如何把事情办好。

我希望我的女儿们依靠她们自己的才智成长。如果她们需要利用她们的魅力，如果她们需要使用她们的才智，用的地方合适，那很好。我在某种情景下也使用过我的魅力。但是我不希望她们以此作为一种求生的手段，因为有一天那种魅力将荡然无存。这就像一个足球运动员，在10年内是场上最棒的，之后，他只能经营一个杂货店或卖二手汽车来度过余生，因为他从未上过课，所以从大学退学了。我不希望我的女儿们不得不那样做或者依靠某个人来照顾她们。

——佛瑞德，两个女儿的父亲

我们欣赏我们的女儿们为创造充实而有趣的生活必须做的种种选择，那反映了她们真实的本性。有时，富有挑战的、有趣的工作可以帮助她们发现自己究竟是谁。

我的女儿喜欢数学和科学，她自然擅长这两个学科。当了解了新的信息时，她非常兴奋，她似乎擅长迎接每一项新挑战。我很高兴她在这些问题上比我更爱她的父亲。

——迪，16岁瑞伊的母亲

ADD/ADHD：能力问题

当我们审视被称为注意力缺乏症（ADD）的神经化学障碍时，文化力对女孩的影响显而易见。向父母提及 ADD，我们相信她们都会描述出粗暴的、令人讨厌的、有破坏性行为的男孩形象。当被问及患 ADD 的女孩有什么样的表现时，我们可能会联想到一些茫然的脸、痛苦或困惑的表情。就像在心理发展领域，通过男性经历进行研究并推广到女性一样，关于 ADD 的研究、诊断和治疗，在很大程度上是根据男孩表现出的症状进行的。最近，专家指出，患 ADD 的男孩和女孩的比例高达 10∶1。但心理治疗师和 ADD 专家萨利索登认为，这些统计数字具有误导性，因为大多数女孩没有 ADD 的多动症状，并且经常被误诊为抑郁症。她的书《女性与 ADD》（Women with Attention Deficit Disorder）是一本关注女性的书，而且很受欢迎。她指出没有多动症的 ADD 是被人关注最少的 ADD 种类，而这正是女孩患 ADD 的最常见种类；且没有多动症的 ADD 需要的确诊时间最长，时间越长就越严重。基于这些原因，患 ADD 的男孩和女孩的比例更可能是均衡的 1∶1。

什么是 ADD？ ADD 是神经化学障碍的特征，有许多种类，最常见的两种是依有没有多动症进行区分的，分别对应术语注意力缺乏多动症（ADHD）和注意力缺乏症（ADD）。它不是一种心理功能障碍，不是不负责任或有性格缺陷，也不是脑损伤，患有 ADD 的人的大脑是正常的。大多数患有 ADD 的人都非常聪明，有创造力，对生活有热情。尽管它的名字是注意力缺乏症，但患 ADD 的女孩并不是缺乏注意力，而是她们的注意力不规律、不一致。这是由大脑化学信使，神经递质的不稳定或低效率引起的，其信息来自大脑各部分并影响注意力、活性和冲动性。每个 ADD 患者的症状都不一样，甚至同一个人在不同时间可能会出现不同的表现。但是这些症状是慢性的——它们已经存在了很长时间——并且很严重。它们严重地影响女孩在自己的生活中充分发挥自己的作用。

为什么女孩的父母应该关注 ADD？ 因为，男孩患 ADD 的数量较多，这种情况很难让人忽略。而女孩的症状却常常没有被诊断出来，因为它们比较不明显，往往很微妙、被隐藏起来。许多女孩没有多动症状，如果她们有多动症状，似乎也不会像男孩那样引起许多问题。未被诊断为患有 ADD 的女孩会经受长期的痛苦，这会影响她的自尊心、情感生活、人际关系和个人成就。

女孩患 ADD 的症状有哪些

混乱： 表明女孩患有 ADD 的第一条线索是她无法进行合理组织。她做事总是杂乱无章。她的房间、衣橱、书桌、储物柜、汽车、钱包、背包、自己的外表，甚至她写的字都很混乱。她往往会使事情变得更复杂。

注意力分散。患有 ADD 的女孩总有源源不断的新想法。她擅长开展活动，但很少能够完成，因为在进行一项活动的过程中，她会产生新的想法并去做另外一件事。她的各个感官都被调动起来，无法过滤背景噪声和无关的活动，总是容易分心。任何干扰都会引起她的恐慌，她的脑海中多了更多的东西，这最终会让她很崩溃。她常常感到失控、不知所措、担心她的世界正在分崩离析。患有 ADD 的女孩会在我们让她整理自己的房间一个小时后仍坐在地板中间，周围满是皱褶的衣服、试卷、书籍、钱包里的东西及糖果包装纸，而她正在专心看她的日记本。

我的女儿黛布拉是她中学社交生活的中心。她参加所有的舞会、生日派对，出去过夜。她擅长与艺术相关的所有事情，但在其他方面，她几乎没有涉及。黛布拉要把我们逼疯了，因为她不做家务。我以为她只是很懒，她一直很容易分心。在她 9 岁时，有一天她差点把我们吓死。我让她出去喂猫，她就没回来。经过 6 个小时的疯狂寻找，我们在隔壁 5 个街区的邻居家找到她，她在和一群她甚至都不认识的孩子一起玩。当我们问她原因时，黛布拉说："我看到他们骑着新自行车过去，我觉得和他们一起骑车会很有趣，所以我就过去了。"这只是关于黛布拉让我们整个家都紧张起来的故事之一。

——玛吉，14 岁的黛布拉的母亲

情绪特质。患有 ADD 的女孩总是会感到焦虑不安，很容易从一种情绪转移到另一种情绪，并深陷其中，放不下，过不去。她的自尊心不强，对自己造成的混乱感到非常尴尬，感觉自己很愚蠢却又无能为力。这一刻，她情绪低落，下一刻，她可能因为我们在吃土豆泥而兴高采烈。

琼总是很害羞、脆弱、迷惘。她和3个姐妹对生活的反应完全不同。她的兄弟姐妹愿意冒险，会自己动手，但琼总是待在她觉得安全、受保护的地方。在她3岁的时候，当陌生人走近她时，琼就会哭。大多数孩子不会对新的活动和不知所措的情形感到困惑，而她却总是哭。琼可以自己安静地玩，如果你对她说些什么，她就会一跃而起。任何背景噪声，比如，音乐或机械声，都会让她感到急躁。她不能专注于任何需要持续关注的活动。当我问她脑袋里在想什么时，琼说："我有很多想法，有时候我会沉浸其中，但有时候我会感到焦虑和害怕，就像广播电台受到静电干扰，没有调整好一样。有时候我感到不知所措，我只想逃跑。"10点钟，琼仍然在独自玩耍，让她从房间里走出来，她会很痛苦。

——拉登，10岁琼的母亲

学业困难。 患有ADD的女孩不会过度活跃。她动作缓慢、工作很慢、思维迟缓。她的老师和其他人可能会认为她智力一般或低下，因为"聪明"意味着思维活跃、回答问题快速。注意力不集中、思维组织困难和多梦等症状使她很难按照平均速度处理信息。这种迟缓掩盖了她的智慧，使她在课堂上显得很沉闷。她也很难按时完成作业。作业布置了几个月后，我们可能会在她的背包里发现皱成一团的试卷、逾期未还图书馆的书和还没吃的三明治。她不想在学校惹麻烦，白天她尽量承受打击，回到了家她就会崩溃。

冲动性。 患有ADD的女孩先行动，后思考。在她意识到自己将面临的处境之前，她会先陷入艰难或尴尬的境地，然后再想她是如何深陷其中的。她可能会撒谎或者掩盖真相，将责任从自己转移到他人身上。因此，她不会对无法控制的行为感到羞耻。

她很难与那些帮助她解决困难的人建立友谊，因为她选择的那些人可以将情绪掌控得很好。

身体意识。患有ADD的女孩往往很笨拙、看起来身体不舒服。她可能会选择读书或者发呆，而不是与她的同学一起参加活动。

抑郁症。精力不足、紊乱、精神无法集中和社交退缩等症状通常看起来很像抑郁症。实际上，ADD会导致女孩出现抑郁症，因为她经常无法满足其他人的期望，不相信自己能够完成任何事情。对女孩来说，被诊断出患有抑郁症而不是ADD会给自己带来更多麻烦，她会处于无休止的恶性循环中。她的老师可能会抱怨她在课堂上注意力不集中、凝视窗外、从不听课。

学习障碍。并非每个患有ADD的女孩都有学习障碍，但如果她有学习障碍，那么她在学校的困难就会加剧。

刻板印象。患有ADD的女孩往往符合"甜美小女孩"的刻板印象。她经常被群体忽视，因为，她倾向于成为一个讨人喜欢的人。她看起来很古怪，很恍惚，甚至神经兮兮的。她可能非常害羞、易变，很难说出自己的想法或坚定自己的立场。

多动症。患有ADD或ADHD的女孩除了会有上述症状外，还会有假小子、疯狂男孩、不淑女、派对女孩、超级擅长社交和情绪反应过度的刻板印象。虽然她通常不会像患有ADHD的男孩那样惹麻烦，但她可能很有攻击性、吵闹、具有破坏性。

患 ADHD 的女孩与男孩有什么区别

大多数患有 ADHD 的人会出现前面列出的有一定性别差异的症状。我们推测这些差异受到了生物学、性激素和文化的影响。从生命之初，女孩和男孩就懂得了他人对自己的期望。男孩要开朗、行动力强、说话更大声、更有攻击性。女孩要内向、更善言辞、举止优雅、更情绪化。《ADHD 汤姆·哈特曼完全指南》（*Thom Hartmann's Complete Guide to ADHD*）的作者汤姆·哈特曼认为，ADD 患者对活力有极强的"未满足需求"。当男孩为满足这种对活力的需求而行动时，成年人看到这种行为往往会觉得"男孩就是男孩"。而当女孩这样做时，她们会被训斥并被告知要"举止得当些"。最终，女孩知道跑步、跳跃、插话等是她们不应该做的，她们只能向内向化发展。她们可以在自己的脑海中创造一个完整的幻想世界，在这个世界里，她们无话不谈、自由活动。这样，ADD 对女孩的影响就和对男孩的影响一样大，因为她们的内心不断受到干扰。然而，在外部世界里，她们显得恍惚、呆滞、不参与任何事情。不论是否可以通过 ADHD 或 ADD 得到满足，男孩和女孩对活力都有需求。

无论男孩还是女孩都会有让他们感到羞耻的事情，但女孩往往会因为自己的尴尬而感到更加焦虑。随着年龄的增长，外表显得更为重要，搭配衣服会给她们增加压力，使她们忧虑。有些女孩可能会没穿好衣服就出门。此外，她们还要承担更多的家庭责任，当面对家务时，她们会感到挫折、压力和无助。有时，她们会受到懒惰、疏忽或粗心的指责，这些不会鼓舞人心，只会伤害她们的自尊心。

ADHD 尤其会破坏女孩的关系。她们渴望与她人产生联系，当她们努力想要融入一个群体但又因集中不了注意力、找不到笑点、大脑不清醒而融入不了时，她们会感到孤独和寂寞。因为，女孩会通过自己的人际关系对自己进行评价，因此患有 ADHD 的女孩就很容易陷入自虐模式。事实上，十几岁的女孩比男孩更容易有冲动的性行为。她们用自己的身体来弥补自己在注意力、做事和学校表现等方面的不足。有些女孩学会通过漂亮、光鲜的外表或大胆的举动而吸引眼球。随着年龄的增长、激素水平的变化，患有 ADHD 的青春期女孩的压力也会增加，她们会面临更大的挑战。为了使她们可以控制自己，保持清醒，集中注意力，缓解她们在社交场合中的焦虑，患有 ADHD 的十几岁女孩经常会有吸毒、酗酒、饮食紊乱、逃学、偷窃等危险行为，以满足她们对活力的需求。那么，这些与典型的青少年问题有什么不同呢？关键在于其长期性和严重性。

她们的高智商常常帮助女孩摆脱她们所处的困境，但她们还会这样做，只能等父母、学校或法律来管教她们。

旷课是让我们必须接受治疗的最后一根稻草。我们的女儿黛比成绩总是很好，但她的房间一片狼藉，她会花很长时间和朋友聊天。她的智商非常高，她可以完成所有功课。她很容易使人信服，所以，她总是可以用花言巧语骗过她的老师。她很冲动，从不考虑她的选择和行动的后果。我们不允许她在外面待到太晚，不允许她和喝酒的孩子一起骑行，她必须告诉我们她到底在干什么。我们永远不知道她在哪儿。在她 16 岁时，她开始与开车的朋友一起旷课。我们担心她会有麻烦，但因为她智商很高，没有人怀疑她患有 ADHD。可是当症状相符时，我们就明白了为什么自我组织和遵循家庭规则对她来说那么难。我们认为她只是一个正常的青少年，因为她在学校学习方面没有那么多问题。

——罗布，16 岁黛比的父亲

ADHD 是由什么引起的？ 这种神经化学障碍的原因尚不清楚，但许多专家认为它与遗传有关。这意味着家庭的其他成员也可能患有 ADHD。为了帮助患有 ADHD 的女儿，家庭中的其他患者与孩子一起寻求治疗是非常重要的。

我一直都很擅长数学，它的可预见性让我很有安全感，但我对生命中的其他一切都感到非常无能为力。我的童年是一场又一场的灾难，作为一名有两个孩子的全职妈妈，我的日子仍然一片混乱。我一直都很担心。我的丈夫无法理解我整天都在做什么，为什么房子看起来就像被暴风雨侵袭了，为什么孩子们没有吃东西，为什么我如此疲惫。我去见了咨询师和医生，开始吃治疗 ADHD 的药物。我没有告诉我的丈夫，但在第三天，我感觉自己像变了个人似的！我觉得家务没那么难以应付，我能够保持专注，即使孩子需要我时，我的注意力也没有分散，我做完了要做的事情。最重要的是，我能够优先安排自己的时间。我上周开始接受治疗，正在努力修复自己受到伤害的自尊心。我是全职妈妈，是家庭的情感中心，但我却打理不好整个家庭。我总是和丈夫打架，对我的孩子大吼大叫，觉得我什么也做不了。现在，我希望这种状况可以改变。

——玛丽，39 岁

我是二婚，我们的女儿把我逼疯了。我跟不上她，我每天都在朝她大喊大叫。我的丈夫对我大声叫嚷，因为他感到很吵闹。他试图恢复我们的良好关系。他说我们非常相像，所以我们总是发生冲突。我们都很紧张、过度情绪化、凌乱，很多时候还会失控。丈夫下班回家，家里一塌糊涂，没做晚饭，我和我的女儿在哭，或者不说话，或者把自己单独关在房里。从我的内心深处，我对我的女儿和我的丈夫感到内疚、愤恨。到家后的1个小时内，本会做晚饭，整理房间，给曼蒂读书。而我花一整天的时间都不能做完这些事情。我自己感觉很糟糕，所以，我让朋友们给我一点真实的评价。他们都说他们爱我，但也经常因为我的迟到、拖延、借口和逃避而感到沮丧。我仍然会感到自己像回到小时候那样，因为搞砸了一些重要的事情而被母亲惩罚。

——博比，45岁

如何治疗ADHD？对于有成员患有ADHD的家庭来说，其黄金法则是简化、简化和简化。简单的房间布置、为数不多的承诺、色彩协调的衣柜、详细的列表等结构化的安排都对ADHD患者很有帮助。治疗过程还涉及药物、营养补充品、教育和信息、支持、策略、辅导和咨询。由于每个治疗计划必须对每个人有针对性，而且ADHD专家出过很多专业的书籍，所以，我们不对治疗进行具体说明。但是，如果只给孩子提供了药物治疗，那你需要再听听他人的建议。ADHD必须由熟悉和专攻ADHD的精神卫生专业人员来诊断。他会花时间观察孩子，与他交谈并给他进行测试。在进行ADHD诊断之前，必须排除其他神经系统疾病、体能问题、心理问题或环境影响，比如，酗酒家庭或严重虐待儿童等。

ADHD症状的营养支持

多维补脑营养片是一种天然的营养补充剂，有助于注意力、专注力和清晰思维的发展。对于不愿意给孩子服药的父母来说，多维补脑营养片是一个不错的尝试。

总结

在过去，父母是依靠文化的规范和价值观的引导把孩子们培养成积极而负责任的社会成员。现在，文化的规范和价值观变得如此之快，使得现代的父母经常有在大海中漂浮的感觉，没有一张航海图来引导他们安全地通过女儿们的生活这片不可预测的水域。如今，当家长需要深度内省以弄清楚我们评价的是什么。

我们在自己的生活中需要什么？

我们生活在梦想中吗？

我们是不是觉得有创造性、建设性、有用、充实而真实地活着？

我们能为女儿们树立一种引以为豪的生活榜样吗？

孩子们会自然而然地被吸引到当今的主流价值观和风尚中去，而且要求同他们的朋友一起加入其中。当我们的价值观与文化规范相抵触时，我们就要采取大胆的措施来紧紧维护我们自己相信的、对家庭来说是正确的东西。进行一些必要的改变使得我们的生活更符合我的梦想。在家人—女儿风暴时期中，向外求助于其他家长的支持，恰恰可以帮助我们渡过难关。爸爸和妈妈之间支持式的关系，以及清楚地理解女儿在成长过程中独特的个人角色，将开创一个通向成人世界的安全旅程。

第二部分

养育女儿

第五章

学会协作式思维，
家庭合作共同养育女儿

……当我刚开始做一件事情的时候，
我一无所知。
——詹姆斯·希尔曼

她：你总是不做任何家务！

他：你这话什么意思？！我刷碟子、接孩子，还修剪草坪！！！

她：又来了，帮了点忙就想要奖牌和掌声。

他：我并没有想要奖牌！我只是对你指责我不做任何家务做点儿辩护。

她：（叹气）这并不是问题所在。

他：（看上去有点愤怒）如果这不是问题所在，那你为什么说我一点儿家务也不干？

她：你从不听我说话。你从来都不在这里。

他：你什么意思？从不在这里？除了周末，我还从工作日中抽出一天来帮忙。我手头还有工作项目要忙呢……（他抬头看了看，她已经离开了。）

她走开了，带着生气、伤心和无望。他走开了，感到荒唐、混乱，总也没弄明白他没有做的神秘事情到底是什么。要是他整个周末都不在，那么她以为他在哪里呢？

女人和男人：大不相同

父亲和母亲之间，无论是否离婚，在他们的交往中都保守着为什么经常吵架的秘密。可能有很多形式，但是，主题却是一样的，那就是他们实际上具有不同的期望，但是还都以为他们的想法是相似的。这些巨大的差距使得男人脱离家庭，感到孤独和困惑；使得女人局限于家庭生活中，感到孤立和愤怒。这些相互影响一代一代地上演，而且总是会传到子女身上的。

由于这些巨大的差距，男女双方对组成的团队都不会感到满意。为了使家庭生活更顺利、健康和快乐，每一方都应该意识到需要做什么或需要承担什么责任。儿子没受过这方面的训练；女儿长大了，对男人期望很低，因为她们的父亲就生活在家庭生活的边缘。她们看到，总是母亲在唱主角，父亲在被要求时帮点儿忙，但是很少理解怎样当好配角。在我们讨论女儿分别需要从父母亲那里得到一些什么时，我们必须考虑这些巨大的差异是如何影响母女和父女关系的。

同样的情景，不同的思维方式

男人和女人是以不同的思维模式、行为方式和动机进入各种情景的。男人根据目标、目的和要完成的任务来思考，两性关系的意图由目的来定义，交往的原因也是由目的决定的。男人走进一间有人的屋子，都是有特定的目的的。无论是出于社会性的、个人的或职业性的目的，他总习惯于四周看看，估计一下谁会是他的对手，谁能帮助他实现目标，以及最佳策略是什么。显然他属于策略性的思维模式。

策略性
1. 策略的，或与策略有关。
2. 对行动计划重要或关键的。
3. 对有效的战术控制是关键的。
4. 对预期目标非常重要。
5. 准备破坏敌人的有生力量。

——新美国传统词典（The New American Heritage Dictionary）

女人进入情景时通常考虑群体和潜在的关系。群体和这些关系不是出现的任务和要实现的目标的核心。女人走进一间有人的屋子时，她会注意到人群，她怎么能适应，人群里的关系怎样，以及与人群有关的个体成员的需要。目标是在这些考虑之外实现的。策略性的思维出现在群体内的关系中。

关系
1. 两个或更多事物之间的逻辑或自然的联系；一件事物和另一件事物的关联、联结。
2. 人们之间的血缘或婚姻关系；同宗关系；一个亲戚。
3. 一个人或一种事物与另一个人或事物相联系的方式。

——《新美国传统词典》

女人做事情的时候，可能会出现问题，因为她们对群体动态的关注会忽略实现目标所需要的策略性思考和行为。男人做事情的时候，倾向于采用策略性的思维，会忽视对关系的思考，忽视对团结起来、鼓动人们同心协力实现目标所需要的关注。

男人和女人在进入情景时的这些根本性差异——是关注目标/策略/客体还是关注群体/关系——是许多家庭冲突的原因。双方都认为他们有同等的优先权。几句不经意的争吵就可能破坏他们的交流，使双方受到伤害，并认为是对方故意不合作。他们几乎不能真正解决所面临的问题，而是双双陷入无可奈何的境地。然而，通常男人和女人，或者说父亲和母亲都自认为在尽最大的努力搞好合作。

唐：我们刚结婚的时候，珍妮抱怨说我在家里什么也不干，那时她说得的确很对。结婚前我过了 12 年的单身生活，这使得我难以适应家庭生活的秩序。在我是单身汉的时候我的洗涤规则——如果毛巾可以自己立起来，就是该洗洗的时候了——总是运转得很好。我总是有足够的时间去沙滩散步、读书、打网球，或者出去约会。可是现在我发现，家庭生活需要一套完全不同的规则。

我是一个思想比较解放的男人，我决定通过尽力学会做家务来避免妻子的唠叨。10 年来，我学会了打扫厨房、给地板打蜡、修理松动的门、擦桌面、叠衣服、清理卫生间。有时候我还是不能让她满意，因为我还能听到她的抱怨，说我在家里什么也不做。这让我又气又恼，她究竟想要我怎么样？我知道我想要的是什么：希望她因我的劳动而快乐，希望我们更亲密、更好地表达感情。我一贯非常谨慎地处理家庭问题，但这些问题似乎和一股强大的能量有关，并且这些能量会引起夫妻矛盾的爆发。

珍妮：刚结婚的时候，有时我觉得受打击太大了，我真想离开家再过单身生活。我非常厌烦为每个人操心。这是家庭生活中最让人沮丧的地方。唐尽了九牛二虎之力企图帮着做点儿家务。我感谢他的努力，但他做事不考虑什么事应该先做，不考虑这会怎样改变我们的日常生活，不考虑对孩子的健康会产生什么样的影响，不考虑如何把特殊事件和生活琐事协调起来。我仍然觉得要为这些"烂事"操心，并且接受这样的事实——唐永远不能"进入角色"。

唐：我投降。我害怕这两难的境地。男人和女人的差别有如此之大，以至于我不能理解更不用说去改变它了。我想，堂·吉诃德式的努力根本无济于事。

珍妮：我也感到无助。为什么我们会重复这种可以预料的关系呢？是因为我太固执吗？是我过分苛刻，要求每件事都有条有理吗？可是，不只是我一个人这样，我经常听到其他女人有同样的抱怨。于是我开始和女友们讨论这些问题："我丈夫简直像个十几岁的孩子。"我委屈地抱怨。我的那些一贯富有同情心的女友却感到我的抱怨很可笑，但她们都同意："我们的丈夫在家里也都像个十几岁的孩子。"我们一直讨论到夜里，当我离开她们回家的时候，我感到有人理解和支持。凯蒂的话启发了我："当我丈夫的思维出轨，进入独断专行时，我就会提醒他'集思广益，要注意考虑别人是怎么想的'。"

唐：当我最初听到"所有的丈夫在家都像十几岁的孩子"的说法时，我感到很气恼。但如果认真考虑，也许这些女人说得没错。我决定验证一下。要知道大多数男人首先关注事情，其次才考虑人。我决定在这一天里有意识地转化为协作式思维模式，我要看看家里究竟会发生什么变化。结果让我大吃一惊。随后就是把自己理解协作式思维模式前后的做法进行了比较。

在学会协作式思维之前男人如何喂猫： 去车库的路上，我被一只装着湿衣物的篮子绊了一下，我没有理会它，让它在那里等着被甩干吧。到了车库，我只关心猫的碟子。我把食物倒进肮脏的碟子里，忽略了空着的水碗，把空了的猫食罐头扔到垃圾箱旁边，然后回到屋里。棒极了！我完成了任务。但我的妻子却简直要疯了。

在学会协作式思维之后男人如何喂猫： 在去车库的路上，我注意到洗衣机里的衣物可以拿出来去甩干了，于是在我出来的路上把它们取了出来。到了车库，我把衣物放入甩干机，把出口清理了一下，然后把甩干机调到合适的位置。清洗了装猫食的碟子，把食物倒进去，给它的水碗灌满水，把空了的猫食罐头用水冲一下后放进垃圾箱里。在我出来的时候捡起一些从架子上掉下来的杂物。我和珍妮共同经营这个家庭。

当意识到我们之间正在处理的事情是什么时，我简直可以为自己的这一意识而感到光荣了。珍妮讨论一件事情的时候，要考虑大家的需要是什么。而我考虑一件事情时，只考虑孤立的目标和怎么把这件事做完——男人在外和在家怎么这么不同。解决问题的方法并不是我想要多好就有的，而在于一种新的思维方式。现在我回到家时不是问自己："有什么事需要我做？"而是问："我们家里现在有什么需要？"珍妮考虑的总是我们全家的需要。比如我手上这份购物单，涉及我们一周的菜单：选择有益于健康的食品；更换不可回收的食物包装；尽量节省；考虑到每个家庭成员不断变化的喜好。关键问题是，男人要从任务定向的思维方式转变为团体定向的思维方式。

珍妮：唐为他的发现兴奋不已。我看到了希望，但仍然持怀疑和观望态度。女人生来就采取团体观念的思维方式，就这么回事。我告诉唐要谨慎。我知道，他简直就像做了一个全人类的新发现。这会让我和其他女人感到生气。我让唐警告他的男性同事：他们的妻子或者女友在开始时都会持怀疑态度的。

唐：我开始理解珍妮的意图，她希望我们共同计划这个家庭。她自觉地采取"协作式"的思维方式，考虑到整个家庭的日常运转。她希望我能和她共同承担这个责任。而我一贯的"任务式"的思维方式把所有的责任都扔给她一个人。可以想象，当我把自己置身事外，她曾经有多气恼。家庭琐事并不只是女人的责任，也有我的责任。

所有物：火炉与猎物

我们的文化中有这样一种说法："家庭是男人的城堡"，其潜在的含义是，男人在家庭中处于国王的地位，这种说法在我们的文化中仍弥留不散。原始社会的男人首先属于他的部落，其次才属于他的家庭，因此对他而言并不存在归属感的麻烦。

我们并不主张重新返回"美好的"原始社会，但古时候的性别角色的确很明确，这能够满足部族的生存需要，部族成员的价值依赖于他们对部族的贡献。男人知道，他们的角色是狩猎者和保护者，他们熟练而骄傲地履行着自己的职责。女人则细心地照料着孩子和编织衣物，并且照看她们的炉火。尽管我们尚不能证实，但我们猜测，男女之间很少因为家务而发生争执。在多数文化中，女人狩猎都是被禁止的行为。

捕猎

1. 猎取食物。

2. 搜寻猎物。

3. 利用猎犬等进行逐猎游戏。

4. 追捕或捕杀猎物。

5. 寻找。

6. 以暴力手段，强制性驱逐。

——《新美国传统词典》

像古代的男人一样，今天的男人在工作场合为了达到目的可以与别人合作。可是一回到家里，一切就都变了样。尽管现代社会中多数男人在家里也忙忙碌碌，但他们总感到自己是家务的"局外人"。有调查表明，仍然是女人在操持绝大部分的家务。

炉灶边：名词，家，恢复活力和创造性的中心。
——《韦氏新学院词典第九版》（Webster's Ninth New Collegiate Dictionary）

许多母亲凭借她们天生的"雷达"知道自己的孩子在什么地方玩耍。如果没有这种与生俱来的协同式思维的能力——在同一时间忙于许多事物同时考虑整体的能力，那么，人类的生存历史恐怕早已结束了。而男人天生只关注任务，而且每个人都不同程度地这样做。女人倾向于关注韵律和团体与环境的相互作用。当然，有些人可能比其他人更好些。所有的事情都是在这样的韵律中完成的。虽然我们都习惯了文化传统赋予我们的角色，但我们必须扩展我们关于"巨幅画"的观点，超出我们既定的角色范围，不论处于何种情景，我们都要发展全局观念。

"搅拌燕麦粥"是一项微不足道的活动，既不好玩也不刺激，但这象征着对自然的热爱，它表达了享受平凡生活的渴望。表示你能在简单的毫不浪漫的工作中发现意义，意味着有计划地生活、清理垃圾和半夜哺喂婴儿。

——罗伯特·约翰逊

我们已不再生活在部落时代。在需要归属，需要成为比他们自身更大的整体中一个活跃的部分的情况下，现代的男人和女人结合在一起，确立婚姻和建立家庭。我们通过鼓起勇气去学习新的关系方式和通过学习"搅拌燕麦粥"使自己属于家庭。

我为发生在我们家的变化感到惊讶，因为我丈夫回到家里讨论有关"全局观念"。时间，还是同样的时间，但我们谈论更多的事情，而且，他和我一起考虑家庭和孩子的问题。事实上，我们的孩子最先注意到这个变化。十多岁的劳丽对我说："爸爸怎么了？我最近老是看见他在家里忙来忙去。"我对劳丽说："你自己去问爸爸吧。"

——安娜，33 岁

父亲在女儿生活中的作用

无论你能做什么，
哪怕仅仅是梦想着能做什么，
尽管去做吧。
智慧、力量和奇迹，

第五章

学会协作式思维，家庭合作共同养育女儿

都蕴含在勇敢之中，

现在，就开始吧。

——歌德

从呱呱落地的那一刻开始，女儿就需要父亲去理解和支持她们的雄心和梦想。世界从未像现在这样向她们敞开，而父亲为女儿们提供了满足她们心灵需求的信心和才能榜样。父亲既要正确评价女儿成为女性的方式，又要描绘他们的男性品质和能力。没有这两者，就等于在女儿成长的历程中缺少了重要的东西。在父亲和女儿面前有许多重要的任务。女儿将从父亲那里了解到权威、权力、能力、愤怒、劳动、人际关系、金钱、冒险、坚持到底以及自尊。

打破危险的安排

在我们的文化史上，就在不久之前，女孩只是在洗浴完毕、换好尿布、穿戴整齐，即将送到保育院的阿姨手里之前，才被送到父亲面前让他在玫瑰色的脸上亲一亲表示爱抚。女儿对父亲敬而远之，在她的眼中，父亲是家庭的主宰者、儿童和职员的训导者以及经济来源的提供者。他下班回家时总是疲惫不堪，因此要避开孩子的打扰。这种老式的安排加大了父亲与家庭的距离，这使他神秘、有权力和比现实生活中的他更强大。有时间和他在一起就显得很特殊，因为他似乎不是这个家庭日常生活中的一部分。

今天，父亲们走出了这种与世隔绝的地方，进入家庭生活。一项研究报告表明，调查中，35岁以下的父亲有60%根据家庭生活来制订工作计划。越来越多的男人开始认识到，如果他们生活在家庭的边缘，女儿将失去只有父亲才能提供的指导、保护和男性精神的影响。父亲的疏远以及对家庭生活的漠不关心，将使女儿建立一种不良的人际关系模式，这种模式不仅限于女儿和父亲之间，还将影响到她与任何其他男性的交往。女儿将认为她们与父亲的关系近于例行公事，不可能从父亲那里期待更多的东西。随着年龄的增长，女儿将把这种看法运用到其他男人之中。这种危险的安排使女儿感到失望、孤独或者愤怒，使父亲感到不完整、受挫折和受孤立。有的父亲置身于家庭生活之外，不能出现在女儿的真实生活之中。女儿们希望从这第一重要的男人那里得到关爱，却发现只能通过哭闹和诡计来达到目的。

　　我经常和我女儿在沙滩上玩耍。我们设法找一个海浪较小的海滩，在我读报纸的时候，她可以在那里挖沙坑。我总以为我们都很愉快，但现在想想，丽莎是在打扰我："看这儿，爸爸！看我挖这坑。"我通常应付着点点头："唔，好好。"接着读我的报纸。可她的声音会持续不断地传来，直到我实在无法忍受地说："好啦，我们该收拾回家啦。"唐向我讲了"团队思想"之后，我决定在沙滩上做个尝试。我蹲下去欣赏女儿的城堡，我们一同来建造，这让我感觉很棒，我们建立了一种新的关系。我们在分享着某些对她而言十分重要的经验。没有烦恼的女儿把我当成她的伙伴。有时我会在旁边构造自己的沙堡，认真感受手中的沙子，甚至忘记了丽莎在我旁边，直到她的声音引起我的注意。我们就这样玩上一个小时，时间就像几分钟一样快速地过去。当我们停下来的时候，可以看见丽莎的眼睛闪着快乐的光芒，我确信自己的眼睛也是如此。

——伯纳德，5岁的丽莎的父亲

上面故事中的父亲伯纳德，起初采用一种"单一任务定向"的思维方式去处理与女儿的关系。单一任务定向的思维方式可以使我们完成单一的任务，实现个人的目标。它使我们富有激情、洞察力、创造力和新鲜感。我们不能没有它。但是如果我们让这种思维方式占主导地位时，将会增大自己与别人的距离。如果父亲在与女儿的游戏中表现出敷衍的态度，这将引起孩子的困惑。一旦孩子发现父亲心不在焉，她会感到被欺骗，觉得没劲、生气，父亲不爱她，也许还有内疚。究竟我做错了什么？父亲为什么不愿意理我？我怎样才能赢得父亲的注意？我怎样改变自己才能更引人注目、更有趣、更让爸爸觉得他需要我？

我们很容易想象出，这些问题将使孩子得到什么样的答案。她们对父亲的这种疏远感到多么困惑。她们会认为自己不够听话、不够聪明、不够可爱、不够讨人喜欢。女性最主要的体验之一就是自尊心弱，它源于生命的早期，并且与父女关系的质量有直接的关系。

0～7岁女孩的父亲

这时候的男人在家中比以往任何时候都积极。我们注意到，来我们这里学习育儿知识的父亲的数量在不断增加。教授儿童发展课程的鲍勃·扎瓦拉告诉我，在加利福尼亚匹兹堡的洛斯·迈德诺斯学院开设的教育课程中，父亲占了很大的比例。图书销售商也注意到现在和以前比起来，有更多的男人在购买有关育儿知识的书籍。这些令人高兴的趋势似乎表明，男人把当好父亲看成是一个积极的生活目标。学会采用团队思想的原则进入家庭生活的核心，不仅对父亲十分重要，对妻子和女儿也同样重要。

从出生到 7 岁，女孩需要受到大量时间的关注和护理。父亲学会换尿布、抱孩子、拍饱嗝、摇晃、深情地凝视孩子的眼睛、鼓励她探索外部世界并为她第一次能控制外部世界而喝彩、全神贯注地玩"把孩子抛在空中"的游戏，这不仅让父亲得到了很大的奖赏，而且也有利于孩子发展。不管父亲在开始时是否有足够的信心照顾好幼小的女儿，只要肯花时间和孩子在一起，就足以让母亲感到欣慰了。

一开始我觉得妻子很傻，总是注视着孩子，对着她微笑，并且对她发出的每一个叽里咕噜的声音都做出反应。可是后来我注意到，只要我的妻子一走进女儿凯莉的房间，这小家伙就会朝她微笑并且蹬着小腿表示欢迎。她确实对我的妻子有反应，但对我却很少做出这样的反应。所以我也开始对凯莉说话，让她抓住我的手指，轻轻地摇晃她。没过多久，只要她一发现我在旁边，就会举起胳膊来找我。这感觉妙极了！

——杰夫，18 个月的凯莉的父亲

这种早期的纽带关系为女孩编织关系的壁挂增添了新的丝线。如果父亲从一开始就和母亲一起进入女儿的生活，女孩将发展出一种刚柔并济的性格。女孩会从早期的亲子关系中汲取营养，她与别人的交往模式则起源于家庭中的交往形式，也包括父母之间的交往。在童年时期，关于家庭中的权利和权威的信念将影响到她的自我价值。如果父母平等地参与家庭生活的重要决策，那么女儿就显得生机勃勃。父亲必须考虑以下问题并参与决策：

儿童护理——谁是主要护理者？我们一个人或两个人都能留在家里吗？如果必须有人白天照料孩子，那么选谁来照料最合适？如何协调家庭需要与工作要求？

协调——父母的育儿观念一致吗？如果不一致我们该怎么办？我们在女儿面前争吵吗？

玩具——在女孩的生活中游戏的目的是什么？哪些是适合女孩的玩具？这些玩具将教给她些什么东西？什么时间给她买玩具？如何给孩子选择形象积极的图书，谁来为她阅读？

电视——家里看电视的规则是什么？如何看待电视对孩子的影响？电视教给女儿的文化价值观是什么？这些观念恰当吗？

教育——我们希望女儿接受什么样的教育？我们是否同意包括美术、音乐、舞蹈或语言的综合模式？我们信任公立学校还是私立学校？

家庭健康——我们赞成给女儿选择哪些医疗途径？我们是否信任疫苗和广泛使用抗生素？谁带她去看医生？她有病的时候谁留在家里？

信仰——我们应该教给女儿什么样的宗教信仰？我们如何回答孩子的关于上帝的问题？我们如何保持自己的宗教信仰？

家庭假日——我们如何度过圣诞节、光明节、万圣节、复活节和逾越节？什么家庭传统是重要的？如何庆祝家庭成员的生日？

家庭常规和生活节奏——睡觉前有哪些固定的活动需要和女儿一起做，是讲个故事、祈祷、点支蜡烛还是回顾一天的生活？怎样和女儿一起迎接新一天的到来，是祈祷、一顿特别的早餐还是起床前的拥抱？

家庭饮食——谁来做饭？如何选择健康的饮食？怎样使孩子保持良好的身体？家庭成员如何用餐？

家务——如何安排劳动分工？哪些家务劳动适合女儿？让她从多大年龄开始分担家务劳动？是否把家务与报酬联系起来？

我们有许多家庭问题要共同考虑和协商。不应该有这样的想法：比如妈妈应该留在家里照顾生病的女儿，父亲负责为女儿选择受教育的学校。夫妻必须考虑怎样才对自己的家庭最好，而不要管主流文化观念是什么。父母在家庭问题上可以形成一致的意见，当然这需要时间，更需要坦诚、灵活性、打破老式家庭模式的愿望，以及挑战文化传统的勇气。

尽管在最近的几十年中发生的许多变化使女孩和妇女有了更多的自由选择的路，但父亲仍然需要警惕自己的性别偏见。我们是否认为女儿有权利选择她的未来？我们真的认为妇女应该留在家里吗？我们真的认为两性受教育的权利应该平等吗？我们真的不会因为一个女孩出现在男孩的垒球队里而感到震惊吗？我们真的重视女儿的头脑和能力吗？我们真的认为女孩上大学仅仅是为了找个丈夫？我们真的鼓励女儿学习一项新的技能吗？如果听说女儿受了伤，我们会不会惊慌失措？

从出生到 7 岁，女儿最需要从父亲那里获得的东西是时间和关注。不幸的是，多数男人在初为人父的时候，往往也是事业上最紧张的时候。在过去，多数男人把时间和精力用于为家庭提供经济保障，这使得他们很少参与家庭生活。父亲们处于周末在妈妈需要外出时偶尔当一回保姆这样一个不舒服的位置上。令人高兴的是，无论是家庭还是工作都在朝良好的方向发展。认识到丢失了家庭生活亲密感的男人们开始改变自己的优先权。1990年，"今日美国"在一项"男性生活"的调查中发现，63%的受调查男性表示，即使在需要他们在工作上付出一些代价，他们也要考虑对家庭投入更多的时间和精力。

越来越多的父亲在家抚养孩子，而母亲则在外面工作。实际上，有些专家认为，尽管已有 200 万名父亲成为"全职爸爸"，我们仍鼓励更多的父亲留在家里，但是女儿既需要父亲也需要母亲。父母双方必须共同协作保持与孩子的亲密关系，而不要落入当前这种不良的趋势，即把照料孩子的事情留给别人，父母却把精力都用于职业和其他成人事务。我们必须另选可以支持家庭需要的工作日程。尤其在早年，女儿需要从父母那里获得大量的陪伴时间，以保证她成为一个积极健康的女性。一周有几天给予几分钟所谓"高质量时间"是远远不够的。

8～12岁女孩的父亲

就像我们将在第十章里深入讨论的那样,这个年龄段的女孩最活跃、自信和果断。她们总是情绪高昂,在她们眼里,世界要么是美妙无比,要么糟糕透顶,但绝不会处于二者之间。这些年里父亲如何使自己投入到女儿的生活中去,这将深深地影响女儿如何度过青春转换期。

随着女儿发展自己不断增加的关系挂毯,她总是在调谐人们的相互关系,以及他人与自己的关系,而爸爸总是被排在受欢迎程度的最高位置。她们渴望独占父亲的关注。她们特别需要有人倾听自己的感受、理解和尊重自己。如果父亲严厉、过于理性、压抑或者对她的情绪表达感到不耐烦,那么女儿将会感到非常失望。情感生活——来自心灵或灵魂的信息——来得如此强烈,此时,如果父亲开放,而且能够与女儿有深层的共享,那么女儿就会像鲜花那样开放。

当妮奇的小狗死去时,我们就一起坐着,相互拉着手。我们一起哭啊哭。我还记得我失去心爱的小狗时的感受,所以我能够体会到她的悲伤。我的感受也一样强烈,一样伤心。

妮奇知道我理解她的感受,所以对我讲起她的小狗的往事。对于我们的家庭而言,这事使我们都很伤心,但把我们更紧紧地联系在一起,因为我能和她在一起。

——琼,10岁的妮奇的父亲

愤怒是强烈的情绪反应，通常女孩是不可以发怒的。我们许多人学会了害怕愤怒，害怕自己的和别人的愤怒。我们从小就知道发怒是不被允许的。因为愤怒可能会引起暴力行为，所以要用另一种可以被家庭所接受的情绪来代替。人们通常会用悲伤代替愤怒，所以女孩小的时候就学会用哭声表达她们的愤怒，眼泪成了愤怒的替代物。所以被剥夺了愤怒权利的女孩失去了一种有力的情感表达方式。愤怒表明一种暴力、不公平或什么事不对劲。有些人从别人的轻蔑中听到了对方愤怒的表示，哪里不对或该受到抱怨。有时我们也通过表达愤怒而宣泄情绪，解脱自己或影响别人。对于有些人来说，愤怒是一种有力的行为手段，但对于其他人来说，愤怒是可怕的。

作为孩子，我们允许他们表达自己的愤怒。"今日美国"最近的一项调查表明，34岁以下的女性比55岁以上的女性更可能表达愤怒情绪。有趣的是，多数人并不是对引起她的愤怒的人发怒。妻子可能向丈夫倾诉她对办公室里的同事的恼怒，女儿可能向妈妈倾诉她对某个朋友的愤怒。间接地向另一个人倾诉自己的愤怒是感情脆弱、无力和软弱的自然表现。如果女儿与父亲的关系冷淡，得不到来自父亲的有力支持，她们就会采用不合适的情绪表达方式，或者切断与对她们的内部指导系统有价值的联系。

我总觉得自己在父亲面前必须表现得像个非常可爱的乖孩子。他不是一个真正能够与人，特别是与女孩亲近地谈论任何事情的人，所以我从来就不真正了解他。谁知道他对自己、对自己的工作、对他的童年和对他的同事是怎么想的。他用钱来控制我和我的姐妹，所以，如果我们想从他那里得到点儿什么，我们就必须在开口之前尽力做个乖孩子。我不知道他能否给我想要的东西，他要么打我，要么干脆无视我的存在。在我鼓足勇气向他提出什么要求之前好几天会提心吊胆的。由于父亲的缘故，我在男人面前表现得很怯懦，特别是当有人冲我叫喊时，我感到厌恶。我只会迁就别人的要求，从不敢对别人提出异议。

——詹尼弗，29岁

能否符合父亲的期望，这对8~12岁的女孩十分重要。通过试探可以很快地发现，女孩们总要从父亲那里寻求真诚的赞扬，并需要清晰而又合理的期望。像同龄的男孩一样，女孩也想知道规则，以及她们是否是被迫的。她希望知道，在她需要的时候是否可以得到父亲的支持。她经常会问："他真的会和我在一起吗？"女孩最需要得到父亲支持的一个地方就是学校。在学校，许多教师对女孩的学业期望仍较低，给她们的关注也比男孩少，甚至不能保护她们避免性骚扰。

玛薇愿意玩棒球，但她抱怨说，女孩得不到好的设施，而且她们在场地上的练习时间也比较少，得到老师的指导也少。就因为这，玛薇要求参加男孩的棒球队。我不得不承认，她非常棒，我认为应该给她机会试试。我把这个问题反映给社区办公室，男孩队的教练和一些男孩知道后都觉得很新奇。我这样做并不是因为什么不公平，我只是想支持我的女儿，帮助她达到她的目的。

她在棒球队度过了一年愉快的时光。跟一群男孩竞争可不是件容易的事，但她做到了，我真为她骄傲。她从不轻易放弃，我想，我也是如此！

——杰拉尔德，12岁的玛薇的爸爸

第五章

学会协作式思维，家庭合作共同养育女儿

10岁左右的女孩非常渴望参与到父亲的生活中去，他们也许有共同的兴趣，也许没有，但不管怎样，她就是希望在自己生活中被这个特殊的男人接纳。和爸爸一起去打球、一起去看电影、一起去上一天班、一起出去吃晚餐、一起出一趟差、在院子里踢一次球、帮父亲劈木柴、在花园里一起工作等等，无论是不是她真的想这样做，这都有助于让女孩感到自己有价值、有能力和有自信。

我们经常听人说起，团体运动对于男孩来说是人生的重要一课，它能教会男孩责任感、主见、竞争意识、身体协调和强壮、良好的运动员品质、冲突解决能力、自信以及如何成为团队中的一员。女孩是否能有更多的这种机会，父亲起着很重要的支持性作用。很多女孩喜欢冒险和团队运动的竞争性。但也有的女孩对此缺乏兴趣，害怕竞争或者受伤。有些女孩喜欢个人的运动形式，在这种运动中，她们可以同自己竞赛，并且可以按照自己的进程练习。无论你的女儿喜欢哪一种运动形式，她们都需要鼓励，而父亲必须耐心地给予充分的理解，以及热心的倾听。

听说苔丝的学校开设了女子足球的运动项目，我很高兴。可是苔丝放学回家却对此很不高兴。她说她憎恨足球，讨厌学校里的男孩，而且再不想碰足球了。我是踢足球长大的，喜欢踢足球，现在也仍然喜欢。让她发了一会儿牢骚后，我试图弄明白这天在学校里到底发生了什么事。结果发现，那里没有老师监督，而男孩们霸着足球，不给女孩机会。此外，也没有人教给她们规则和基本技巧。所以苔丝在足球场上感到失望和不愉快。于是我在第二天走进了校长办公室。我对校长说，他们给女孩提供玩足球的机会，这本来是件好事情，可是现在却发展得一团糟。校长采纳了我的一些建议。现在，经过一段时间在家的练习和在学校里与男

孩们的一些比赛，苔丝和她的朋友们都喜欢这项运动了。她为自己热爱足球而感到骄傲。

——迈克，11 岁的苔丝的父亲

有关钱的问题是体现父亲作用的又一个主要领域。在我们的文化中，如何挣钱和如何花钱是力量的一个标志。8～12 岁是女孩开始学习金融常识的恰当时机。8 岁以下的女孩可以学习识别硬币以及如何用储蓄罐存钱。而 8～12 岁的女孩有自己的定期存款和活期账号对她们而言是有好处的，可以学会如何保存存款记录以及为了某个目标而存钱。通过这些练习，她们可以学会对短期目标和长远目标的计划。稍微年长一点的孩子——比如 10 岁、11 岁或者 12 岁——她们可以学会自己管理乘车费用、学校午餐费用和短途外出时的费用等。在关于钱的问题上，重要的是要弄清楚，家长的期望是什么，钱是怎么挣来的，如果把钱弄丢了或者挥霍无度，将会有什么后果等。

我们的意思并不是想暗示教给女儿有关金钱的常识与母亲无关。事实上，女儿的多数金融常识都来自母亲，母女一起买衣服或者逛商店就是极好的机会。我们只是说，有关钱的问题是父亲可以进入女儿生活的另一个重要领域。当代社会中，多数夫妻都是共同管理家庭财政，因此双方都有责任向女儿传授这方面的知识。

13～17 岁女孩的父亲

青春期的到来，既可能建立父女关系，也可能使之破裂。当这些不大不小的女孩用挑剔的眼光看待别人和她们的周围世界的同时，十多岁的孩子也开始更多地审视自己的内心世界。为什么我的身体会发生变化？别人会对此怎么想？我是否有吸引力？我的言谈举止应该什么样？我的行为恰当吗？青春期的女孩经常感到迷茫，通过人际交往来判断自我的价值也时好时坏。如果一个最好的朋友突然疏远她们去找另一个更受人喜欢的人，这并不少见，女孩们的心里就会想，自己是不是有责任，我是不是比她更苗条、更漂亮或微笑得更多……就像我们在第二章里讨论过的那样，青春早期的女孩处于最容易出现心理问题的危险时期，原因是她们经常为了维持人际关系或者受人爱戴而隐藏和改变自己的本性。

伴随着女儿月经初潮而来的新的智力成熟和身体变化使女儿感到困惑，也使父亲感到迷茫。在这一时期，父亲常犯的一个最糟糕的错误是不知如何处理自己对女儿日益发展的性特征的反应，而把自己从女儿的生活中撤出来。事实上，女儿非常需要从父亲——她生活中的第一个男性——这里得到信心，让她确信她正经历的事情是自然的，确信父亲仍然像过去一样爱她。父亲应该为女儿提供一个安全的港湾，女儿可以在这里松口气："我很好，父亲认为我很好。"休整后再航向青少年时期这片迷茫的大海。

如果在女儿进入青春期的转换时期，父亲不能保持与女儿的联系，那么父女关系就会掉进通常的陷阱：女儿"只盯着父亲的钱袋"。女孩们会看看父亲到底在关心什么，然后就开始要钱。而父亲因为疏远了女儿而感到内疚，因此会把钱视为一种补偿。青春期亲子关系周末讨论会的发起人戈登·克雷描述过这样的情形:"当女儿步入青春期时,不知所措的父亲只会给女儿买东西了。在父亲的眼里,青春期的女儿似乎只会开口要钱、大发脾气,或者在要求得不到满足的时候郁郁寡欢。这些女孩感到很生气,因为,在她们最需要亲近的时候父亲却疏远她们。"在13~17岁的时候,父亲一定要设法对女儿说:"你现在是个青年人了,我为你感到骄傲。我很高兴我们能坦诚相处,我支持你在这个世界上走自己的路,我和你在一起。"

父亲与女儿保持关系的一个关键是父亲要拓宽对自身性行为特征的理解。通常,男性对性行为特征的关注只是性交和性高潮。一个男人的全部性行为特征应该是他的存在及他与外界的联系方式。性能量的表示方式是多样的;关心、情感、亲近和创造性。对于男人来说,必须理解这些。戈登·克雷说:"我告诉父亲们,当你拥抱女儿时,即使感到不自在,也要继续。但如果觉得有问题,停止!绝大多数男人都清楚地知道我说的是什么意思。"

女儿开始来月经的时候,我感到十分别扭。我退缩并通过讽刺来回避她。有一次在特迪情绪低落的时候,我讥笑了她。她非常生气而且真让我够受的:"我讨厌别人取笑我。你就会坐在一边笑话我。讨厌!"她跑进了自己的房间,砰地一下关上了房门。我很吃惊,心想:"我做错了什么?"从那以后不久,我加入了一个父亲讨论会,我开始理解我所犯的错误,并且学会了如何同女儿保持亲密的关系。我很高兴,她在家的最后几年里我没有错过机会,没有被她的成长吓倒。

——尼克,15岁的特迪的父亲

如果父亲能够保持同女儿的密切联系,青春期的其他问题就都可以迎刃而解了。保持开放式的交流，你就可以顺利地向她提出一些明确的约束和得到良好的结果。当父亲和女儿都清楚自己的位置时，父亲也就比较容易接纳女儿的男友、新潮的或古怪的服饰和古怪的语言模式，不再需要过度的保护、严厉的批评或者强制性的规则。父亲可以让女儿学会为她自己负责，相信她的正确判断和合理选择。

来自父亲的爱和与父亲的交流是女儿顺利度过青春期的重要保证。通过父亲对自己情感和身体上的关心，女儿认识到，男性是善良的、富有爱心的、直率的、友好的、体贴的，而且是强有力的。她将学会如何区分哪些是尊重和关心她的男人，哪些是企图操纵她的男人。父亲可以送给女儿的礼物还有什么比这更好的呢？

18～29岁的女孩的父亲

当女儿步入成人早期，她在面临入学、就业、婚姻等问题的时候仍然需要父亲的建议、认可和支持。现代妇女经常推迟恋爱和生育的时间，而把更多的时间和精力投入她的学业和工作中去。她们有许多问题需要请教自己的父亲，比如，工资谈判、收支预算、纳税问题、投资问题、购买新汽车或者贷款买房，等等。她们也想知道父亲工作的更多细节：他是怎么开始这个职业的？为什么选择这个职业？他是如何发展的？职业目标是什么？他对工作满意吗？如果不做这一行又会干什么？通过开诚布公的交流，父亲可以为刚刚成年的女儿提供许多人生经验。如果父女关系是开诚布公的，女儿就可以从父亲的建议中受益匪浅。

刚刚成年的女儿，无论她选择了什么职业，是当家庭主妇还是服务于社会，或是两者兼顾，都需要父亲相信她会成功。多数父亲希望儿子能够继承父业，甚至超越自己的事业。重要的是父亲们也应该用同样的态度对待自己的女儿。

如果在女儿的成长过程中，父女关系存在障碍，那么，在女儿将近30岁时仍难以解决自己的困难。她的尝试经常徒劳无功，她会变得愤怒和沮丧。而父亲又可能会害怕去揭旧伤疤而使女儿痛苦。

> 维多利亚从小就对我很挑剔。自从我和她母亲离婚以来，我似乎从来不能让她高兴。她10岁左右的时候，我们还能在一起做些事，因为她喜欢和我赛跑。但是从她14岁开始，她简直成了陌生人，而我也成了局外人。我很难和她谈到一起。现在，她28岁了。她偶尔打电话给我，问问我在干什么。问问我有关我童年的事，我的家庭生活怎么样。看来，她在试图消除我俩之间的误会。
>
> ——杰布，28岁的维多利亚的父亲

如果父亲和女儿之间的隔阂很深，交流有障碍，双方都需要放下面子，寻求解决矛盾的途径。在女儿成长的各个年龄、各个阶段，父亲对于女儿的生活而言都是十分重要的。孩子是我们最好的老师。在通往未来的心灵旅途中，父亲和女儿需要互相帮助。

第五章

学会协作式思维，家庭合作共同养育女儿

母亲在女儿生活中的作用

唐和珍妮：

很有趣的是，这些年来，母亲在我心目中的形象发生了很大改变。在我小的时候，我心目中的母亲是个伟大的女人，她无所不知而且从不犯错误。可是当我坠入爱河的时候，母亲对我爱上的那个男孩表示反对。有好几年，我觉得她不给我面子、愚弄我，真让我觉得被"出卖了"。（我幸福地和那男人结了婚。）然而最近，（有一件事）真让我吃惊而且很让我们家丢面子。这让我真正认识到，我母亲是一个多么杰出、坚强和非凡的女人。现在，我比过去更成熟了，对母亲也有了客观的看法而对母亲的感觉也更好了，我对自己的感觉也比较平静。

整个故事说明母亲对女儿的影响……我希望从中能使我成为自己孩子的好母亲。

谢谢你们！

——詹尼弗·克罗斯

好妈妈／坏妈妈

"有什么样的妈妈，就有什么样的女儿。""你简直和你的母亲一样！""哦，不！我听上去就像我母亲！"对于许多女人而言，最可怕的事情之一就是将来变得像自己的妈妈一样。一些妈妈给女儿提供的信息是模糊混乱的："学我的样子。""将来别像我这样。"女儿和母亲究竟应该怎么做呢？毫无疑问，母亲在女儿的生活中起着重要的作用。无论母亲在女儿的心目中是良师益友还是驱之不散的阴影，她的影响都将贯串女儿的终生。自从弗洛伊德时代起，心理学的文献里经常把女儿的一切行为问题，从尿床到谋杀的起因都归结到母亲身上。母亲要么过分依恋,要么不能与孩子建立良好的纽带关系。在其他事情上她们也表现出贪婪、注意力不集中、歇斯底里、控制欲强、不能自拔、专横、冷漠、墨守成规和依附性等等。临床社会工作者詹娜·M.史密斯在书中写道:"作为工作的一部分,我曾经访问过很多贫困的家庭。我亲眼看见了那些生活拮据的母亲为孩子准备一天的果汁和食物需要克服很多困难。她们经济窘迫、房屋简陋、没有日常照料、谋生艰难、安全不保、没有可靠的关系也没社会保障。然而心理健康机构在给他们的孩子做评价时,做出的简单评语是母亲的教养方式'疏远、冷漠'。"

简·贝克·米勒在她富有洞察力的著作《女性新心理学导论》中指出:"好妈妈/坏妈妈是一个文化永恒的话题,而指责母亲比理解整个社会体系对妇女施加的限制要容易得多。"文化偏见给母亲和女儿带来了可悲的双重束缚。母亲们在试图保护女儿免受性别限制文化的伤害时无意中出卖了女儿。女儿们从传媒、自助手册、咨询师、自己的父亲甚至母亲本人那里,学会了把自己遭遇的麻烦归罪于母亲,因此也就失去了一个最重要的同盟者。我们发现,有趣的是中产阶级白人家庭指责母亲的现象比有色人种和贫困家庭多。与指责母亲软弱和缺乏动机相反,少数民族和工薪阶层的女儿们,十分敬佩自己的母亲在艰难的生活面前做出牺牲的勇气。我们越是能够真正地理解母亲,理解她们的英勇和牺牲精神,母亲和女儿就越能理解她们之间独特而牢固的联系。

第五章
学会协作式思维，家庭合作共同养育女儿

改变为母之道

我们认为，现在是该把母亲从十字架上解脱下来，并重新认识母亲在女儿成长中的作用的时候了。尽管在现代社会中，女儿对女性的问题有了越来越多的认识并正在积极地寻求与母亲建立牢固联系的方式，但传统的心理学理论仍企图把女儿和母亲分开。我们中的大多数人仍然相信，不断地成长的女儿应当逐渐切断与母亲的联系并逐渐转向父亲，似乎只有这样才能建立独立的自我，取得独立的社会地位。多数关于家庭教育的书籍都过分强调父亲在女儿适应外部社会过程中的作用。在职业生活中取得成就的妇女也很少把成就归功于她们的母亲。

在母女关系中，我们发现，认为女孩的心理发展历程和男孩的没有什么区别的假设是非常有害的。当我们在评价或重新评价母亲在女儿生活中的作用时，我们发现，亲密的母女关系有利于发展女儿的亲密感和感受性，使她感受到更多的社会支持和友谊。

在用"关系中的自我"这样一种新的观点来看待女孩的心理发展时，我们不再需要固守切断女儿同母亲的联系的观念。女儿的确需要建立独立的自我，但这种自我是在日益复杂的关系中，特别是与母亲的关系中实现的。她们与母亲具有共性，这种共性有利于在家庭生活中解决不可避免的冲突、纠纷和误解。

谁是谁

首先，为了保持健康的母女关系，母亲需要清楚地了解自己。

我们在自己的母亲面前是谁？在丈夫或生活伴侣面前是谁？在我们的情人面前是谁？在我们的孩子面前是谁？在前夫面前是谁？在老板面前？同事面前？在朋友面前及在女儿面前？在纠缠不清的许多生活情景中我们分别扮演着什么样的角色？一些母亲是家庭的息事宁人者，总是去抹平家庭成员之间的感情冲突。有些则是家庭中的厨师和清洁工，时刻准备着满足每个人的需要。有些是家庭中权力的把持者，她们用强硬的手段为每个成员分派任务，并监督他们完成。有些则需要联盟，让家庭成员相互竞争，相互牵制。有些相信"好妈妈"的神话，她们表现得温柔贤惠，而忽略了家庭成员的消极情绪。还有些则扮演着坏妈妈的角色，不断地抱怨、发怒、厌倦和内疚。多数母亲是以上种种类型的混合。

知道自己在关系中所扮演的角色，可以使母亲清楚地了解自己与女儿的区别。我们也应该弄清楚自己的价值观、目标、梦想、挫折和失望。母亲与女儿总是以某种莫名的、直接的或间接的方式相联系的，这是我们必须接受的一个基本事实。由于这种联系有时会使人弄不清楚谁是谁。母亲应该卸下要么绝对好，要么绝对坏的思想负担。当与女儿发生不可避免的纠纷时，了解自己的母亲可以记住自己的独特性，也可以看到女儿的独特性。

在关于我应该怎样鼓励我的女儿丽娜大胆表达她的想法的问题上，我和我的母亲发生了激烈的争执。妈妈从小教育我，要顺从男人的意见，不要卷入不愉快的争论。当丽娜表达自己的看法时，我的妈妈觉得丽娜太过分了。我母亲担心丽娜会给自己惹麻烦。尽管我同情我母亲这一代人，但我觉得那样剥夺了我思考和感受的权利，我不希望这样的事再发生在丽娜身上。另外，母亲还认为应该叫丽娜知道在什么场合该说什么话。

——戴尔，13岁的丽娜的妈妈

第五章
学会协作式思维，家庭合作共同养育女儿

母亲即良师益友

无论她们是否想接受，大多数女儿还是把母亲作为自己的模仿对象。仅是她们的日常生活接触，母亲就可以在无数个方面影响她们的女儿。如果能够意识到这种影响，那么母亲和女儿都会从所有她们能相互给予的支持和鼓励中获益。

潜移默化的影响。女儿可以在生活的许多细节中感受到母亲所传递的对于自我、女人、男人，以及生活的一般观念。夫妻之间权力平衡状况明确地告诉我们的女儿们：女人和男人在家的地位和受尊重程度。重要的家庭决策是夫妻共同做出的吗？是否夫妻共同承担教育子女的责任？照顾家事和挣钱得到同样重视吗？父母是否经常在一起？我们允许自己做自己喜欢的事吗？我们能满足我们自己的精神需求吗？

当女儿告诉我她憎恨自己的容貌时，我感到十分震惊。我告诉女儿，她是多么美丽。她对我说："妈妈，每个人都不喜欢自己的样子。我观察过你照镜子的情形，你总是表现出一脸不满意的样子，好像厌恶着什么。"当我下次照镜子时，我开始注意自己的表情。女儿是正确的，当我看见自己颜色单调的头发、褶皱的上衣和双下颌时，我的确表露出不满的表情。

——安琪，11岁的凯莉的妈妈

确立较为现实的妇女形象。母亲总是要忙里忙外。然而，我们从未想到要让妇女卸下"超级妈妈"的沉重负担，总是期望她们"做所有的事"，做贤妻良母，还要成为事业上的佼佼者。除非父亲、社会以及母亲本人共同努力消除这些压力，并给妇女提

供适当的选择和确立现实的目标，否则职业妇女永远处于没有尽头的危险境地。由于越来越多的单身母亲既要肩负母亲的责任又要当一家之主，这本身就使职业母亲变得更受奴役，而不是更有权力。加利福尼亚州实施了一项引以为豪的计划：让单身母亲走出家庭，进入工作岗位。然而，难道那些单身母亲不是在工作吗？养育下一代难道不是这个社会中最重要的一项工作吗？她们的孩子处境又如何呢？有调查表明，单身母亲家庭的贫困率极高，在白人单身母亲中间，贫困率达到47%，而在黑人单身母亲中，这一比例达到72%。由于收入低，单身母亲的孩子很难得到良好的护理，这就给本来不堪重负的家庭雪上加霜。

《女性大趋势》（*Megatrends for Women*）一书的作者帕奇西娅·阿班德尼和约翰·奈斯比特提出了新的看法。他们预言女性将得到更多的来自工作单位和社会的支持，这些支持将有利于她们建立一个正确的自我形象。不同的家庭结构都将被社会接受并视为正常。典型的核心式家庭的比例将逐渐减少，取而代之的是更多的继亲家庭（译者注：带着孩子再婚的家庭）、单亲家庭、女同性恋家庭、从未结婚的母亲家庭、男同性恋家庭、收养孩子的家庭、有家庭主男的家庭（译者注：与家庭主妇相对）、同居家庭、与祖父母同住的家庭等等。社会各界对家庭的重新认识将给母亲和她们的女儿提供更现实的选择。

让你的女儿敢于发表意见。在早年间，当母亲要求自己表现得可爱、顺从和安静时，问题就开始了。这样做可能有很多理由。如果女儿过于直言不讳、过于与众不同、过于显眼，那么我们就会为女儿的安全担心。除了女权主义者以外，多数父母很难耐心倾听女儿的观点、感受、抱怨、不一致的意见和想法。坦率地说，我们多数人更愿意与随和的人相处。许多女孩从小受到这样的教育：如果她们没有要求和异议，她们的人际关系将会更和谐。

女儿在成长的过程中被父母剥夺了"主见"，一些重要的东西就丢失了。表达自己的想法和观点、担心和喜悦，将有助于建立自尊和勇气。母亲可以给女儿传递女性要安静和服从的世袭传统，也可以教她们对约束说"不"，去争取自己的权利，去反对社会的偏见，对暴力表示愤怒。

斯蒂芬妮和朋友薇琪一起进入了新的学校。她们很快就遇上了麻烦，有一个男孩到处散布关于她们的谣言。薇琪让斯蒂芬妮不要理会他。几天之后，班上有几个女孩指责薇琪说了她们的坏话。她们在走廊上遇见薇琪和斯蒂芬妮，说那个男孩告诉她们，薇琪在学校到处散布谣言，因此，她们很不喜欢她。斯蒂芬妮企图为薇琪辩护，但结果却越来越糟。斯蒂芬妮泪痕满面地回到家里，伤心地说，薇琪竟然不敢把事情告诉给老师，现在许多同学都排斥她们俩。我知道学校有一个专门处理不公正事件的委员会，于是我征求斯蒂芬妮的意见，问她是否需要我帮她解决问题。这由她来决定。她同意接受我的帮助，最后学校的委员会平息了这个事件。斯蒂芬妮能够坚持自己的立场并且把事情说出来，这使我感到很高兴。她的同学也从中学会了如何相处，以及在事实被验证之前不该随便听信别人的传言，这可以避免不必要的分裂和冲突。

——芭芭拉，12 岁的斯蒂芬妮的母亲

要大声地为我们的女儿说话。女儿看到自己的母亲发表自己的看法、陈述自己的意见和为女儿争取平等的权利而与人争斗时，她也将会模仿自己的母亲，以展现内在的力量和才能。我们并不主张每个母亲都去市政厅示威或游行。妇女发表自己观点的方式有很多，每个人都应该找到最适合自己的方式。有的母亲会给相关的委员会写信，有的会谋求社会团体的支持。我们有些人正在为提高家庭关系的沟通而努力，有些人正在组织相应的委员会为改变我们的公立学校而努力，还有些人正在教育我们的儿子们要尊重每个人的平等权利。从我们的种种活动中，女儿们将发现她们自己独特的风格。至少她知道可以像我们那样发表自己的观点。

想想我们的母亲。我们中的大多数人都生活在与自己的母亲关系不良的阴影之中。我们曾经发誓，在对待自己的女儿时要有所不同，结果却发现自己在重复着母亲的做法，就像我们的母亲对待我们那样对待着我们的女儿。如果我们从母亲的家系向上考察，我们会发现这样的母女关系也存在于我们的母亲与我们的外祖母之间，再向上仍然如此，无穷无尽。除非我们走出封闭的家庭，开始有意识地详细检查、思考和原谅，否则，这样的家庭模式恐怕要无限制地自我复制下去。每一步都是复杂的，不能着急也不能忽视。有时，童年时代母女关系的创伤太痛苦、埋藏得太深或太难以忘怀，如果没有帮助就难以治愈。所以我们需要专业咨询师的帮助和指导，帮助我们回忆和评价童年旧事。只有清除了我们童年时代母女关系的混乱，才有可能与我们的女儿建立一种健康明朗的关系。

母亲身份的转变：0～7岁女孩的母亲

在女儿成长的整个历程中，当了母亲的妇女也在经历着重大的变化。对于母亲来说，女儿的出生意味着一种终生关系、完全理解的承诺、联系和支持的开始，也是背叛、伤害和抛弃的开始。

与通常的观念相反的是，许多母亲并不是自然就知道如何养育自己的女儿，不知道如何在发展亲密的母女关系的同时培养孩子的自我意识和目的性。

在女儿生命的早期，母亲的感受是相当矛盾的，特别是那些在女儿出生前在外拥有职业的女性。从广阔的事业天地转移到小小的、软绵绵的婴儿世界，我们有些人由于没想到小小的婴儿需要那么多的注意力而感到震惊。在最初的几个月里，母亲和婴儿都需要父亲或家庭其他重要成员的支持，以便建立母婴关系。允许母亲从外部世界隐退一段时间，让她适应从怀孕到护理和养育的变化，母亲就会好受多了。由于需要把日常安排集中在孩子身上，此时比较容易忘记正发生在自己身体内部的巨大变化。需要时间去适应这个小家伙给母亲身体状况和家庭带来的巨大变化，这些变化在孩子出生前是难以想象的。

当女儿能够去探索外部世界时，母亲开始在保护与限制、鼓励与批评、称赞与娇纵之间感到左右为难。如果母亲能够回想自己的童年时代对这个世界何等惊异，她就会对女儿的探索行为表示欣赏。现在是重新考虑家庭问题的时候了，包括家务的分配、价值观念、生活方式、未来目标等。父亲应该和母亲共同讨论某些重要的问题，如我们在前面讲过的那样，这些问题包括如何处理工作、制定原则、电视的限制、家庭健康、儿童护理、孩子的玩具和精神生活等。

在女儿生命的最初几年里,母亲也应该学会关心自我。如果母亲认为自己是重要的,并且是值得被关怀的,女儿也将形成健康的自我意识,并形成关心自己和他人的能力。

8～12岁女孩的母亲

在这段岁月里,母亲对女儿探索外部世界、表现出的组织能力和领导才能感到惊讶。母亲暂时会对女儿表现出的探索和过分直率而感到担心,但8～12岁孩子的信心是感人的。这个年龄的女孩自然热衷于男孩的活动,不断选择活动而不是家务,喜欢室外的而不是室内的活动,喜欢和爸爸而不是和妈妈在一起。这个时期的母女关系的优越性正在发生突变。母亲感到自己被女儿疏远,甚至还忌妒女儿对父亲的依恋,特别是当父母关系不和睦,或关系根本就不好,如离婚时,这种感觉就更强烈。在这个阶段,母亲应该认识到,女儿并不是要和她们分离,而只是在表现出她也有男性特点的一个侧面。这个年龄的女孩需要有时间和父亲或者家庭中重要的其他男性成员在一起,这可以发展她的阳刚之气并学会如何与男性相处。事实上,保持与母亲的紧密联系会使女儿更好地学习这些重要的课程。

在8～12岁之间,女儿需要母亲理解和支持她发现属于她自己的世界。当她失望和发现世界不是她所想象的那样美好时,她需要母亲倾听她的不满,给她鼓气,并且帮她克服困难。虽然这个年龄段的女儿更喜欢围绕着父亲,但她仍然需要一个亲密的母女关系作为未来发展女性自我的基石。

13 ~ 17 岁女孩的母亲

对于母亲和女儿来说,青春早期可能是糟糕的也可能是美妙的。当女儿对母亲吐露成长过程中令人困惑的感受时,母亲发现她们之间形成了一种更为亲密的关系。对于年轻女孩来说,非常重要的是需要母亲或其他年长的妇女耐心倾听她对自己经历、想法和感受的表白。卡尔比大学的琳·M.布朗教授,《相约在十字路口》(*Meeting at the Crossroads*)一书的作者之一,这样描写一个母亲对女儿的谈话:"是的,这似乎确实不太公平。我能够理解你的意思,虽然我也不知道怎么办,但是我们可以一起来想办法。"这样既肯定了少女体验的现实性,同时又和她一起建立了母女之间的可靠联盟。这是少女健康成长的重要基础。

许多女儿在成年后回顾她们的少年时代时,都认为母亲的支持和教诲帮助她们克服了成长过程中的重重障碍。但是也有些女儿感到失落和被疏远,因为她们的母亲把自己少年时代不愉快的母女关系模式延续到自己与女儿的关系上。对于十多岁女孩的母亲们来说,十分重要也可能是十分困难的是搞清楚自己是谁。在有关性特征的问题上,母亲在告诫女儿注意危险之前要能够赢得女儿的信任与尊敬。母亲应当提醒女儿警惕早孕、性病、坏名声、被利用等,同时也应让她学会如何处理亲密的异性关系,如何接受和给予等。女儿对这些建议的接受程度取决于她对母亲的看法,或者说取决于她是否相信母亲在这些问题上能处理得很好。对我们任何人而言,这都是一件困难的工作。

当女儿年龄稍大,母亲开始重新找回自己可能在她小的时候失落的能力、影响和魅力。尽管这一时期同伴团体对少年影响最大，但女儿还是感兴趣于母亲在外面的工作和活动。她会保持种种的疑问："当这个女人不扮演母亲角色的时候，她是什么样的呢？""她在我们的家庭之外有什么样的权力呢？""关于女人的社会责任，她教给我些什么呢？""女人在社会上处于什么样的地位呢？""作为一个女人，将来我在这个世界上能取得多大的成就呢？"母亲可以带女儿去自己的社交、服务和工作场所，这将有利于女儿对自己将来的认识。参与母亲的工作活动，让女儿对工作场所和在那里会发生什么有一个现实的认识。如果母亲是一个社会服务志愿者，女儿将从中学会对不幸者的同情和理解。由于少年晚期的女孩和母亲共同度过这样的时光，所以她们之间的亲子关系会向朋友关系转变，并维持到成年。

18 ~ 29 岁的女孩的母亲

当女儿加入到做母亲的女人行列中来时，这对母女就从母女关系转变成了更为平等的朋友关系。然而有些女儿抱怨说，这种转变从来没有在她和母亲的关系中出现过。"在她的眼里我总是个女儿，她总是告诉我该做什么，不该做什么。""她从不虚心听我说话，如果我把从自己经验中获得的看法告诉她，她会认为这是一种冒犯。""她总不能把我当作一个独立的人。"在整个转变过程中，最困难的一点就是母亲能否信任自己和女儿，进一步发展她们之间的关系。尽管害怕、疑虑和可能会失败，我们最终都能完成。而女儿会在我们有效的支持、帮助和联结下，在她自己的生活中，像鲜花那样绽放。

大约在我 18 岁的时候，开始用新的目光看待我的妈妈。在我小的时候，她所做的事我觉得很无聊，但现在，我发现自己也对类似的事情感兴趣——书籍、政治新闻和妇女问题。我们的关系升华到一种成熟的互相尊重。我是说，我们都觉得有许多事情需要互相学习。当我遇到麻烦的时候，总能得到妈妈的支持。她很善于倾听我所说的话，并且她很爱我。我真的很幸运。

——海蒂，21 岁

离婚和继父母

无论是因为丧妻、离婚或者从未结婚，单亲父亲不能清楚地认识到激烈的战斗、痛苦的感情和莫名其妙的心态。他一心想成为一个最好的正派父亲，如果他做不到就会感到内疚。

——弗兰克·米纳斯、布赖恩·纽曼和保罗·沃伦三位博士，
《父亲手册》（The Father Book）

一想到我们三个人靠救济生活在犯罪猖獗的社区，穿着别人救济的衣服，还要经常为下一顿饭发愁时，我就十分难受。

——道伦·伏特优，
《孩子不再与我一起生活》（My Kids Don't Live With Me Anymore）

在我们的文化传统中，父亲与女儿的关系特别，而且，有着较大的心理距离。一旦夫妻离婚，父亲与女儿的关系将更加疏远。离婚导致了更大的心理距离和更少的共同时间，还将引起家庭成员的更多变化。母亲和女儿可能为争夺父亲的关注和时间而成为竞争对手。离婚使家庭成员之间产生隔阂，先是父母之间，然后

波及孩子。父母双方因为爱和道义而争夺女儿，女儿则在父母之间左右为难。

我们的文化陈规使父母双方都痛苦不已，一旦离婚，通常只有母亲才可以抚养孩子，并因此生活在贫困之中，而父亲则离家而去。父母双方都是受害者。男人经常为此动怒。为了解决他们面临的问题，他们不惜采用武力和使用诡计。

在我对前妻狂怒之后，最终我来到了心理治疗师那里。我们愚蠢地打了5分钟架。我本来应该在圣诞节那天去接孩子，可是因为堵车而迟到了。她生气地朝我吐口水，我就把她推倒在地上。邻居叫来了警察。在心理治疗中，我注意到我们家族始终是这个样子。我父亲试图得到尽可能多的东西，于是就打母亲和我们这些孩子。我正在学习如何在爆发之前控制自己。在处理孩子问题时，我和前妻的关系有了很大改善。

——达雷尔，8岁的罗姆和5岁的迪莉娅的父亲

离婚使男人第一次认识到，有些问题是仅凭自己的承诺、意志力、男性的力量无法解决的。他们的愤怒夹杂着悲哀和失落感。与女儿的关系也因此而脱离了控制。新的父女关系在父亲经受挫折的同时形成。

离婚之后，男人感到受伤害、愤怒并想要报复，迫切地想以过去的方式处理问题。家庭破裂使男人经历一种前所未有的体验。他需要敞开自己的心扉。

——博比·弗雷，家庭治疗专家，离婚康复支持小组的成员

如果父亲能够处理好自己的愤怒、失落和悲伤，那么，他就能够更好地敞开胸怀面对女儿的感受。离婚的父亲需要在女儿那里付出更多的时间和关心，保持家庭的规则，明确对她的期望，关注她的感受。如果父亲去接受家庭问题咨询，他和女儿都会发现这有助于新关系的确立。

离婚的母亲也要经历愤怒、悲伤、失落和恐惧。这对孩子有哪些影响？我该如何照顾自己和孩子？我怎样抚养孩子和照看好这个家？我能独立完成这一切吗？

这太难了！他仍然保持每个月10万美元的收入，而我即使幸运的话也只有2万美元。每周女儿有一半的时间在他那里度过。他有了新的情人和新的寓所，而留给我的是家里的狗、一个大房子和一堆账单。朋友们对我说："几个月后一切都会好起来的，你又将找到新的自我。"但现在，我真是难以想象。

——桃乐茜，7岁的切尔西的妈妈

对于母亲而言，与女儿分担离婚引起的愤怒与恐惧是一种不明智的做法，如果母亲还是女儿的监护人，情况就更糟。14岁以前的女儿需要安全感，她们不应该为家里的经济状况感到担心，不该去操心食物、房租、抵押金以及各种各样的账单。母亲也不该让女儿感受到自己的恐惧、愤怒和悲哀。母亲可以寻求成年人的支持，例如朋友、亲人、社会支持团体或者咨询师。如果母亲能够了解自己的情绪，同时又能努力不让这些情绪感染自己的女儿，女儿的过渡就会更加顺利。

女儿可能把家庭破裂的责任归于母亲,也可能与母亲联合起来反对父亲,但这两种态度都不利于离婚后的心理调适。鉴于她们的年龄,女儿们可能因此感到被背叛、失落、沮丧、被抛弃、愤怒、没有价值、恐惧和悲伤。她们可能否认自己的感受,把爸爸妈妈忘掉,装作什么事都没有发生。处于心理危机时期的青春早期的女孩更难以接受父母离婚的事实。当大部分的男孩发泄自己的感情时,女孩却可能变得性格内向、自我贬低甚至自我虐待。有些女孩通过药品和酒精宣泄她们的情感,她们逃学、挑战家庭秩序、性生活放荡,拒绝与成年人的合作。离异的夫妻双方都要努力避免把女儿牵扯到互相责备的战争中来。父母应该让女儿感受到他们的爱,让女儿知道她不是父母离婚的原因,无论和谁在一起,她永远都不会失去父母的爱。

虽然多数调查都证明了离婚家庭的种种坏处,但事实上,经过一段时间之后,多数家庭成员都会恢复到良好的状态。进入新的家庭生活程序之后,父母双方都会发现,他们有了更多的时间和精力来参与女儿的生活。由于摆脱了不满意的婚姻的阴影,父母与女儿的关系也更加明确。父亲仍然需要从工作中抽出时间来陪伴女儿,比如,带女儿去他的工作场所;送女儿去上音乐课;带女儿去看病或者购物;一起玩愉快的游戏;陪同生病的女儿留在家里,等等。

母亲也会花时间一起做让两人都高兴的事,共同度过一些特殊的时光,这可以增强她们之间的友谊。即使母亲换了新工作、新住房,或者成了单亲母亲,女儿总是希望母亲仍然是她原来的母亲,仍然是那个能够倾听她的感受、保持家庭的稳定并且永远深爱着她的母亲。

继母与继父

继父母的角色是一种挑战,甚至有人把它说成是"不可能的使命"。他们的角色与亲生父母的有着很大的区别。亲生父母在孩子一出生就当上了,但继父母则可能在孩子生长历程中的任何时候走进他的生活。一般而言,女儿需要3～5年的时间才能接受继父或继母。当然,在每个家庭中继父母需要的适应时间是不同的,有的快一些,有的则久久不能被接受,被看作是家庭的闯入者。这里列出一些我们认为有帮助的观点:

永远不要企图取代亲生父母的地位。无论女儿对继父母的感情有多好,她仍然保持着对亲生父母的忠诚。这是很自然的事情。如果强迫女儿做出选择,只能加深她与家庭新成员的隔阂。考虑到全局,特别是考虑到女儿,最有帮助的做法是现任父母要表现出团结一致的态度。彼此相互支持,私下里探讨分歧,但首要的原则是,在与女儿有关的问题上要让位于亲生父母。私下里,夫妻之间可以坦诚地交换关于养育子女的不同感受、看法和需要,而不要担心被笑话、拒绝或批评。但是,在做出决定时,要尽量遵循孩子亲生父母的决定。然而,一起把做出的决定告诉女儿则有利于在女儿面前建立继父母的权威性。

投入足够的时间来适应继父母的角色。信任是个发展缓慢的过程,如果女儿的年龄较大,进展就更加缓慢。她要考察这位新的家长是否能待下去,到底有什么作为,继父母是否可靠。

要与继女商量家里日常安排和生活规律，而不应急于改变常规。继父母尽量为家庭创造快乐气氛，而且注意不要做能力范围之外的承诺。

加强婚姻关系。夫妻双方必须花时间来共同娱乐和工作，相互肯定对方的家长角色。在那些关系紧张的重组家庭中，继女很容易觉察婚姻关系中的细微裂痕，并掌握住这一要害。大声地为对方说话并真诚地一起解决问题可以给女儿以安全的需要——她不会经历再一次的家庭破裂；她可以安心地成长而不必为父母的关系而耗费精力。

尊重女儿隐私的需要。继女的生活中总有一些方面是禁止继父母进入的。把两个家庭拢在一起毕竟是件伤脑筋的事，而继女也会在说什么、如何说上感到矛盾。给她一些余地，尊重她的个人感受，并且，如果她想交谈的话，继父母要认真听取。继父母有可能成为一个更好的交流者，所以有时候女儿可能问及他们对亲生父母的看法。当然，在这种情况下，继父母最好是仔细倾听，不要轻易责怪或站在任何一方。

在家里讨论涉及性行为的问题时，继父母要把握一定的分寸。要考虑到女儿以前的家庭是如何处理这类问题的。传统上，女儿只和母亲讨论性的问题。如果继母能够取得女儿的信任，和女儿讨论这些重要的、令人困惑的问题，将有利于消除她们之间的障碍，并发展亲密的关系。在这类事情上，继父母一定要尊重女儿的个人隐私。

继父母与继女的关系也应该是亲密无间的。一旦我们感到这种关系中存在着障碍，我们应当仔细了解隔阂产生的原因，并且要克服困难、彼此敞开心扉。

无论是传统家庭、单亲家庭还是重组家庭，都必须通过全部家庭成员的合作，才可以使女儿成长为健康的成年妇女。这项工作绝不是夫妻中的一方或者双方可以单独完成的。我们还需要走出家庭，获得其他有爱心的父母、朋友、亲人、老师以及所有长者的支持，吸取他们的智慧，帮助我们的女儿健康成长。

第六章

设置栅栏,
帮助女儿发展健康的行为准则

有好的篱笆,就有好的邻居。

——谚语

在我们的第一本书《养育儿子》中，我们指出，男孩们需要知道三件事情：1.谁是"领头人"？ 2.规矩是什么？ 3.你准备遵守这些规矩吗？在教养男孩时记住这三条，对于设置栅栏，选择越界后的惩罚措施是很有益的。然而，女孩是受另外一些问题所驱使：1.我们之间有关系吗？ 2.我们之间关系的本质是什么？3.在这种关系中，我处于何种地位？ 4.要维持关系内的这种联系，我应该做些什么？把女孩们的行为看作是在试图建立关系，有助于我们设定界限和选择越界后果，以帮助她们茁壮成长。尽管女孩也需要知道这些规矩，但是她们更关注的是和"老板"之间的关系，而不是那些规矩的内容。

清晰的个人边界

你的个人边界可以保护自己的内在品质和做出选择的权利。

——杰勒德·曼蕾·霍普金斯

有的母亲抱怨道："当我身处5个不同的康复小组，需要治疗师做3个月的治疗，或受老板的虐待，自己的个人警戒线都不明晰时，我怎么样才能教女儿设置明晰的个人边界？"父亲也对不断变化的男性角色感到迷惑，弄不清在与家庭、工作、朋友和社区的关系中，自己应该是什么样子的。为了使我们的文化从种种失调中恢复过来，父母和女儿必须一起学习关于个人边界的知识。

最近我们读到不少关于相互干涉、过度卷入和不够投入的资料，这些情况都是由于缺乏清晰的个人边界引起的。清晰的个人边界可以让人知道从什么地方开始，又在什么地方结束。我们大家都有可能对他人的情感、痛苦、好的或坏的行为等承担过多的责任。尤其是父母，更容易因为孩子做出的每一次不良行为而责备自己。大多数专家断言，女人比男人更可能做出相互从属的行为。她们受过的早期训练，可能还有一些生物遗传因素，使得她们倾向于对别人的生活过度卷入。于是，她们因此而受到批评，或者对不断向她们提出的要求感到不满和生气。这种情景使女孩和妇女非常为难。文化赋予妇女育儿、照料和做母亲的任务，同时又看不起这些至关重要的任务。波士顿医学院精神病学教授和韦尔兹利学院斯通中心教育系主任简·贝克·米勒在她的著作《女性新心理学导论》一书中写道："毫无疑问，主流社会认为，男人做的工作是最重要的；女人做的工作是次要的，是辅助别人发展的。"要不是女人在被指定的"较为次要的工作"上做得像现在这样成功的话，社会状况可能比现在更糟糕！

随着女性意识到她们在家里和工作场所中工作的重要性，她们更能够让男性共同承担应尽的抚养子女的责任。要发展教养他人和我们自己的关系，我们需要明晰的个人边界。要帮助我们的女儿设置个人边界，我们要对自己有一个明晰的理解。做做下面的小测验，看看你自己的个人边界是否合适。

你的个人边界是否合适

用选择 1～5 来回答下面的问题。1 表示总是如此，5 表示从不如此。

问题	1 总是	2 经常	3 有时	4 偶尔	5 从不
1. 我在决定要什么的时候，很困难。					
2. 我尽量把事情做到最好，而不是对此表示不满。					
3. 我会改变自己的计划、行为或观点，以便与周围的人保持一致。					
4. 我发现自己为别人做的事情越来越多，而得到的满意却越来越少。					
5. 我相信别人的见解比自己的要高明。					
6. 我充满希望地生活，期待着一些好事情的发生。					
7. 我认为自己没有权利保持秘密。					

续表

问题	1 总是	2 经常	3 有时	4 偶尔	5 从不
8. 我总是考虑别人的行为。					
9. 我跟那些不能照顾我的人有关系。					
10. 当别人伤害到我的时候，我会为他们的行为找借口。					
11. 我很容易被奉承的话所迷惑。					
12. 我的兴奋依赖于别人。					
13. 我会去帮助别人，即使我真的不想帮。					
14. 我允许别人说我和我朋友的坏话。					
15. 我觉得受到伤害了。					
16. 我不会生气。					
17. 我觉得应该帮助别人。					
18. 我觉得害怕，感到困惑。					
19. 多数情况下我都觉得自己控制不了身边的事情。					
20. 我认为正在过的生活不是自己的。					

现在，把你的得分加起来。如果你的得分低于50，那么你可能需要参加一个培训班，看一些有关的书籍，找一下咨询师或者和一个你认为具有较为鲜明的个人边界的人谈一谈，这对你将会很有好处。这样才会帮助你成为女儿的好榜样。

清楚地意识到对自己和对别人的责任从什么地方开始，又在什么地方结束，会使一个女孩自强、安全而又自信地生活在这个世界上。当别人利用她的慷慨时，她能够回答："不！够了！"她知道自己怎么做是最合适的，不会有负疚感。正是这种负疚感使得我们纠缠于和孩子、配偶、情人、老板及朋友等无所不在的关系之中。对"自己是谁"有一个清楚认识的女孩，知道自己喜欢什么、想要什么、该怎么做，或者至少不会在追求自己想要的东西时不敢求助。清晰的个人边界使得女孩在强对手面前能够抵抗性别陈见。

作为女孩，我有宽阔的肩膀和强壮的胳膊。这是天生的。过去我憎恨这些，伙伴们也为此经常取笑我。后来我哥哥教我掷标枪。母亲听说我要参加田径队心脏病都快犯了。她说女孩就不该干那行当。如果我不是当场掷标枪给教练看，教练也很怀疑。现在，我终于成为一名队员，我很开心。现在妈妈也醒悟了，别人怎么看真的并不重要。投掷的震颤感就足够了。

——珍妮特，16岁

了解自己感情的女孩，知道自己是高兴还是不高兴。尽管她也会考虑到周围的人的感情，但她不会因此而动摇。如果付出是值得的，那她愿意在必要时付出更多。她有很高的个人标准，并且把它们应用于每个人。尽管她很灵活，她还是希望别人对他们自己的行为负责。她不会让自己被别人利用和伤害。在情感方面，她会关心别人，也希望别人关心她，她选择的是对双方都有利的关系。她的兴趣多样化，追求个人爱好，明白别人会引起她的兴奋，但不会对她的兴奋负责。她不害怕表达自己的愤怒，并且把这种愤怒看作有些事情出了问题的信号。如果她知道接受别人的要求以后自己将会感到不满，她知道对别人说"不"。多数情况下，她感到安全和自信，总是知道自己在任何情况下都可以选择。她保护自己的隐私，坚持别人也保持他们自己的个人边界。她的实际生活和她所期望的生活是非常接近的。

具有健康个人边界的人是自我定向的，并能够保持与别人的关系。帮助女儿们发展起一种强烈的自我感可以保障她们自由、快乐而有目地追随自己的命运。作家、教育家莎丽·格卢克这样说她的两个女儿："她们在为自己辩护的时候非常能说会道，有很好的协商技巧。有时候她们不容易相处，但是，她们最后总能走出困境，我对此很满意。女孩被期望适应一切已经决定了的事情，必须学会像成人那样为自己说话。我们的女儿们现在也学会了，这一点我很高兴。有时候她们真的很难相处，因为她们把我逼到极点，但是我认为她们会一生都使用这些技巧的。我知道，如果处于困境，她们是能够走出来的，因为她们有自信，很善于表达自己的感受。"

惩罚不管用

一个养宠物的人带着他的狗看兽医，抱怨说狗把地毯弄脏了。"哦，那很简单，"兽医说，"当它弄脏地毯的时候，让它的鼻子在弄脏的地方蹭一蹭，然后把它扔到窗户外面去。"狗主人回到家里，按这种方法实施了 30 天。兽医出于好奇，打电话问狗主人以了解惩罚的效果如何。"不是很好，"狗主人说，"现在每当我的狗弄脏地毯的时候，它自己就会在弄脏的地方蹭一蹭，然后跳到窗户外面去。"

惩罚意味着使用暴力。作为一种阻碍性的行动，它只会引起愤怒、不满和报复的欲望。由于惩罚通常会引起羞耻、嘲笑、威胁、暴力和孤立，因此使用惩罚有时反而会加强我们试图消除的不良行为。

> 我女儿的幼儿园老师打来电话，说在玩的过程中，她一受到挫折就打其他的孩子。听完电话后，我觉得很沮丧，我几乎当场就要打科瑞恩。这时，我意识到她是从哪儿学到一受挫折就打人的坏习惯——正是从我这儿。我这才意识到，是我一直在打她。这是很不合适的。
>
> ——贝蒂，4 岁的科瑞恩的母亲，很沮丧

"惩罚是治理犯罪的最好方法。"这句老话在教养孩子的舞台上不适用。如果我们把女儿的不良行为看作犯罪，那么我们从一开始就错了。事实上，惩罚很少能和不良行为联系起来。女儿从被斥责和因吃饭时把牛奶洒在桌上而受到的羞辱中受到的唯一教育就是：爸爸在大声喊叫，这很让人害怕，很让人尴尬。惩罚

女儿或许能够缓解我们自己的沮丧，稍感好受，但并不能教会女儿更加小心或在吃饭时表现得更好。打屁股、打嘴巴、吼叫、责罚、关禁闭等方法可能会暂时阻止女儿的不良行为，但多数情况下，那些让人讨厌的、不负责任的或危险的行为可能会在其他的地方重新出现，因为惩罚并没有教会女儿怎样规范自己的行为。

唐：当你把自己不喜欢的一部分压制下去之后，最终你还是会在另一个地方表现出来。还不如跟一个就喜欢你这一点的人结婚！惩罚就是一种压制和否认的做法。我们否认什么，我们就会成为什么的奴隶。因为它们并没有消失。它会出现在别的什么地方。例如当我们年幼的女儿表现出愤怒的时候，我们常说："小女孩是不生气的。"于是，她的愤怒被压制下来，然后我们就在另外的地方遇到它——在她长到青少年时，我们又看到了这种愤怒。

我们曾见到父母们尝试过许多奇怪的事情。他们试图要拿走孩子的东西、给孩子们东西或者管理这些东西。这样做一点儿用也没有。这与那些东西无关，真正的原因在于女孩的两只耳朵与大脑之间的联系以及她学会如何使用这种联系。她是否学会选择，会影响到她的现在和未来，因此她必须学会。她的选择必须来源于她敢作敢为的勇气；敢于面对同伴们因不同意她而造成的孤立；敢于通过她的逻辑判断进行思考。我们不能等待女孩成为青年之后再教她这个，因为到那时会有很多的事情发生，太多的阻挠会让她无所适从。我们必须在她还小的时候就教给她怎样认识到她内心深处的情感。这种情感会告诉她无论其他任何人怎么想，她自己怎么做才是最合适的。大多数女孩知道那种情感，但是她们需要学会遵从它。难道不是这样的吗？

——詹姆斯，家庭压力咨询师

设置栅栏和明确越界后的相应后果

不同于惩罚，栅栏清晰地划出了一个特定范围的边界。年幼的儿童学会了在什么地方可以玩，因为他们后院的围墙明确地划出了安全的区域。他们知道在炉火周围有看不见的栅栏，在奶奶的古董茶杯橱周围也有一个看不见的栅栏。人们本能地在自己周围设立边界，我们大家都学会要尊重这种进行交流的舒适距离。

刚开始的时候，设置栅栏是为了安全。这些栅栏需要不断加固，否则会危及生命。不要在大街上玩耍，否则你会被汽车撞伤的；不要碰火炉，否则你会被烧伤的；不要上陌生人的车，否则我们会找不到你的；不要把玩具放在楼梯上，否则妈妈会踩着并摔倒的；不要吃鲜红的野果子，它们可能是有毒的。这些栅栏，我们称之为"砖墙"，因为，忽视这些栅栏的结果是非常危险的。父母必须找到可以阻止孩子超越这些栅栏的方法，并准备好发展他自律行为的方法。砖墙必须被牢固地建立起来，没有商量的余地，违背它的结果也是很严厉的，因而女儿也知道父母会动真格的。继续把玩具留在楼梯上的一个必然结果是，它们将被没收到一个盒子里，有好一阵不让玩。当然，第二天它们就出来了，但是这个损失足够帮助女儿开始考虑，玩具有自己指定的家，楼梯肯定不是它们的家。关于漂亮的毒莓，最有效的方法就是坚决而又和善地对女儿说"不"，并且给她一些别的安全的东西以取代这个不安全的东西。耐心和勤奋对父母来说是关键，因为女儿们都是非同寻常的，在第一堂课就能学会一些东西。

我们的大女儿只需要一个特别的眼色，她就会知道我们动真格的了。

第六章

设置栅栏，帮助女儿发展健康的行为准则

而我们的二女儿就完全不同了。某种表情，或者是某种声调，对她探求自己世界的每一件事物的欲望没有任何影响。当她可能会让自己处于危险境地时，我们必须在她身边，抓住她的手，尽力让她分心，给她一些别的安全的东西玩。而且，我们必须像这样做一遍又一遍！我只好希望她到成年的时候会好点儿。

——贝丝，6 岁的艾米丽和 2 岁的克里斯蒂的母亲

随着女儿的成熟，边界和后果不再只是用来划分危险人物、事件或东西的小红旗，它们成了让她们能够聪明行事的内在的界线。精神治疗师以及畅销书《愤怒之舞》（*The Dance of Anger*）的作者，哈里特·勒纳博士在书中写道："在解决我们自己的问题、确定事物以及支配自己的生活质量和方向方面，女人尤其不受鼓励。"悲哀的是，女人变得依赖于别人来使她们幸福，这导致指责、唠叨、生气、内疚、无助和抑郁。这种模式开始于儿童早期，那时女儿们就被教导，要依赖于他人的指导，停止不良行为、学会以牺牲个人需要为代价来照顾别人。

女儿在学习面对自己的行为所造成的后果时，上的第一课就是"砖墙"。如果每次越界都会有相应的后果，那么，这些栅栏就成为内在的自律行为。当女儿长大后，这些内在的栅栏就会被保持在被我们称之为"口头协议"的边界之内。有了这些栅栏，当协议被打破时，她的责任感就会影响她们的行为举止。她会为自己的行为道歉、做出补偿。她做的事情，是出于她的一种义务感，是出于需要保持和别人的关系，而不是因为害怕惩罚。这样的行为只有当女儿发展了责任感并能理解原因和结果之后才能出现。年龄一般在 8～10 岁。

在安妮开始学开车后，我们做了很大的调整。只有在得知她安全回家之后我才能入睡。她答应，如果有任何理由要晚一点儿回家，她就会打电话给我。最近她迟到一个小时回家，却忘了打电话。在她回家之前，我快要急坏了。她确实有很好的理由晚点儿回家，但是她没有试图通过电话打个招呼。我给她解释，我因此是多么紧张；她理解了，她的道歉打消了我的疑虑。现在我知道，我可以相信她，她会恪守自己的诺言。

——帕特，16岁的安妮的母亲

正如古老的谚语所说的"有好的篱笆才有好的邻居"。恰当的边界和越界后相应的后果可以让女儿成长为健康的女人。女儿学会给自己设定合适的边界之后，才能够认识到她对别人的责任始于何方，终于何地。安全的内在边界，可以帮助女儿理解明智的选择和不明智的选择之间有什么差别。为了帮助女儿认识自己，认识她对自己和对别人应该承担的责任，以及如何明智地做出自己的决策，作为栅栏的建立者，父母需要避免只对女儿的行为表示赞成或不赞成，而应该强调需要什么样的栅栏以及犯规的后果的重要性。

木栅栏和橡皮墙有助于家庭和缓、有效地运作。木栅栏勾画出期待行为的框架：个人卫生、整洁、分配的家务等。这些事情都是很明确的，有规律的且周而复始的：每顿饭后我们都要刷牙；早晨上学前和晚上上床前都要洗脸；每个人都有一些家务安排，你需要在每星期一、星期三、星期五早晨上学前倒空垃圾筐。一个7岁或者8岁的小孩偶尔会越过某种栅栏，那是因为她忘了、累了或是烦了。如果她还愿意做她的家务，那么只需要提醒一下她就够了；要是她反复地不能遵守，那就需要协商或是给予她一点儿小小的后果。可能她年纪还小，分配给她的工作对她来说太难了，或者，她就是不喜欢这种工作。我们知道，有些年幼的女孩一看到令她讨厌的东西，就会变得情绪不稳定，所以倒垃圾的任务对她来说可能太重了。但是，她的组织能力可能很强，因此，对她来说最好的任务就是打扫房间，把起居室收拾得整整齐齐。干这种活，她会非常仔细，而且感到很骄傲。

好的边界可以促进健康自我的觉醒。边界设置的范围必须足够大，可以让女孩探险甚至失败。从自己的失败中女孩有机会检验自己的力量、发现自己的极限，因为，习得的教训远比由父母帮助渡过难关要深刻得多。橡皮墙就是这种边界的范围，大到足够让她自由活动，小到足够可以把她带回到安全放心的地带。如果没有明晰的限制来确定女孩的行动范围，她们就会常常感到迷失，感到被抛弃；相反，如果边界过于狭窄，不能让她冒险、犯错误，不能让她面对自己做出的选择和后果，她就会感到窒息。橡皮墙的结果对女孩的行为有着更为重大的影响。

谢丽尔求我让她放学后跟朋友一起走回家。她答应说会遵守我们说好的规则，就是沿路不停，直接回家，也不搭乘老朋友或陌生人的车。几个星期之后我得知，她搭乘另一个学校大孩子的车回家。我告诉她："不行！伙计。从现在起，你必须坐公共汽车回家，两个星期内一直坐公交车到家门口。然后，我再考虑能不能让你走回家。"从那以后，她就明白了我所说的遵守规则的含义，我们就再没有遇到过类似的麻烦。

——丽塔，11 岁的谢丽尔的母亲

当一个女孩的行为危及自身和危及他人时，就需要铁栅栏。

由于她的行为已经失去控制，因此需要父母、学校、青少年犯罪署或是精神病医院的全天候监督。这是一种极端的边界，我们希望多数父母都不需要这种边界。如果女孩不能够习得一种内在常识，亦即不知道她是谁、她的行为的始末、她对自己和别人的责任是什么、怎样管理自己的行为等，那么，她就可能需要铁栅栏了。出于对女儿的公平，我们必须从一开始就清晰而又坚定地告诉她，哪些行为是好的，哪些行为是不被允许的，哪些是安全的，哪些是不安全的。

实际行动中的栅栏

朱蒂是一位单身母亲，她女儿利萨已经 14 岁了。她收到女儿的学校校长的一张通知，让她非常吃惊。在最近一个月的时间里，利萨每天都要逃好几节课。当朱蒂询问利萨的时候，利萨说："是的，我偶尔会逃课。"朱蒂说："但是，这张通知上写着，你每天都逃课，绝不仅仅是偶尔逃课。"

利萨指责她母亲，说她相信学校权威的话，却不相信女儿的话。朱蒂决定给校长回复一张便条，告诉他，她和利萨正在协商这件事情，现在的情况应该好一些了，利萨答应不再逃课了。（口头协议）

两周后，朱蒂收到另一张通知，要求她去学校一趟，因为利萨有"持续缺席的问题"。现在利萨已经严重到整天逃课。朱蒂更加吃惊了。在这以前，利萨是一个非常好带的孩子，很少有问题。在学校散会后，朱蒂意识到，仅仅依靠提醒利萨，告诉她上学是她的责任,已经不起作用了。她告诉利萨,她将受到两个星期的责罚,她要利用那段时间把在学校落下的课程补上去。(橡皮墙)利萨表示抗议,母亲则在一旁听着,坚持自己的意见。

又过了两周,学校通知朱蒂,利萨的逃课行为已经减半了,但是,如果利萨的行为不发生更大的变化,她将仍然面临停学的威胁。朱蒂知道,需要采取更强硬的措施了。每周末利萨的行动都受到完全的限制。朱蒂利用这个机会跟利萨谈论她的学校,她的朋友们,以及她是怎么看待身边的人和事的。于是朱蒂知道了许多她以前不知道的关于女儿的事情。利萨把自己的想法告诉母亲,和母亲分享。她说自己在学校很厌烦,因为老师们让她觉得很少受到尊重。他们好像只是想履行教学这样一种动作,而不是尽力去教给学生一种热情,启发学生学习、进行创造性的思考。她觉得自己在校外和朋友聊天,谈论生活中真实的事情,能使时间更有意义。朱蒂也向她袒露,自己青年时代也有同样的感觉。于是,母亲和女儿达成了理解,亦即利萨应该遵从学校规章制度,尽力把事情做到最好。朱蒂答应,以后利萨可以发展与她的兴趣有关的户外活动。(木栅栏)

让朱蒂失望的是,她们的讨论并没有带来她所期望的变化。她意识到,学校无法知道她女儿的行踪,并要求女儿去上课。她也知道,只有她和她女儿才能改变现状。一天清晨醒来的时候,朱蒂想到了一个办法。她到单位请了两周的假,并解除了对利萨周末的限制。星期一早上,朱蒂对利萨大声说:"快,我们走。我们要在10分钟内赶到学校。""你说'我们'是什么意思?"利萨很疑惑地问。朱蒂只是说:"快点儿,我们出发。"到了学校,朱蒂停好车，跟利萨一起下车。利萨耸耸肩，认为母亲又要跟校长谈话了，原因也很简单，无非是因为她出勤率太差了。然而，朱蒂陪着利萨走到她的存衣柜那儿，并对其他的学生微笑。然后，利萨注意到妈妈穿的不是她平常穿的工作服，而是穿得更加随意一些。"怎么回事？妈妈。你上班要迟到了。"朱蒂笑着说道："既然你要让上学有这么多麻烦，我决定整天陪着你。"（砖墙）利萨的反应实在令人难忘。她伸着脖子，就好像狗听到陌生的声音一样，说道："什么？！"

"那一整天我陪着她一节课一节课地上。利萨觉得很丢面子，我对此很遗憾。但是我知道只有这样才能使她去上课。每节课我都坐在后面，我甚至陪着她一起上洗手间。我事先跟校长商量好了，午餐跟老师们一起吃。放学的时候，利萨知道她碰上了对手。那天晚上家里的气氛寂静异常。

"第二天的早晨非常具有喜剧色彩。利萨觉得，昨天很让她丢面子，认为事情已经结束了。下车的时候，她低头看见我的网球鞋，赶紧哀求：'噢，别，别再这样了！'我告诉她，除非她能够自己上学，否则我不会离开她。当天晚上她答应她会去上课，求我再给她一次机会。我让步了，但是我告诉她，我会在每天午餐的时候去检查，放学的时候再检查一次，看看她是不是在班上上课。如果她再制造麻烦，我们就从头再来。在我假期的剩下几天里，我每天都去检查，从不间断。然而，我回去工作的那个星期一，她7节课逃了4节。这让我愤怒异常。后来我发现，她给我工作的地方打电话了，知道我的假期有多长。于是在那段时间里她老老实实待在学校，直到我回去工作才开始逃课。情况比我所想的要更加严重了。

"那天她从学校回家的时候,我没提这件事情。她上床之后,我决定给她设置'铁栅栏',并做好了计划。第二天早上,我把自己做好的第一项工作贴在墙上:一个日历,用颜色标记出了从当天到学期结束的日子。利萨问我,那是什么。我告诉她自己仔细看看。她问我,为什么她爷爷奶奶、两个不认识的叔叔或者是我的两个亲密的朋友的名字会在日历上。然后,我就跟她摊牌了:'今天,我请了一天假陪你上学。因为我明天必须工作才能养活我们,'我用铅笔指着第二天,'爷爷答应明天陪你上学;奶奶后天陪你上学。就这样,一直到学期的最后一天。除了学期的最后一周以外,每天都会有一个人陪你上学。'利萨目瞪口呆。那天我陪她上了学。当天晚上,她说她想再试试看。我说:'好吧,等爷爷陪你上一天学再说。'

"爷爷来陪她上了一天课。从那以后,利萨没有再逃过一节课。学期结束的时候,成绩比我预期的要好得多。我也学会了一点,就是解决一些问题需要完全的注意、承诺以及非常强硬的'栅栏'。上学并不总是一件愉快的事情,工作和人们之间的关系也是这样。我喜欢我的利萨,无论困难有多大,我都会乐意当她的监护人。"

这个故事说明了实际行动中的每一种栅栏。我们可以看到,随着栅栏的升级,家长可能需要更多的行动、时间和注意力,也需要更多的谈话。当一种水平的边界不奏效的时候,就要采用更高水平的边界,直到女儿理解应该做什么才能获得原来的特权。在需要采用比较高水平的栅栏时,我们就需要第五章提到的"教养团队"了。只有父母或是父母两人是不够的,许多青少年很快就弄明白是怎么回事了,就会在父母无法管制他们的时候,找机会越界。由于筋疲力尽,父母亲通常会听之任之,而这些行为往往是有害的、危险的、预示着更严重的问题。一旦女儿知道有人给她设置严格但是友善的边界,并用这种方式在关心她,她就会去做一些更有创造性的、对自己有利的事情,而不是继续她的对自己不利的、破坏性的行为。

"利萨现在 16 岁了。"朱蒂说道,"我信任她,让她开车,因为自从学校的出勤事件之后,我们变得亲密多了。我们谈了很多,在很多事情上观点并不一致。于是我们决定,给她更大的成长空间,因为她向我证实了,她能够把握这些。我觉得,我们不再需要铁栅栏了。现在,我们遇到问题的时候可以通过讨论来解决,并且在事情还不太严重之前达成协议。她现在知道,家里由我负责,我将会做必要的事情来帮助她成长。渐渐地我能够看到,她越来越能够设置她自己的个人边界了。如果她在准备离家的时候,能够根据自己内在的边界做出明智的选择,那么在帮助她长大成为一个健康的成人方面,我做得很好。"

如何设置栅栏

好的栅栏,好的关系。尽管栅栏把一家的院子和另一个家的院子分开,但清晰的界线有利于创建合作型的关系。知道自己的行动范围,使我们与邻居交往的时候更加自信。有这样一种情形:妇女把洗过的衣物提到院子里晾起来,时不时地停下,靠在院子的篱笆上,与邻居聊聊当天听到的消息。

第六章

设置栅栏，帮助女儿发展健康的行为准则

凯蒂连着两次晚回家3小时而被取消了晚上外出的特权。第一次回家迟到时她还有很好的理由；第二次的时候，她的借口很荒谬。因此，上个周末没有允许她外出，而是陪我去看我姐姐。途中开车的4个小时显得特别长，因为我们开始谈论她的男朋友，以及她是多么想念她的男朋友。然后话题转向我们最近的冲突。她说她失去晚上外出的权利是应该的，这让我感到很吃惊。"要是你不那么做的话，妈妈，我就不会尊重你了。"她说。更让我惊奇的是，我听到自己在告诉她，要是她不做一些有益的冒险以便更多地了解自己和周围的事物，以及我能让她走多远的话，我也不会尊重她。我们笑了，变得很亲密，因为她知道我是动真格的，但是仍然尊重她走自己的路。这很有趣。

——杰西卡，15岁的凯蒂的母亲

栅栏能支持健康的个人边界并保护一个女孩使用自己内在的指导系统。当我们和女孩谈论"怎么做？""为什么这么做？"等问题时，是在帮助她找出自己内在的声音和需要。让她自己做出的选择清晰地展现在自己眼前，女孩就可以了解决策过程是怎样进行的，以及她在各种情况下的权利。她将学会不必在刚刚产生奇想或念头时就立即采取行动；她没必要听从一位没有经验的朋友的建议；也没必要屈服于来自同伴的挑衅或冒犯。

在恰当的时机设置恰当的栅栏，而不应该强化我们和女儿之间的冲突或拉大彼此的距离。如果我们的目标是要帮助女儿建立清晰的个人边界，那就一定要听取女儿的意见。对许多父母来说，这并不是一件容易的事情。好的个人边界使得我们彼此区别开来，同时又把我们联结在一起。坚持给犯规设置恰当的结果，可以帮助父母和女儿之间达成更多的理解，有利于发展女儿的判断力，进而使她理解父母这样做，不是要说明她是一个坏孩子。栅栏和犯规的后果能告诉我们，在什么地方我们是联系在一起的，每个人都该做些什么，谁该为什么事情负责任。作为父母，我们有责任设置最好的规矩。女儿们则有责任遵守这些规矩，或提出修改，要不就围绕这些规矩承担后果。就这样，女儿们学会了怎样认识自己，怎样分辨和遵从什么样的内在要求或感觉，学会了关于生活的价值。边界和越界的后果可以培养关系和信任，让我们能够更容易地一起度过困难时刻。

栅栏是否结实与越界后果是否恰当直接有关

珍妮：在设置越界的后果之前，我发现，"行动前先停一下"能帮助我确信在选择之后不会感到遗憾。我终于意识到，我没必要立即做出反应——你知道，作为看护人，总是有一种很愚蠢的观念，就是我必须总是知道该怎么做。当我的女儿还小、做错了事情的时候，我学会了一句话："我需要想一想，怎样才能帮助你记住把自己的玩具收好，而且效果要最好。"我想要她学会一些规则，需要花时间来选择相关的事物。知道可以停一段时间再采取措施，还减少了我由于愤怒想打人的冲动，显然打人是永远不会真正教给孩子该怎么做的。

一天晚上女儿在餐桌上磨磨蹭蹭，让我失去了耐心。而她却很聪明地说："那不公平，爸爸。今天晚上能不能听故事，跟吃那些令人恶心的菜叶没有关系。"

——杰弗，7岁的利萨的父亲

女儿通常会抵制没有意义的事情。且不论我们的所作所为是否有意义，她的抵制可能是一种公开的挑衅，就像斗牛士在公牛眼前摇晃红色的斗篷。不幸的是，我们和女儿之间的争论还给她一种间接的暗示，就是她错了、她的意见不重要。觉得自己错了的感觉会使女儿不满和愤怒，她会惭愧、难堪或抱怨。然而，如果越过栅栏之后，女孩得到的后果是公正的，就会和她的公平感产生共鸣。需要注意的是，即便是公正的后果，女儿也可能不容易接受，因为我们的确对她心里已经产生的想法设置了障碍，对她提出了要求，但是女儿却没必要来处理这个障碍。这时候我们要做的是：保护她认清事物的能力；花点儿时间慢慢平静下来，并找到更好的结果；告诉女儿她是对的，比如吃那些"令人恶心的菜叶子"只与吃甜点心有关系，而听故事则与拒绝上床睡觉更有关系。对于这样的说法，她也会退缩，但是在她内心的某一处，她会感到安心："是的！我父母是负责的，他们确实知道他们在做些什么。"女儿是最需要这种安心感的。

好的栅栏应该严事宽人。家庭成员经常把彼此的行为看作是人身攻击。可以肯定，有些时候，女儿们的行为不是为了仅仅让我们生气。家长也许会问：她们那么做难道还有别的原因吗？这正是我们需要考虑却往往没有考虑的事情。在设置栅栏、给出越界后会面临的后果时，我们需要问我们自己的问题是："孩子那么做的原因是什么？"把注意力集中到事情内在的信息上通常会使我们发现问题的真正所在。

过去珍妮在杂货店哭或是胡闹的时候，我常常会感到非常心烦。我会想："为什么她要这样烦我？"现在，我就会意识到，她是累了或饿了，她的哭叫是需要我的帮助，而不是要当众让我难堪！

——朱蒂，4岁的珍妮的母亲

如果我们的注意力受到误导，只从我们自己的不舒适或不方便出发，我们就失去了和女儿交流的好机会。请不要误解，我们不是提倡父母受虐待，也不是提倡儿童的暴君式行为，而是说，不良行为通常表达了女儿的一种要求：她要求成人的庇护以感到更安全，要求受到照料或是受到注意。例如，厨房的地板上到处都是女儿的脏脚印。如果我们把这看作女儿的故意行为，好给我们增加额外的工作，我们可能会淡化她的探险精神，错过了一次教给女儿怎么调肥皂水来拖地板的科学课；或者是错过一节制作七彩盒的艺术课——在进房间之前，用七彩盒把鞋子擦干净。要想出好的边界和越界时的后果，要求父母有很好的创造性思维。

疲惫、压力和缺少时间，使得我们疲于教养女儿，倾向于采用严厉的话语和结果，因此往往不能实现塑造自立、负责的女儿的目标。几乎所有的女儿都一样：她们想取悦她们的父母，想有成就感，想在所分派的任务中感受自己的能力。"你真是一塌糊涂！""你从来都不用脑子！""为什么你不能记住脱你的鞋子？我已经告诉你几十次了！"这样的句子绝对不要使用。也决不能只是关注女儿的个性缺陷，要多花时间关注她的行为，以及需要做些什么来改变她的行为，这样才能增强父母和女儿之间的关系。

具有破坏性的文化栅栏

我们已经讨论过，通过我们的文化，诸如媒体和教育系统等，一些关于男孩和女孩的信念流传了下来，而不为我们所觉察。身为政府部门社会工作者的拉斯，用十分美妙的口吻描述了栅栏和后果的作用，他认为栅栏和后果的运用可以帮助我们避免一些由老套看法引起的麻烦，比如"好女孩／坏男孩"的传统观念，这种老套看法往往使得男孩和女孩局限在不合适的角色中,让我们以为女孩一定会表现得好,而男孩总是做得很差,而事实却并非如此。

"吉米、黛比的妈妈住院后,我和他们一起待了60天。妈妈特别嘱咐我要注意7岁的吉米,同时表扬了8岁的黛比。她是对的,吉米从一开始就是个小坏蛋。因为我曾经在青少年犯罪司工作过,我知道该怎样对付像他这样难缠的小家伙。我向他证实是我说了算,要是他侵犯了我的边界,他将会得到相应的后果。我给了他许多积极的关注,注意他能够做到的好事情,于是他像一朵花一般快乐地成长了。

"黛比就是另一回事了。作为家庭的'天使',她从来不需要被强制服从规则,在她想做一件事情时,她总是做得非常好。然而,我却给她带来了很大的麻烦。我认为,女孩也需要对她的行为负责任。第一天晚上,吉米受到我很多积极的注意。黛比认为我没有关注她,她退到一边,拿走吉米的三明治,并奚落吉米。当我走向她的时候,黛比开始哭叫,声称吉米打了她。我走到她旁边蹲下说:'不,黛比,是你打了吉米。把他的三明治还给他。'可爱的小黛比一下子就跳了起来。我这么做打破了这个家庭的一条基本规则:吉米很坏,黛比很好;黛比是天使,吉米是小坏蛋;吉米因为每一件事情受到惩罚,而黛比则很干净地脱身离开。

"在两周的时间里,黛比尽一切努力,想重新确立原来的家庭状态:亦即她总是好的,古米总是坏的。她大发脾气,忽视我的存在,拒绝和我说话;她坚持她的立场,不想对自己的行为负责,她甚至想抛开所有的责任，想加入我的管理工作。因为她原来在家里的角色受到限制，她一直没有找到其他出路。我继续坚持要她负责任，继续谈论她的情感，设置与她的行为直接有逻辑关系的后果，让她知道我想要她成为什么样的人。还有，我尽可能做到公平。

"在第三周，我告诉她，她可以让我教她使用我的笔记本电脑。她很快就说：'我准备好了！'她坐到我的腿上，和我玩电脑游戏，玩到后来她向后仰着高兴地叫喊起来。那是我们之间的一个转折点。虽然她仍然试探我是否会坚持我的要求，但是她会直接抱怨，并开始承担起后果来。在我待在他们家的最后日子里，黛比很合作、果断、公正，她发现了自己新的力量，并对此感到满意。当她母亲回来的时候，她说：'妈妈，拉斯说我跟吉米一样坏！'结果她妈妈当场就被镇住了。"

认为女孩应该很好的老套想法，忽视了她想探索极限的需要。女孩也需要稳固、灵活的边界，应该允许她通过自己的试验、探索来找出做某件事情的后果。"当我……"的时候，会发生什么后果？当我说出我的感受时，会发生什么？当我说"不"的时候会发生什么？如果我说谎会怎么样？如果我不做要求我做的事情会发生什么？如果女孩认为会有别的人帮她们负责，那将是很危险的。女孩需要自立和生存的能力。通过每天对边界和后果的考虑，女孩学会了这些品质，学会了什么是自己的责任。

当别人——女孩的兄弟或姐妹，替女孩做事或者对女孩的行为负责时，她就会习得这样一种观念：或者她是唯一的负责人，别人都不是；或者除了她自己，其他人都要负责。这两种立场都使得她与责任脱离关系，这都是不好的。通过对自己的行为负责，我们可以学会听从我们自己内在的指挥，学会什么是正确的，相信我们的办事能力，学会把我们必须做的事情坚持到底。因此，我们变得自信、自立，对自己真正相信的事物有着自己的立场。否则，我们就会变得跟黛比一样：因为她只能看到自己作为乖女孩的一面，她被局限在这种行为里面，不能看到自己的不足，从而在碰到其他情况的时候她就觉得很无奈，不能真正和别人建立很好的关系。

在少女时期，如果女孩认为她已经可以超越个人的和法律的栅栏，那就会变得更危险。一种错误的力量感，或者是错误的无力感，使得她在面临青春期的困难抉择时缺乏常识。例如，要不要吸毒，加入什么样的同伴组织，跟谁约会，性问题上要不要活跃一点儿，要不要看重学习成绩，等等，她们将很难处理这些问题。

一些边界能够鼓励女孩形成健康的常识，比如什么时候该负责任、什么时候不该负责任。这些边界为展现女孩的精神面貌提供了空间。在对童年时期受到性骚扰的成年妇女的治疗工作中，我可以非常明显地看到这一点。"年幼时受到性骚扰是毁掉女孩一生的最根本原因。"弗朗辛·沙皮鲁博士写道，"成人通常被认为是健康发展的楷模。他们教给孩子什么是好的行为，什么是不好的行为。那些个人的或非常隐私的事情被这些曾经受到伤害的成人歪曲地教给了孩子。要摆脱性骚扰的伤害，一个非常重要的任务是重新设置自己和别人的边界。这有助于澄清这样一个问题：究竟是谁的错？没有清晰合理的个人边界，受害者几乎总是要为每一件她不能控制的事情负责。除非她摆脱了伤害，发展了健康的个人边界，情况才会开始好转。"

继父母家庭中栅栏的设定

继父母家庭属于困难型家庭。从一开始就认清这一点，有助于让日后的教养容易一点儿。我们可以从那些具有相似情况的人们那里寻求支持、教育和鼓励，而不要漠视这些困难。继父母家庭已经很常见。到 2000 年，继父母家庭已成为家庭结构的一种主要形式。尽管我们的家庭模式在飞快地转变，但我们对继父母家庭的态度却变化得很慢。《美国传统词典》（*The American Heritage Dictionary*）是这样定义"继子女"的：1. 配偶一方在以前的婚姻中生的孩子；2. 没有受到适当照顾、重视或注意的孩子。我们试图用"混合家庭"一词来称呼继父母家庭，来改变对这种非传统家庭情况的偏见。然而，这个名称也会让人误解，因为它暗示着平稳、融合和安宁。事实上，如果家里的孩子来自多次婚姻，这样的家庭决不会平稳；相反，最合适这些家庭的形容词是：具有挑战性的、时常变化的、难以捉摸的和令人沮丧的。给继父母家庭再次命名只是给它们涂上一层新的油彩，并不会解决问题。起初一个继养家庭其实就是在从家庭结构的最底层重新开始，构建一个新的家庭，简单的融合是不会出现的。要重新构建家庭基石，夫妻双方必须非常细致地投入工作。有了强大的基石，才能建立家庭荣誉感和凝聚力。哈诺德·布鲁菲尔德在他的杰作《给你的继父母家庭一分安宁》（*Making Peace in Your Stepfamily*）一书中写道："一个继父母家庭就是一对有孩子的再婚夫妇，他们采用一系列的步骤要组成一个家庭……而组建一个家庭需要时间。你必须采取很多步骤，一次一个步骤，但是只要你走的路没有错，美好的目标就一定会实现。"

在继父母家庭设置栅栏时，下面的建议会有一些帮助。

我们是先行者。传统文化没有告诉我们如何处置继父母家庭。在现代化之前的部落文化中，孩子们失去了父亲或者母亲，他们就会被吸收到另一个家庭；或者剩下的一方会找到另外的配偶。那时候整个部落都坚持这些传统。今天的家庭就大不一样了，每个家庭都有其自己关于正确和错误、社会尊严和人生价值的观点。即使在婚姻内部，做父母的对一些关键性的问题都会存在深刻分歧，这些问题会影响到家庭如何管理运作、孩子的行为该怎样，以及确定什么样的家庭生活目标等。现代继父母家庭不能依靠回顾过去来寻求智慧和指导。在当今的继父母家庭中，家长是先行者，在建造新的家庭基石的过程中，我们必须依靠自己的思考和生活智慧。

继父母家庭中亲生父亲或母亲的那一方，必须在教养中起到表率作用。继子女需要很多的时间来建立对继父母的信任。为了让这个过程更容易一点儿，亲生父母在调教中带头做表率是很重要的。正如前面提到过的，大多数孩子需要 3～5 年时间来学会对非亲生父亲或母亲的管教做出积极反应；因此，夫妇之间清晰的交流是很重要的。女儿心中的首要想法是："谁是'老板'？如果你不是我的父母，你就不能管我！除非你的表现能证明你能当好这个老板。"关起门来说话时，父母双方必须学会怎样把自己关心的问题向对方表达，只有这样，才能在与孩子有关的事情上相互合作。每一个继父母家庭在管教孩子的问题上都有不同的需要。从亲生父亲或母亲开始，慢慢地把权威扩展到非亲生的那一方，是实现父母教养功能共享的一种很现实、很有效的方法。

继父母双方都需要抱怨，都需要对方私下里听到自己的抱怨。交流、交流、再交流！即使夫妻关系非常牢固，继父母也可能会感觉到像一个局外人。在继父母家庭中各位成员走到一起的过程中，潜在的管教问题会呈几何级数增长。激烈争吵时，有血缘关系的家庭成员会更忠诚，于是亲生父母夹在他们的配偶和孩子之间很为难，这种角色可不好当。继父母双方都需要有足够的空间，以供私下里表达彼此的沮丧、恢复他们的爱和承诺。参加心理治疗、继父母支持小组，甚至与具有类似情况的朋友们交流，帮助他们梳理自己的情感，有助于巩固再婚父母的关系。

在离异或继父母家庭中，女儿可能会有大量时间在她的"其他家庭"，如姥姥家中度过。这就涉及管教风格的问题。因为不同家庭的管教风格可能有很大的差别，因此，在调教中尽可能地保持一致是很有益的。下面几点对处理不同的要求和期望可能有益。

看看"其他家庭"是如何设置栅栏和选择后果的。在家里设置栅栏的时候，事先要了解女儿在"其他家庭"中是怎么做的，并且把那些规则放在心上。对离婚的家长来说，处理两套不同的规则可能很令人混淆和沮丧。如果设置的规则对女儿有利，那么她就可能不让我们知道现在的规则比"其他家庭"的规则更加宽松。她很有可能会信奉拿破仑的那句名言："当敌人在犯错误的时候，绝对不要打扰他们。"如果可能的话，试着和女儿亲生的父母讨论怎样把一些规则标准化，比如上床时间，禁止吃夜宵的时间，通宵不睡的特权，开车以及其他一些规则。也许不可能达成一致，我们当然允许有差别。要向女儿讲清楚你的期望，而不是含含糊糊的，那么，女儿就会知道该怎么办，在她受到挫折的时候就乐意来找我们帮忙，并且她会觉得很安全。

在决定给她点儿颜色之前，先数数，数到100，并喝5杯水。这不是玩笑！这使得我们有时间冷静下来，避免引起以后可能使我们后悔的结果。想一想这种结果会对女儿在她的"其他家庭"的生活、在家里的生活产生怎样的影响。时间可以帮助我们想清这些问题。如果女儿对规则心不在焉，时间可以让我们保持清晰冷静的头脑，避免与前任家长的教育意图相冲突。彼此的理解、保持一定的灵活性、交流一下彼此的需要，对每一个可能相关的人都是至关重要的。

单亲家庭的栅栏

单亲家庭和继父母家庭的艰难处境类似，不过有一个非常大的差别，那就是单亲家庭只有一名家长，需要承担起一切教养责任。单亲家长要面对许多额外的生活琐事，例如经济压力的增加，照料孩子的人手减少——尤其是孩子生病的时候，家长的约会对孩子的影响，前任配偶的再婚，继兄弟姐妹的增添，以及没有别的人可以一起商量事情等。我们鼓励单亲家长记住，寻求帮助是非常重要的。在单亲家庭中设置边界的时候可以参看下面的建议：

是朋友，也是老板。 单亲家长以及《为了赞美单亲家长》（*In Praise of Single Parents*）一书的作者夏莎娜·亚历山大说："在没有伴侣的时候，家长和孩子通常是朋友关系。所以单亲家庭总是没有真正的权力层次。这容易使家长在管教孩子时比较盲目。""解决的方法似乎在于发展良好的沟通技巧，并建立起对所期望行为的清晰的指导。这关系到当事人双方。在朋友角色中，清晰而相互尊重的交流是必需的；同时你又是家长，有权威，要清楚地告诉孩子你期望她怎样做。一般来讲，女儿对你的期望知道得越清楚，出现问题的时候你们就越容易通过讨论来解决。如果孩子知道你在负责任，她会感到安全，也愿意讨论。"

寻求帮助。 "你单靠一个人哪能行，"单亲教养专家、家庭咨询师利茨·亨尼根说道，"你必须寻求帮助。有史以来，这是我们第一次试着一个人去养大孩子。求人可能是你不得不做的最难的事情，不过，就算你不为自己，也要为你的孩子寻求帮助。对我而言，我不得不计划在一年内为我的女儿第三次换学前班了，而且，我不想再为我3岁半的女儿换另外一次了。终于在学校收费时我鼓起勇气要求学校给予帮助，尽管学校以前从来都没做过这些，但他们答应了！我很受感动。寻求这种帮助是很值得的。现在，几年之后，我把这个经验介绍给上千名咨询者。所以，大胆求助是值得的，当你再次自立的时候，你可以回赠给这个社会更多。当你感觉在挣扎的时候，应该大胆向外界寻求帮助——为了你自己，也为了你的孩子。"

组成教养小组并且迅速寻求咨询。 单亲家长需要了解女儿当前生活的趋向、合乎年龄的行为、时尚、同伴的选择等。单亲父亲可能需要了解合适的穿着风格、花纹、作息时间以及在朋友家过夜的规定等。单亲母亲可能需要听听别人关于怎样操持家务、布置家庭作业、寻求经济援助、管教以及一些其他问题的观点。亲密的朋友、家庭成员、邻居、民政部、教堂和教会成员、咨询师、老师、日托员工都可能支持教养小组成员。

大公司在面临重要的决策时，绝对不会在寻求专业人员的评估和推荐上犹豫。单亲家长在怀疑自己的教养时，同样必须打破让自己孤立的围墙，大胆寻求他人的帮助。然后，相信你自己的内在指导系统，它会告诉你什么是最适合你和你孩子的。

大胆的教养：新时代新社区的栅栏

很多家长觉得很受打击，不仅仅是因为女孩们的令人吃惊的行为，还因为现代生活又复杂又混乱：离婚、单亲家庭、继父母家庭、拥挤的学校、过量的老师、太少的警务人员、过于程序化的司法系统，以及很少有人知道的小胡同，所有这些都让人烦心。由于种族、收入水平、宗教、商业或生活方式等方面的不同，如果青少年期的女儿所交的朋友的父母显得神秘兮兮，那么生活会变得更加复杂，出了问题也就更难应付。我们一边要忙于工作，一边要保持家庭活动。因而要与活跃的女儿保持密切的联系是一个很大的挑战，对即使是最有精力、最有组织能力的人也是一种挑战。如果我们不设置明确、适当的规矩，女孩们就会在没有充分准备的情况下做出选择。这些看起来自由的选择，会很快变成她们的牢狱：其实她们并没有做出人生选择，只是盲目地对外界做出反应。怎样才能设置适合于我们的女儿，还有我们自己的边界呢？下面是一个精彩的故事，将告诉你在印第安纳波利斯的一些大胆的家长是怎么做的。

"当女儿在艾林顿高中上学的时候，她父亲和我为她学校的暴力感到担忧。"琳达·华莱士说道，"上个赛季的第一场足球赛就是由于暴力被迫停止的。我们夫妇同时奔走，本来是可以搬到另一个街区的，但我们的女儿不愿意离开她的好朋友。还有，儿子也快毕业了，所以我们决定留下来，试着去改变学校。

"学校的情况真是糟糕透顶了。由于帮派的干预，大多数社会活动都被迫取消了。后来学校决定举行一次足球比赛，要求几位老师和家长来监督。我和丈夫都去了。老师和家长每个人管理大礼堂的一个区，站在可以看得见的地方。这次活动很成功，只有一些小麻烦。那天晚上我注意到一件很重要的事情：在所有管区中，我丈夫所在的管区表现最好，大家兴趣十足。我想到了一个主意：为什么不聚集一群父亲，穿上写着"保安爸爸"的T恤衫，让他们出现在足球比赛中？结果，很多父亲都喜欢这个主意，愿意参加这个团体，这很让我惊喜。

"那个季节的第一场足球赛，事实上是在跟我们最大的敌人——学校暴力——踢。去年的比赛是在暴动中结束的；今年警察做了最坏的打算。这次比赛是对我们的第一次重大检验。20位'保安爸爸'早早地到了场地，计划着他们的比赛对策，他们分散在看台上。妈妈们则进行协调。这种做法非常漂亮，印第安纳波利斯警局局长感谢我们，说他看到了他以前从未看到过的最精彩的比赛。我儿子现在已经毕业了，他抱怨道：'我在学校的时候，

你怎么不这样做呢？！'

"我们的成功还在继续。4年后，我们的毕业生和他们的家长回来参加这些有趣的舞会、聚会、精彩的演出和表演赛，他们加入了这项工作。大多数家长想做更多的事情，而不仅仅是帮忙烤面包。因此，我成立了一个每天都开放的家长中心。男人们特别喜欢搞点儿新鲜名堂。'保安爸爸和保安妈妈'每周都去学校，他们在走廊上来回走动，还时不时把他们的脑袋伸到教室里。我们和校长商量，做好学校活动日程表，打电话，一起活动。你也许会想，孩子们会因为被这么多家长围着难受，事实恰好相反。在那次也是第一次精彩的演出中，我看到我丈夫用尊重、领导的态度对待孩子。他们也尊重他，把他当作他们的领导。我无意中听到一个高年级男孩吹嘘他爸爸在学校图书馆帮忙。他感到骄傲，因为他的父亲是到图书馆来帮忙，而不是因为儿子惹了麻烦。"

琳达·华莱士和"保安爸爸"是忙于工作的家长们进行团体边界设定的杰出例子，这使得孩子的生活环境更安全。在整个国家，家长们应该团结起来，设定健康的团体边界。琳达·华莱士的创造性、承诺、毅力、组织、精力和时间的投入，使得"保安爸爸"工程成为目前一种有效的组织。它也需要学校当局、老师和相关的家长的合作，比如，负担筹集买T恤衫、打电话、制作日历和计划的钱。琳达·华莱士发现，当他们有着明确的行动计划和详细的任务可以执行时，家长和学校非常乐意帮忙。在琳达·华莱士团体的人变得非常坚强，他们能够阻止威胁到孩子的学校暴力，能够试着用他们以前从来没有试过的方法解决问题。他们的女儿出于某种目的或义务，也加入了这一行列。他们证实了，学校和社区并不是一定有暴力和虐待的地方。

"我女儿还有她的伙伴们是所有这些行动的真正赢家。"琳达·华莱士说道,"她现在上的学校是一所安全的学校,不再有暴力,那里的孩子对在学校上课感到骄傲。一些学生团体每天都来感谢我们,他们也是小组的一部分。"

栅栏：小结

有好的篱笆，才有好的邻居。

口头协议：家长和女儿之间保持的不能引起任何惩罚的口头协议。很少需要提醒，要保持协议需要双方的关注。当协议被打破的时候，需要即时地进行弥补、道歉。保持口头协议的动机是内在的，来自于一种对双方关系的义务感，因此，口头协议最适合9岁以后的女孩。

木栅栏：如果女儿忘了她在家中的协议和应承担的义务，只需要提醒一下她就足够了。木栅栏被用来提高基本的家庭功能。女儿可能因为忘了而偶尔越过边界，因此提醒、给予轻微的处罚或协商是必要的。

橡皮墙：女儿不能自己设置边界时，就需要家长给她设置橡皮墙。她需要一定的空间可以缓冲，做错了可以被拉回来，从而觉得安全，同时也学会了负责任。行为的结果具有更重要的影响。

砖墙：会产生一种相当严厉的后果，用于引起女儿的注意。她需要立刻改变她的思维方式和行为，否则就会陷于麻烦或危险之中。砖墙的目的是在外部权威机构（如青少年犯罪司）出面干预之前，在家庭内部把问题解决掉。

铁栅栏：这种情况下，女儿由于给自己或他人带来危险，需要父母、学校或青少年犯罪司送她去精神病院进行24小时的监督。女儿有可能触犯法律。必须限制她的行动自由。她必须表现出严肃的要学好的愿望，才能重新获得自由、特权、信任和责任。

第七章

情感、思维、意志,明确三重奏发展趋势

> 我们每个人的内心都会有一种愿望,
> 它在等待、在倾听着我们内心真我的声音……
> 那就是我们所拥有的唯一的真正向导。
> 而且,如果你不能听到这种声音,
> 那么你的一生都会有被人牵着鼻子走的感觉。
> ——霍华德·瑟曼,毕业演说,司贝尔曼学院,1981年

强有力的三重奏

我们的文化衡量人的标准是看我们能否做出决策；是看一个人作为生产者，能否为社会做出贡献。按照老套的观点，人们把男人看成是具有理性思考和解决问题能力的人。女人则被认为智力上不够聪明，更容易在情感上迷失，依赖于她们的直觉来解决问题。由于我们非常强调问题解决者的智力和理性，因此很少有人意识到，我们的决策是取决于情感、思维和意志这三种强有力的、导向性的力量。然而，我们常常受到警告，不要为情所困，直觉是不可信的，甚至根本就不存在。因为文化的影响，大多数人都依赖智力来解决问题。当我们把这些信仰教给女孩们时，她们就学会依据这些来做出选择，而不是根据她们自己的内部指导系统。而且，我们否认了她们展现个人力量的权利。

情感、思维和意志，这强有力的三重奏随着女孩的心理发展逐渐觉醒。刚开始的时候，她通过自己身体的五种感官感知环境的信息：品尝、触摸、观看、聆听、嗅闻她身边事物的方方面面。同时，她所知道的一切都渗透着她的直觉，有人把它称为第六感觉。我们把第六感称为不随意感觉，因为我们不能控制信息的出现，它们没有受到注意就进入我们的意识。换句话说，就是我们知道了一件事情，却不知道我们是怎样知道的。例如姑姑就要打电话了，明天会收到一封很重要的信，女孩遇到麻烦了，我们心里就是有这样的感觉，可是说不出理由。幼小的女孩能理解自然世界本身的神秘语言，并在此基础上建立起她的直觉，这种直觉使得女孩能够知道我们不能看到的东西。千万不要让女孩放弃这种直觉。

> 当我第一次降临时，
> 多么像一个天使！
> 这里的一切多么明亮！
> 当我第一次在他的杰作中出现时，
> 啊，那皇冠使我多么辉煌！
> 这个世界，象征着他的永恒，
> 我的灵魂在那里漫步；
> 我所看到的一切，
> 都在和我交谈。
>
> ——托马斯·特拉亨，"奇迹"

在7～9岁乳牙换过之后，女孩发展了初步的概念性思维，可以运用概念思考问题。不幸的是，我们大多数人都没有认识到，女孩的这种理性思维是一个逐渐觉醒的过程，她还不能按我们认为成熟的方式进行思考。事实是，她还远远不能按我们所认为的方式思考。关于她的认识方式，我们给了她混淆的信息。此时期望她能理解我们的推理还为时过早。然而，有时候我们认为她不会知道的事情她却知道,这使我们感到惊奇。

> 在她爸爸和我离婚之前,杰妮开始做这些可怕的噩梦。梦中她被一直孤零零地留在一个巨大的、黑乎乎的地方。我们都很小心,不在她面前讨论离婚的事情,而且,我们真的根本没有公开吵架。那天杰妮黏着我们两个不放。就好像她已经知道了,甚至在我们决定要结束我们的婚姻之前。
>
> ——依瑞娜,3岁的杰妮的母亲

女孩感觉到的是一个世界,成人告诉她的又是一个世界。这两者之间的差别引起了很大的混淆。如果女孩从这种差别中学会了否定自己,否定自己的直觉,她就会开始怀疑自己的认识。如果这种怀疑继续蔓延,就使她们健康的自尊丧失掉。大约在青春期,像"我不知道""你觉得怎样"这样的词语进入了她的会话中。她让别人来填补她们故意忽略的信息。

自尊不足的现象普遍存在于青春期的女孩中间。一种补救的方法就是从她们出生开始,就慢慢地把自信注入她们强大的认识三重奏中,即情感、思维和意志之中。通过倾听,给情感留出一席之地;给她们一定的空间,让她们知道自己的感觉有可能是对的,这会鼓励她们的直觉;在她们有准备时,给她们提供选择和挑战;鼓励她们投入意志,以实现自己的梦想。

第七章
情感、思维、意志，明确三重奏发展趋势

情感生活

情感生活指的是女孩的精神生活和内心世界，包括她的直觉、情绪和情感。女孩要成长为一个完整、健康的女人，获得这些认识方式是至关重要的。

在我们的日常用语中，情感和情绪这两个词是可以互用的。这里先简单说明一下这两种极端复杂的人类反应的区别。情绪是一种纯粹的冲动，例如爱、恨、高兴、悲伤、害怕等，这些冲动不包括思维或意志的卷入。我们对情绪的体验是对事件、记忆、知觉的即时反应。例如，生动的日落，曾经丢失的心爱的照片，或是熟悉的音乐等，都能让我们感动得立即掉下眼泪。只有在后来，在我们的眼泪干了之后，我们才能说清楚我们听那首歌的感觉；才能回想起高中时的舞会，感受到因为一切都已逝去而产生的苦中带甜的伤感。这种后来的伤感的流露就是情感，它是来自内心的信息，开始于原始的情绪，逐渐被思维提炼出来。因此，情感是经过思维加工的情绪。我们在一阵愤怒之后，能够解释为什么我们会感到愤怒，这就是情感。

健康的女孩依据自己内在的指导系统，而不是让别人做出决策和行动。她要学会倾听来自自己内心表白的信号，例如她喜欢什么、要什么，以及她的行为会怎样影响到别人等。她开始理解她内在的欲望，以及她是否依据自己的欲望行事。把情感生活作为气压计，调节身边发生的每一件事情，这使一个女孩有力量成为真正的自我。她要学会对别人做出适当的反应，通过在必要的时候说"不"来设置界限。她能够过自己的生活，而不是仅仅为取悦别人而活着。

传统文化中，女性被赋予了掌控情感生活的责任。最糟的是，现代文化不断刺激男人的进取心和智力而把他们孤立起来，同时使他们的情绪和情感受到压抑。我们现在刚开始意识到，男人必须重新调整自己的心态，否则，想要赢得和征服女人的情感之心，他们就得花毕生的时间。由于男人不了解自己的情感本性，扼杀了任何可以使男女关系变得满意的机会。女人要想和男人有圆满的关系，取决于她小时候能否学会靠近和聆听自己的心声，取决于她是否有信心遵循来自自己的内心的信使。只有两个人情感相通，才能使爱情经得起考验。

尽管我们赞同女性是情感性的，我们还是限制了她们的情绪功能。因为一些情绪和情感是不被社会允许的，所以女性只好压抑它们，使得它们处于部分的盲目状态。结果是，本来她们充满期望地准备自己的旅程，最后却遵循了别人的旅行路线，为了照顾别人的旅行需要，停在她们并不想去的地方。正因为这样，女孩注定要在她想说"不"的时候说"是"，在她想说"是"的时候说"不"，在她真的知道但是不敢说的时候说"不知道"。——因此，女孩需要了解自己的内心。

情感是如何起作用的

情感是如何发展的？这个问题其实很简单。情感的发展遵循可预测的路线，下面的情感曲线显示了这种路线。

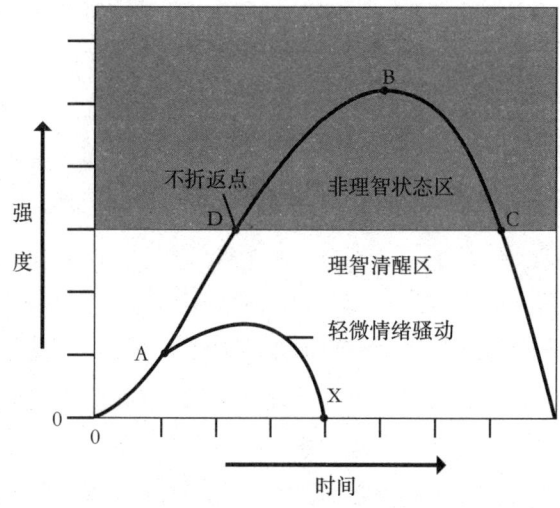

图 1 情感曲线

情绪从强度 A 开始并增长。如果情绪不是很强的话，例如我们只是有点生气，很容易就释放了，然后就转换到平静状态 X。"他那么说确实让我不快，但是那不值得大动肝火。"这种情绪往往只是一闪而过，很快就被释放了，通常不会引起我们的注意。

然而，当情绪很强烈的时候，它的强度会增加，直到我们称为的"不折返点 D"。"我不能相信我的兄弟。告诉他三次在什么时候、什么地方跟我碰头，可他没有露面。我不得不再次坐公共汽车！"现在的情绪是如此之强，直到它达到峰值 B，要释放它到 C 就困难极了。

不折返点 D 很重要。在这点之前，谈话、讨论，甚至不同意都可以，我们还可以操纵我们的智力，或者说是理性的头脑。然而，到达不可逆转点之后，人就会觉得怒发冲冠，情绪的强度到达曲线的最高点,失去了理智,别人企图阻止这种情绪的疯长都不可能。警告!!逻辑思维在这里根本不起任何作用。"我讨厌你老是跟我说不要这样难过!!!看见你,我就要疯了!!"13岁的德博拉说道。跟她讲道理只会引起她的愤怒,使她的情绪更加高涨,因为她的情绪已经进入另外一种状态,我们称之为"非理智状态区"。

在非理智状态区,我们只能体验到情绪激愤。"我尽力不要冲你大叫,妈妈,但我还是叫出来了。"8岁的奇奇在冷静下来之后说。在这里,清晰的理性思维是完全不可能的。情绪在非理智状态区的变化过程是非常刻板的。一旦情绪达到了不折返点D,我们就进入了非理智状态区,我们的情绪就只会朝一个方向发展:一直沿着情感曲线向上达到最高,走完整条情感曲线。

当情绪自然地走完整条情感曲线的时候,它就会得到释放,然后我们就进入"理智清醒区"。这时候,我们就能够反思:我们感觉到了什么?"是的,我明白你的意思,但是我不想停止用我的手势来补充。我担心要是我不那样的话,我会犯错误。"9岁的凯利这样承认。在此之前,她冲着父亲尖叫不要在数学上烦她。当她父亲耐心地等待她的情绪平息下来后,凯利变得体谅多了,更加通融;而仅仅就在片刻之前,她还说恨他,再也不和他说话了。

被情绪带入非理智状态区之后,我们不能把自己的情感表达清楚,也不能描述我们的立场,或是做出决策,这些要在进入到理智清醒区域后才能做。到那时候,我们在非理智状态区说过的话，很可能发生改变。"刚才她还说恨我，"16岁安德丽亚的父亲本说道，"不一会儿，她马上就同意听从我的要求。有时候我觉得，自己就好像在和一个有双重人格的女孩说话！"

我们怎样才能知道，女孩的情绪已经度过了非理智状态区，已经在理智清醒区得到缓释呢？这就需要仔细地倾听和足够的耐心。当她逻辑混乱的时候，她说"不知道"；如果她对我们的意见用脏话来反驳，或是重复自己的话，我们就可以相当肯定，她还不愿意和我们讨论她的观点。她还需要时间。此时我们建议，中止讨论，休息一下，让每一个人都冷静下来，等以后再回过头来讨论这个问题。

情绪上涨、达到最高峰、释放、进入理智情感，所需的时间各不相同。如果让情绪遵循它的自然进程，情绪很快就能从非理智状态区过渡到理智清醒区。值得注意的是，如果我们想要很快就能解决问题，就会破坏女孩情绪发生的自然时间规律，反而会导致情感曲线的再度上升。"他不给我时间让我的情绪得以平静。他从来就是单刀直入，还没有真正理解我刚开始的感受，就告诉我怎样才能处理好自己的问题！他这样做气得我脸色发青。"

怎样度过非理智状态区

倾听，留出表达情感的空间。倾听，不要打断女孩的话，可以给女孩所需要的支持，帮助她的情绪发展成为情感的表达。这个过程会引起8岁以上的女孩的讨论、妥协，让2～7岁的女孩合作。有时候女孩的情绪自然地遵从情感曲线的周期，而在另一些时候,她也需要适当的帮助,以走出激动的情绪状态。

我女儿天生就有一股倔脾气,对事情总是过于认真,这很让我沮丧。在她受到伤害或是感到失望的时候,她会哭啊哭,一直哭下去。最近,她坐在自己房间的地板上抽泣,因为她的朋友回家了,晚上不能和她在一起玩了。我说:"很抱歉,宝贝。我不能帮助你停止哭泣。你只能自己走出这种情绪状态。"她哭叫着:"但是,我不知道怎样才能自己做到。"我问她是否需要一些帮助。她点头了,我建议道:"先对自己说,现在我觉得这事很糟糕,可是我无法改变这种情况。再说,现在我能做些什么好让自己感觉好点呢?可以为自己做点什么事情,或者可以为别人做点什么。"她半睁着眼睛看了我一会儿,然后跟保姆逗乐去了。

——劳拉,7岁的伊丽莎白的母亲

闹脾气、表达情感和使用暴力是三种完全不同的行为。我们可以让情绪走完它们的进程,自然而然地到达顶峰后释放。然后,如果我们不想说什么的话,就算过去了。如果我们有时间思考,想说什么的话,可以用第一人称的方式把情感表达出来。例如,我感到很糟糕,我生气了,我觉得被遗弃了,等等。

除非情绪被中途打断、压制、否定或忽视,否则它是不会伤害别人的。当我们说"没那么糟糕",从而打断女孩的情绪和情感时,她可能会通过压制自己的情绪来取悦我们,或者当场爆发。情绪和情感受到压抑,往往以后还会再度出现。所以不管我们用哪一种方式打断女孩的情绪,我们都在制造一场本来可以避免的情绪爆发。说一些判断性的话,例如"你就不能冷静一会儿"或在她还没准备好之前就提出建议,例如"你应该如何如何做",

或用逻辑思维，例如"要是你用那把小一点的剪刀，你就不会不小心在你的新衣服上剪一个洞了"等都没什么用。这些话都会引起女孩同样的情绪，都不利于疏导她的情感。

父母没必要容忍孩子的暴力、谩骂和恶意中伤。如果女孩可以自由地沿着自己的情绪曲线走完全程，给她时间思考她的感受，让她能够把感受说出来，让她受到尊重和理解，并在必要的时候得到帮助，那么，任何形式的暴力都很少可能发生。

尽快去聆听她的倾诉，放慢解决问题的步伐。有些东西，对我们来说好像浅水中的小石块，一看就透，但对女孩来说却是冰山的一角，更多的部分被埋藏在水下。女孩的情感生活像深不可测的海洋一般，我们倾听的时间越长，对潜伏在水面之下的东西的理解就越多。我们可以帮助她找到一条直接而又安全的航线。

我们没必要认可她的感受。有时候家长担心，如果不加以判断地认可女儿的感受，就暗示着同意她的感受。事实上，对我们观察到的事物做出描述而不是判断，并不表示同意，应该避免让女儿对情感有正确、错误之分。"在你谈到你朋友说的话时，听起来很生气。"描述了我们观察到的现象，让女儿知道，我们关心她说给我们听的事情。至于我们是否理解她为什么有那种感受，或者说我们是否也会有同样的感受，那是另一个问题，而且现在并不重要。能给她的情感生活提供滋养的是我们的关注、倾听并尽可能准确地描述她的体验。

想一想她到底想知道什么。在我们真的情感相通时，可以提一些问题。当女孩问"要是老师冲你大叫，你怎么办"时，不要认为这是公开挑衅，她是想唤起我们自己上学时的痛苦经历。相反，如果我们这样回答："听起来你在生气。"那么我们就可以让她敞开心扉，吐露真情。于是，她可能会轻松地说一句："是的，我生气了，而且，也很尴尬。"

要同情，但是不要过分。"我父亲真的非常努力倾听我的话、理解我，但是在我说话的时候，他上下点头的次数有时太多了！他让我想起那些汽车里的人用项圈圈住头的狗。"13岁的朱丽特笑道。然而，在这个问题上稍微犯点糊涂，总比直接跳着去解决问题、要人领情地去帮助或说服她不要有这种情绪要好。可以这样说："我不知道怎么说才好，我只是知道这样对你真的很难。"无论我们和她是否有同感，这都可以让她知道我们在支持她。

我们有时需要把别人说过的话改动后再说出来，以便说明我们听懂了对方的意思。但在倾听女儿诉说时，不要过多使用这种技巧，因为在安慰女儿的过程中，我们可能会看不清她究竟在告诉我们什么。有时候我们不知不觉地安抚起我们自己内心的恐惧和受到的伤害，并不是在安抚女儿内心的恐惧和受到的伤害。如果我们被女儿的情感所压倒，那就要提醒自己退后一点，放慢速度，或者暂停一下。

建议要适可而止。女儿确实需要听听我们的想法，也经常需要我们的建议。给他们提建议要慎重，要确保她不在非理智状态区内。只有充分理解并选择恰当，我们的建议才起作用，当女儿真正需要时才会来找我们帮助或给她出主意。

宽容和坚定很重要。我们毕竟是人，不是神，做父母的道路并不平坦。不过，只有当我们放弃尝试时才算真的失败。当我们错过了解别人是如何原谅女孩的机会时，不要太紧张。通往成功亲子关系的道路是曲折的，并不意味着我们走的路是不对的。

非理智状态区的教养

比尔·寇思毕的剧中有这样一幕让人记忆深刻，父亲霍克斯特布尔上楼到女儿的房间，声音嘶哑地说："你母亲让我到这里来把你杀……了。在我杀……你之前，你想知道为什么吗？"霍克斯特布尔心里明白，当父母心烦和灰心丧气时设定的处罚后果是最糟糕的。由此给我们带来的麻烦会远远大于我们教会孩子自我调节所付出的努力。在当地超市门口排队的15个家长列出了一些在非理智状态下家长失态的例子，下面就是其中最常见的四种失态的例子。我们很多人还可以根据自己的经验列出更多的例子。

四种最常见的教养失态
1. 我现在管你是为了你将来好！
2. 上床去！永远别起来了！
3. 一点也不许剩，吃不完就别站起来。
4. 我永远不再 _____ （根据实际情况家长自己填上合适的）。

要在理智清醒状态下设定处罚条例。若干年后我们可能会笑话自己当年的教养失态，觉得那样很不合适、很傻。因为在非理智状态下突然做出的判断是很难站得住脚的，所以难以坚持到底。

而女儿却觉得我们说话不当真。

在我意识到女儿根本不相信我说的任何事情以前，我有一个很糟糕的习惯，就是先做后想。我经常给她立很严格的规矩，但她知道我最终会放弃，她仍可以逍遥法外。在我出手打她之前，我终于控制住了自己的愤怒。第二天，我告诉凯茜和她的朋友，如果她们不立刻收拾好玩具，这些玩具会在车库的一个箱子里面待一整天。我听到凯茜小声说："我们赶紧吧，他说话当真。"她记得上周这样的事情发生过。天哪，我们两个都变了。

——纳德，9岁的凯茜的父亲

合适的时间、清醒的思维。在头脑冷静的时候设立限制和相应的惩罚措施可以避免不必要的混乱、冲突和焦虑。

珍妮：当我意识到，我没必要当场就立刻做出反应时，我能够有更多的时间思考。女儿的行为究竟意味着什么？我可以考虑，为了帮助女儿自律，需要采取什么样的干预措施？冷静下来之后，批评和评判就会减少，也更容易和她沟通。当然，如果她真的很小，就需要我立即做出反应，否则，等得太长了，给她引起的焦虑就会太大。等她长大了，我们都同意，可以在双方都冷静下来之后再回过头来考虑那些事情。

情绪和情感的抑制：短时存储

人类的情绪能量是如何起作用的？情感曲线只是对这个问题的一个简化的描述。情绪并不总是像情感曲线预测的那样准确，先上涨然后回落到智力清醒状态。如果总是认为情绪遵循这种可预测的模式，我们就会以为自己已经完全弄明白了情绪的发展趋势。然而，当女儿表现出一些新的行为时，我们就陷入茫然：下一步该怎么办？

情感生活非常复杂，远非情绪曲线所预测的那么简单，因为我们可以选择表达情绪、隐忍不发或是将情绪压抑至潜意识之中。如果情绪沿着情感曲线攀升，然后释放到清晰思维区域，这种情绪就是有意识的、经过思维加工的情绪。这种情绪让我们知道，我们还联系在一起；它们还告诉我们，我们遇到麻烦了、恋爱了或是迷路了。

在不能恰当地表达和处理情感的情况下，我们就会闹情绪。在公司担任项目经理的艾黎西亚抱怨道："老板让我好沮丧。她使得这项工程比它本来的难度大两倍。不过，现在我得先面对最后期限。等以后，我一定要告诉她我当时的感觉！"我们都曾经和艾黎西亚有过类似的处境。我们对自己的体会感觉很强烈，但是我们必须把自己的情绪和情感暂时放在一边，先完成手头的任务。这种把我们的情绪和情感暂时放在一边的行为就叫作压抑或隐忍不发。

隐忍不发之后，我们的感觉仍然很强烈，要知道我们的情绪仍然还在，但是我们有意识地把它们放在了一边，集中精神做首先需要做的事情。时间适当的时候，我们就把它们从临时储藏库中提取出来，仔细考虑，看是否把它们表达出来，并加以处理。

莎莉今天早上醒来，号叫着说她憎恨上学，她再也不想上学了。我发现，由于她的老师已经缩短了自由玩耍的时间，虽然她以前非常高兴地渴望上学，现在却感到恐惧了。她试着在学校表现得好一些，但是在使她感到安全的家里，她的情感就爆发出来了。

——卡伦，7岁的莎莉的母亲

在学校有别人在的时候，要表达她的情感，莎莉会觉得不舒服。她内在的引导系统在一定程度让她意识到，她要等回到家里再发泄自己的情绪。这种情绪拖延是有益的，因为我们不能总是一有情绪就发作。忍耐可以使孩子度过难以抗拒的情境，以最好的方式生存，回到安全的家里，投入到我们的怀抱。

因此，隐忍是一种情绪延缓。情绪或者情感被有意识地存储在一个临时的情绪/情感储藏库中，直到合适的时机出现，它才可以完成情感曲线的过程。因此，我们才会对这个问题进行清晰思考。

情绪/情感延缓也有不利的一面

压抑情绪和情感需要花费我们很多的精力。设想有一罐剃须膏，试图阻止情绪/情感，就好像试图阻止从罐子里面涌出来的剃须膏一样。我们一旦按下了按钮，它就会自动地流出来。在努力压抑一种情绪/情感之后，我们感到疲劳、易激惹或是不安。如果我们把它冷藏得太久了，就会有碰到一些很细微的事就大发作的危险。慢慢地，受到压抑的情绪/情感逐渐膨胀，这会使我们感到痛苦，于是我们就不能在任何事情上集中注意力。

当我们想要忽视内心的这种"野兽"时，它就会在争论时、就寝时，或是跟它毫无关系的说话中冒出来。受到压抑的情绪/情感本身有一个定时器，它们只能关闭一定的时间。情绪/情感的本性就是要被释放、被消耗。无论我们是否愿意，它都会悄悄地出现在我们的日常生活中，需要得到我们的注意。贮藏只是暂时的，期限总会到的。

年龄不同，压抑情绪/情感的能力也不同。女孩从出生到7岁自动地体会自己的情绪，几乎没有能力把它储存到一边，她们的情绪实际上是爆发出来的。当2岁的珍妮被留在汽车里，眼巴巴地看着母亲离去时，她立刻号啕大哭。1分钟之后，母亲回到汽车里，珍妮还接着哭。她的害怕或是受到抛弃的情绪立刻爆发，很快走完了情感曲线的全程，直到她确信母亲不会再离开她了为止。即使到了7岁，情绪仍然要自由地流露出来。只有严重的惊吓或虐待，才会阻止年幼孩子的情绪表达。

大一点的女孩在遇到困难时，情绪/情感拖延的时间要长一些。她可以表现得很好，遇到困难时说自己很好，但是她还不能表达自己的内心。我们需要时不时地检查一下，给她机会，让她表达对困难事件的剩余情绪/情感。压抑是健康人类的一种生存能力，可以使女儿在情感上有一定的适应性和选择性。如果我们证明自己是开放的和善于理解人的，那么，她最终会信任我们的。

怎样处理受到压抑的情感

坦诚对待女儿迅速变化的情绪状态。女儿的日常生活有许多我们常常一无所知的事情。我们必须信任她，让她把遇到的问题带到我们面前。女儿一遇到麻烦，大多数人立刻就能知道，但是女儿的反应却随着她的长大而发生变化。

珍妮：当我女儿长到十几岁时，要她把自己的感觉说出来就更困难了。幸好我还能记得我在那个年龄的感受，这让我理解她，所有那些感受是多么令人沮丧和困惑。当我情绪高涨时，通常自相矛盾，而且不讲道理。要我把这种情绪，哪怕就一点点说出来都做不到。我通常会冲母亲咆哮，说她不理解我，然后结束争吵。这就是事实！我可怜的母亲。几年后母亲告诉我，在那些争吵中，她只是走进自己的房间哭泣。

为处理情绪/情感做出榜样。要学会让情绪/情感发泄出来，最好的办法是观察我们的父母是怎么做的。对重要的事情我们会有强烈的情绪/情感，它是根据我们内在的情绪发展进程分阶段释放的。当我们准备好了、觉得安全或者是情绪充盈即将爆发时，我们的情绪就会露出真相。观察别人在准备好的时候，是如何表达他们的情绪/情感的，然后我们就能做到，让女儿按照她内在的时间进程说出自己的感受。

唐：在我给一些心里藏着秘密的年轻女孩做治疗时，我经常说："请不要告诉我你的秘密，（停顿很长时间之后）除非你准备好了。不要担心打断我。只管说出来好了。但是，如果你没准备好，就不要告诉我。"通常在谈话的最后，她们告诉我了——按照她们自己的时间进程。

压入潜意识的情绪和情感：长时存储

> "压入潜意识"：把痛苦或不喜欢的想法、记忆、情感或冲动等拒绝在意识之外。
>
> ——朗道英语家庭词典

与有意识的、隐忍不发的情绪/情感不同，压入潜意识的情绪/情感不能再被大脑意识到。它被深深地挤进了无意识领域，它可能引起的可怕行为被隐藏在我们的知觉之外，我们觉察不到。我们过去经历的很多事，由此产生的情绪/情感由于太痛苦，不能忍受而被自己压入潜意识。或者是因为我们太小，或者是因为不堪重负，我们无法理智地处理自己的情绪。

当年幼的女孩们还没有成熟到足以处理强烈情绪的程度时，她们的心灵只好把强烈的愤怒和其他威胁性的情绪压入潜意识。这就像 60 瓦的灯泡承受着 320 瓦的功率一样。女孩们觉得，面带微笑，就好像什么事情都没有发生过一样，这样更安全。除非父母或是其他可信任的成人帮助女孩们把情绪引出来，否则，她们的情绪就一直被活生生地埋藏在内心深处。

把因创伤性的事件引起的恐惧或痛苦压入潜意识，可以使我们能够应付一些难以承受的情境。情绪/情感被深深地埋藏着，直到将来有一件事把它唤醒；然后，它就一点一滴地，或是整个地从记忆中冒出来。就像一瓶酒封装许多年之后味道仍然浓郁，被压入潜意识的愤怒或恐慌等情绪/情感也像刚开始一样强烈，隐藏在长时记忆中，不能被我们意识到。

我们有很多人在带着被压入潜意识的情绪/情感度过了好多年。我们没有意识到，它在我们不知道的情况下，不知不觉地影响着我们的日常生活。可以说，我们和一个隐藏在我们内部的强大的独裁者生活在一起，它把我们控制得像绳子上的傀儡一样。有时候，我们可能不希望像前一次那样做出反应，而且我们还打算，下次做的要跟上次不一样，但是到了下一次的时候，我们还是不能控制自己，重蹈覆辙。

每当我丈夫生气的时候，我就发抖，想跑开。

——维基，35 岁

当男性朋友与我友好拥抱的时候，我感觉很好；但是当他想把我带上床，我就会消失！

——辛迪，28 岁

要是我的大儿子对他的小妹妹过分地动手动脚，我会非常生气，甚至不能对自己的行为负责。

——法拉，41 岁

要是我对丈夫所做的事情做任何批评的话，他就会拉下脸来，跟我撕破脸皮。

——陆琳，22 岁

为了处理她对 4 岁女儿的愤怒，35 岁的维基开始接受治疗。她坦率地承认："我对女儿的一些非常细小的事情都会情绪失控。在我要求她收拾衣服、玩具之后，要是看到她还没收起来，我就会爆发，冲她叫喊，甚至过去打她。然后，我全身发抖，几个小时内不能平静下来；而且我还会感到很内疚。我好像不能自控。奇怪的是，当我丈夫冲我发火的时候，我的感觉和女儿的感觉一样：非常渺小、无助，很糟糕。"

在治疗过程中，维基发现了她童年时代被压入潜意识中的记忆。她的父亲因失业，不能给家庭提供足够的供给，而让整个家庭陷入困境。在照料5岁的维基和她的弟弟时，父亲经常大发雷霆。每当维基哭着求她父亲不要再喊叫的时候，父亲就嘲笑她的脆弱。他的心态总是带着痛苦，跟以前维基所依赖的那个温和的父亲性格完全不同，于是她忽略了父亲对自己的攻击，在日常行为中，表现得就像没有任何不愉快的事情发生过。她面带微笑，在家里她善于合作，是个好帮手。因此，她对自己在家里的早年经历记忆非常少，她对自己为什么会对女儿的行为和丈夫的愤怒有那样的反应感到困惑不解。当她的记忆重新涌现的时候，她非常同情小时候的自己，那个被她父亲的愤怒和指责吓坏了的小女孩。

由于被压入潜意识的情绪/情感和记忆的影响，维基的内在指导系统发生了差错。恐惧和痛苦的情绪太重了，以至于她不能承受，而她父亲又拒绝处理它，因此，它就被深深地压入了潜意识的长时记忆中。

情感箱

我们用维基的童年经历来说明情感箱的概念。设想我们每个人内部都带着一个箱子，情绪/情感就在箱子的里面或外面。孩提时体验到的被允许的情绪/情感就进了情感箱，我们很容易接近它。而那些因各种原因不被父母允许的情绪/情感就落在情感箱的外面，我们要找到它很困难。害怕、恐慌、脆弱在维基的家里是不被允许的，她的生存依赖于微笑和乐于帮助。她学会了两种反应：乐于帮助或是变得生气。"我要么是一个懦弱者，要么是个暴君。"今天的维基笑着说，"我奉承任何我认为比我知道得多的人，或者，如果他们比我弱小，比如像我女儿，我就完全地支配他们。"维基的情感箱就像图2。

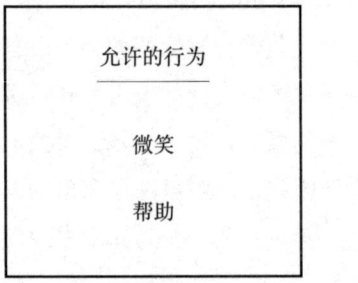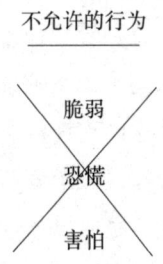

图 2 治疗前维基的情感箱

"治疗让我明白为什么我不懂得感受害怕和恐慌。现在当我变得乐于助人的时候，我就知道，自己对某个人要么是害怕，要么是生气。我可以停止微笑，表现新的果断的自我。"在被压入潜意识的情感得到治愈后，维基的情感箱就变成了图3。

图 3 治疗后维基的情感箱

教女孩尊重愤怒

愤怒是一种经常被留在家庭的情感箱之外的情绪。由于传统文化认为女孩应该友善，因此，在如何建设性地学会倾听和表达自己的愤怒方面，女孩需要帮助。由于生理和心理的影响使得她们本能地倾向于关系，很多女孩学会了不要由于表现出不合适和冲突的情绪/情感而伤害关系。很多女孩学会了伤心或者是顺从，而不是发怒和生气，这就忽略了愤怒能给女孩提供内部信号的重要性。愤怒说："这对我很重要！""这是有意义的！""这里有什么不对劲！"理解愤怒可以使女孩有能力照顾好自己，或是有能力寻求他人的帮助。确认和尊重女孩的愤怒有助于建立一种健康的内部指导系统。

不幸的是，充满或忽视像愤怒那样的强烈情绪，在严重的情况下会导致一系列的生理反应，例如胃疼、头痛。年幼女孩有时候会过度眨眼、咬指甲，或是在更严重的情况下尿床。大一点的女孩可能会通过不吃饭、违反禁宵的规定（晚上不按时回家）、周期性地生病、变得沮丧等表示她们的愤怒。这些症状并不总是意味着潜在的愤怒，但是，它们确实表明一个女孩潜在的不能表达的情感，即因受到惩罚、被认为是坏孩子或给别人惹了麻烦而产生的恐惧。

女孩学习愤怒的最好方法是，和一个能健康、直接地表达自己情感的人生活在一起，以她为榜样。当女孩看到，愤怒是通过残酷或是嘲笑的方式表达出来的，她就学会了残酷或者顺从，以便避免愤怒的冲击；相反，当愤怒被看作是一种自然的情绪流露，需要倾听、小心使用时，她就学会了尊重它的信息，采取建设性的措施来改变或改善关系或情况。关于愤怒，在教女孩时，下面的一些建议是很有益的：

了解愤怒是什么。我们多数人在面对自己的愤怒和处理他人的愤怒时，都有一些原则。作为孩子，我们许多人在受到伤害时发怒。愤怒掩盖了我们受到的伤害，而攻击别人使我们觉得自己不那么脆弱。因此，许多成人继续使用愤怒来掩盖自己受到伤害和脆弱的情感。这时候我们就需要看一点相关的书籍，参加培训班和治疗，以了解与愤怒有关的情感。在倾听自己的愤怒告诉了我们什么，以及是否、何时和如何告诉大家自己的感受等方面进行有意识的练习，可以使我们更好地成为女儿的榜样。

检查自己是不是有问题，而不是女儿有没有问题。"你说了会收拾好自己的鞋子的，但你没有。这让我很生气。"和"我都告诉你多少次了，把鞋子放到你自己的房间去！"所表达的意思是完全不同的。第一种说法清晰地指出了我们和女儿之间的问题。第二种说法，让人推断，她没有做我们要她做的事情，所以她很蠢。在不重视女性的文化中，如果我们不直接表达，女孩会觉得受到奚落。使用"当你……时，我感到生气"这样的句子，开放的情感交流就有了更多的机会，有助于女孩学会清晰、直接、干脆地说出她的愤怒，而不需要躲躲藏藏、不伤害别人或自我保护。

愤怒不等于暴力。我们许多人害怕愤怒，因为在我们过去的经验中，它总是导致暴力。出于愤怒而打女儿是没有道理的；它只能让女儿觉得在成人面前自己多么渺小、无助，以及在她生气的时候也要打人。看到父母生气了，还能一起把事情处理好，可以给女儿树立一个榜样，即愤怒并不一定会变成暴力。女孩尤其需要看到母亲的榜样行为，例如母亲为自己站出来，清晰、诚实地说出她的愤怒情感。倾听所有的情感，包括积极的和消极的，表示我们愿意解决问题，重视关系及关系中的人，这样可以避免因愤怒而造成的伤害。

为愤怒提供安全地带。对愤怒的老式表达就是"见红"，就像公牛见了红斗篷一样。这很恰当地描述了在我们没有经过思考就发作的情绪。有时候情绪太激动，以至于我们所看到的一切都是红、红、红！在这种情况下，我们需要一面"白旗"，暂停，或一个安全区，以便在我们稍加冷静、数到10或集中思想以后再来处理。为阻止情绪伤害或是身体暴力，制定一些愤怒时的家庭规则可能是明智的。父母生气的时候，我们可以要求暂时中止争论。办法很简单：说我们需要休息一会儿，或者仅仅就是走开。女儿生气的时候，我们可以通过让她在离我们很近，但是不在一起的安静的空间待一会儿，帮助她控制自己的愤怒，那样她就能冷静下来了。如果这样，她就得到这样的信息："我们都需要休息，但是我们仍然保持着关系。"她知道了，愤怒会发生，也会消失；愤怒是一种需要尊重的情绪，在我们愤怒的时候，亲子关系却没有发生变化。

当引起创伤的事件发生时

"生活是艰难的。"畅销书《少有人走的路》（*The Road Less Traveled*）的作者斯科特·派克博士写道。他断言由于各种艰辛，生活就变得很简单了。我们尽可能多地选择快乐，以避免痛苦，结果发现生活失去了意义。我们感觉空虚。派克博士建议，面对生活中的艰辛，我们不是要在快乐和痛苦之间进行选择，而是要在无意义的痛苦和有意义的痛苦之间进行选择。当我们放开那些对我们没有意义的活动，选择参加对我们有意义的事业时，我们的生活就会突然有了目标，而这些目标是我们以前没有感觉到的。

> 致力量
> 心灵的渴望就像种子，
> 意志的种子在此生长，
> 生命的果实在此成熟。
> 我能感到自己的命运，而命运也找到了我。
> 我能感到自己的星宿，而星宿也找到了我。
> 我能感到自己的目标，而目标也找到了我。
> 这个世界和我的灵魂，是一个大的整体。
> 我的生活越来越闪亮，
> 我的生活越来越艰难，
> 我的内心因此而更加丰富。
>
> ——鲁道夫·斯坦纳

我们都想保护女儿不受伤害，却发现总是不能消除她的痛苦。我们事先准备了的最好的计划总是不可避免地被生活的艰辛所改变。当我们告诉女儿，如何通过选择有意义的道路来面对颠簸时，我们就赋予了她力量，让她们积极地生活，而不只是不断地对发生在她身上的事做出反应。选择有意义的生活，有时候意味着结束婚姻、辞职、转学、说出自己的秘密。如果我们在面对伤害性的事件时，学会开放性地体验人类情绪的全部过程，那么我们就能在愤怒、悲伤、震惊和苦难中找到价值。当伤害性的事件在女儿的生活中发生时，我们能给她最好的支持，就是帮助她找到这些经历的价值。

立刻倾听她的情感以及事件的真相。

唐： 1989年旧金山地震之后，我在一所学校做儿童工作。我发现，如果那些孩子越能谈论、越能行动，并从他们经历的事情中吸取经验教训，那么地震对他们产生的后遗症就越少。而那些由于各种原因不能讲述自己故事的孩子，受到创伤后有一些共同症状，做噩梦、睡眠失调，以及在学校和家里出现各种行为问题。

有了体验，内在的力量才能发展。 为了保护女儿，我们希望能够避免一些创伤性的事件，比如离婚、爱人的去世、转学、身体虚弱和生活方式的突然转换等。然而，我们最好的保护是给她支持，使她能正确理解这些创伤性的事件。给她提供机会，让她能够通过艺术、游戏、会话和临终关怀等形式释放自己的情感。这都可以减少被压入潜意识的情绪，增加健康适应的可能性。

压入潜意识的程度和年龄有关。 女儿的年龄越小，她的情绪／情感被压入潜意识的速度就越快。感谢上帝，人类的心灵特性保护了婴儿。她们的神经系统太敏感了，不能加工在她们幼小的生命里出现的无数事件。这些事件对我们来说好像不构成危害，但对她们来说却是。例如，通过长时间的睡眠，她们阻挡和拒绝了大多数体验,当因为睡眠而错过喂奶时,她们就通过哭和各种动作来释放受到的伤害。

我很纳闷儿,为什么每次我带贝琳达去商场,我们回家之后贝琳达都会哭几个小时。她应该喜欢商场吧?或者只是我自己这么认为?她盯着每一样东西瞧,眼睛睁得又大又圆。后来我看到了《养育儿子》中的一部分,上面提到要保护我们年幼的孩子,避免太多的刺激,例如太亮的灯光、很大的噪声、刺目的颜色、过多的人群、机器等,然后我就明白了为什么贝琳达在回家之后不得不哭叫。她不得不处理所有那些感觉轰炸!现在我出去购物的时候让她跟爸爸在一起。于是我们都快乐多了。

——萨利,16个月的贝琳达的母亲,31岁

在女孩们有能力用言语表达自己的情感之后,我们就更能帮助她们处理伤害性事件了。她们可以应付更强烈的事件;她们不再像婴儿那样,总是觉得受到各种事件的狂轰滥炸了。我们通过走路、摇摆和拥抱使婴儿安静下来。大一些的女儿,虽然也需要拥抱和摇摆,但主要通过成人的倾听、支持和重视她们的情感而得到安慰。例如,"你被那条糟糕、丑陋的狗吓着了。""你憎恨老师让你在全班同学面前出丑。""初恋不成功,让你伤心了。"

梦、梦魇和夜惊

受到压抑的情绪/情感和被压入潜意识的情绪/情感,以及日常生活中的紧张性刺激,在女孩的梦中开始活跃起来。做梦是大脑无意识的一个重要功能,管理着无比复杂的精神世界:情绪/情感/直觉。梦是我们内在指导系统的一部分,可以解决威胁到我

们意识的那些情绪、情感和体验。通过梦，我们处理日常的焦虑、害怕和遇到的挑战。做梦减轻了过去被压入潜意识的记忆、情绪/情感对我们的消极影响。我们欣慰地发现，自己身上那聪慧的、无意识的部分在晚上为我们工作，治愈我们清醒时留下的创伤。

当女孩的睡眠受到做梦过多的干扰时，她的无意识就在发出信号：大脑中有太多的东西仅仅靠梦来解决是不可能了。她可能醒来时记不住自己的梦，但是她害怕回到睡眠中。可怕的事情在她睡眠中出现，把她惊醒，早晨又被忘记，在第二天晚上又回来。夜惊，比梦魇更可怕，在女儿醒来之后还会继续，需要家长耐心地安慰她，才能让她再次入睡。睡眠紊乱、梦游、梦魇和夜惊通常是由未解决的、被压入潜意识的情绪/情感引起的。

父母如何做

梦是内在指导系统中很重要的一部分。睡眠问题表明无意识在试图进行自我治愈，但是需要一些外来的帮助。梦是天然的、内在的治疗师，以下这些方针有助于我们正确评价梦魇、睡眠中断、夜惊，发现其背后的真实意图，为女儿提供建设性的方法来协助她的这种天然的、内在的治疗师。

问那些负责照料女儿的人，现在，女儿在学校或日托中心都有些什么问题。 在我们意识不到的情况下，生活常规的细小变化可以深深地干扰女孩。问问其他长时间跟她在一起的人，我们应该重视他们的意见，他们可能会对造成女儿梦魇的原因提供线索。

多了解睡眠问题方面的知识。到图书馆和当地的书店看一看，查找一些关于孩子睡眠干扰的资料。一定要记住，不同的资料来源可能会提供相互矛盾的建议，但是知道得更多一些，可以让我们更好地了解女儿身上究竟发生了什么。根据女孩的年龄和她受到干扰的事情的性质，来选择更为有效的方法。

倾听。让女儿梦中的幻境在她记起来的时候慢慢展开，让她按照自己的速度，用她自己的话来讲述自己的梦境。让女儿知道，我们愿意听她倾诉任何事情，这样在说出可能很痛苦、很可怕的经历时，她会感到安全。她可能对自己记得的画面感到内疚或者困惑。让这些画面展现在父母面前，得到理解，有助于减轻她受到的伤害。

只要这个世上还有一个人能真正地倾听我们诉说和我们一同感受，我们就能坚持下去。

——阿德尔·法博和伊莱娜·马资立希
《解放父母，解放孩子》（Liberated Parents, Liberated Children）

理解她的梦中话语。有时候，大人过早地对梦中的形象给出表面解释。要是女孩吐露，天空是红色的，我们最好不要违背她的话，而是点头表示，"嗯嗯。"她在用梦的话语表达，她看到的是来自她内心深层的信息；而梦的世界里的事物通常都是不现实的。

不要解释梦的含义。只有做梦者才知道她的梦的含义，即使她没有意识到也没关系。有时候把梦讲出来就可以清除被压入潜意识的东西。我们可以放心，无意识会把该做的事情做完，尽管这个过程可能显得很漫长。

观察女儿的想象游戏。女儿在她们的创造性游戏中再演日常生活的体验。就像梦的功能一样，白日梦和幻想游戏也可以帮助女儿适应日常生活中的困境。女儿身上不断重复出现的问题，是那些无意识中隐藏着的一些烦人的东西。通过摆弄玩具把它们表现出来，女儿就能更好地控制它们；晚上觉得恐怖的东西，在白天的游戏中就变得容易操纵了。

当列娅深爱的祖父去世的时候，我很担心，不知她会怎样面对祖父的去世。好几天她都在玩一个小娃娃，这个小娃娃总是让我想起一个小丑。她一遍又一遍地表演一个小游戏。"现在小女孩去她祖父那儿了，他们一起去马戏团，后来，他就死了。"过了好久，我才意识到，那个小娃娃让列娅想到一个小丑。她和她祖父在马戏团中，曾经看到过一个脸上有着很多泪水的小丑。

——玛格丽特，5岁的列娅的母亲

帮助她保存梦的日记。梦的日记吸引着许多8岁以后的女孩，可以说梦的日记是一种有远见的做法，可以处理烦恼和记录生动的梦境。可以用语言或用语言和图画结合，也可以只用图画的方式把梦境记录下来。花多少时间记录和润色，取决于我们认为梦对她的影响有多大和多重要。让我们都来重视她的内在指导系统的作用，把梦魇和夜惊当作一剂良药，当作成长的一种潜在力量。

玛茜在床上大哭，把我吵醒。那是凌晨2点，我跌跌撞撞跑到她的房间。我抱起她的时候,她告诉我她做噩梦了。这已经是本周第3次了。在她能够再次入睡之后,我毫无睡意,赶紧把她告诉我的梦魇记录下来。第二天早上,我们一起讨论她的梦,我跟她讲了我记录下来的东西。我们决定写一个梦的日记。对一个7岁的女孩来说,她做得很好。她每天晚上害怕的东西,却成了我们两个都希望完成的有趣的事情。每天早餐之前,她描述她的梦里的图像,给我讲它们的故事。通常它们对我绝对没有任何意义,但她却真的被这一过程迷住了。她开始讲述她所有的梦,不仅仅是让她烦恼的梦。大约3周之后,她的梦魇停止了。我们并不知道究竟是怎么回事,但是她走出了困境。现在有了一个奇妙的工具,就是被她称为"梦之书"的工具在帮助她自己。

——艾瑟,7岁的玛茜的母亲

帮助她梦到还没做完的梦。著名心理学家卡尔·荣格认为,给没有做完的梦一个结局,或者是把烦人的梦变成一个故事,有助于完成梦的工作。当女孩愿意的时候,帮助她用童话的方式讲述梦的故事。童话故事有一般的格式。通常这样开始:"很久以前……"介绍人物的时候,"有一个……"然后开始讲问题,当问题太难不能解决的时候,一切看起来似乎失败了。接着讲,"后来有一天……"然后出现了一个很让人惊奇的解决方法,故事就结束了。童话故事很重要的一个特点就是总是能得到帮助,如仙女教母、有魔法的小矮人、神犬魔法石等,最后产生令人满意的结果。于是在遇到困难的时候,她就会确信她不是一个孤零零的人。童话故事非常适合解决让人心烦的梦,因为它们使用的是心灵的语言。

在必要的时候可以考虑让她和大人一起睡。到现在,人类一直喜欢睡在一起,那样很温暖、安全。要是我们躺在黑暗之中的床上,远离他人,我们会感到孤独、害怕。当梦魇把我们惊醒的时候,一想到要一个人重新回去独自睡觉,就会觉得特别困难而且害怕。当女儿爬进父母的宽大、诱人、温暖、安全、舒适的床上时,父母一定要理解女儿。当然这可能不适合所有的家庭。对成人来说,不睡觉绝不是什么小事情,我们都有自己受到局限的时候。所以,完全有必要让女儿和我们一起睡,这会对女儿有好处。还记得那有多舒服吗?

当我们尽了最大努力还是不起作用时

有时,无论我们做了什么,尽管我们尽了最大的努力,但还是对生活环境和女儿遇到的问题毫无用处。我们认识的一个父亲在帮助他的女儿莫里塔处理梦魇时就遇到了困难。他安抚伤心、害怕的孩子的能力给我们留下了很深的印象。然而,在他妻子去世两年之后,他唯一的女儿几乎完全不能安静地度过一个晚上。"每天晚上上床之前她就会变得恐慌,"曼纽尔说道,"她说有一些吓人的想法不断在她脑海里转来转去。她睡得很晚,因为她担心有人会把她带走。在她最后确实睡着的时候,梦魇又把她从恐怖中惊醒。她非常害怕,甚至不愿意做以前在她睡眠不好的时候,我们一起做过的事情。"最后,曼纽尔决定,莫里塔的问题他们俩无法自己解决了,他们要向专业人员求助。

怎样为睡眠问题向治疗师求助

谨慎选择治疗师。向孩子的老师、管理人员、学校咨询师等人请教，哪些治疗师成功地治疗过儿童的睡眠障碍。可以向他们请教成功的治疗经验。

选择的治疗师要会用适合于梦的语言和方法。在解决梦魇、夜惊等问题时，有很多有效的方法。其中对年幼儿童最有效的方法包括绘画、玩沙子、讲故事、想象和其他一些可以深入到无意识中去的方法，例如眼动脱敏再生技术或是催眠。这些方法都是很有效的，因为它们与梦的世界直接对话，而在梦中，未解决的情感是很容易接近的。

要积极参与治疗。问题出现的时候，往往不是家庭中某一个人的问题。在成人面临创伤性的情境时，例如离婚、收入低、家中有人生重病、换工作等，女儿就可能感受到我们的压力，并因此引起睡眠紊乱。孩子们通常是家庭事件的"晴雨表"，她们的行为是一种线索，暗示我们需要寻求帮助，以度过生活中的困难时期。全家协同作战，而不只盯着女儿的睡眠问题，往往很快见效，而且效果持久。

直觉：真实的声音

有一种精神世界
与观察到的经验世界共存，
而且，你不得不跟那个世界相连……
你不必用水晶球，虽然你可能想要一个；
但是，你确实清醒了自己的头脑，
听到了没有说过的话，

第七章

情感、思维、意志，明确三重奏发展趋势

看到了不存在的事物。

——尼尔逊·德米尔，《将军的女儿》(The General's Daughter)

尽管我们想让直觉这种不随意的感觉有一个适当的位置，但在我们真实的情感生活中，它的名声并不好。一方面，以当今流行的方式，我们说："是啊。我就要'直觉'到这个月的房租了。银行就喜欢这个！"另一方面，我们觉得奇怪，"当我给她打电话的时候，我是怎么知道要打电话的？"我们的文化经常轻视直觉，把它说成是一种古怪、魔法、女性化的东西或是新时代的时尚。然而，人类的确有直觉。说心里话，我们大家都体验过这种感觉。《旧约全书》(Old Testament)把它说成是来自上帝的宁静而微弱的声音。有些人把它说成是一种预感或本能的感觉。在我们想告诉朋友们自己的直觉时，我们通常用这样的开场白："你可能觉得我疯了，但是……"无论我们是否有意识地遵循自己的直觉信息，它每天都在用寂静的、微弱的声音对我们诉说。

来自直觉的信息，形式是多样的。一种突然的顿悟；强烈的身体感觉体验；用心灵的眼睛"看"到的画面；别人会梦见我们的信息。

我真的有一种很强的感觉，我应该去看看我的弟弟！我的身体就带着我到了他的房间。果然，他被玩具箱困住了！我把他拉了出来。

——14岁的阿莉娜

我们的物理老师决定在班上介绍量子物理理论。一些男孩很快就理解了。我通常很擅长这样的知识，但是我就是没弄明白：能量既是粒子，也是波？突然，灵光一闪，我能在脑海里描述它了。

——16岁的莉

要去新的学校了，我真的很担心，担心可能交不到新朋友，找不到我的班级等所有的事情。在开学头一天晚上，我梦见我到了一个新的超市，发现了各种新的食品，它们尝起来非常可口。我吃啊，吃啊，吃。然后，我醒了。这听起来很奇怪，但是我确实对我的新学校感到宁静了。我知道事情会好的。事情不会就那么容易，但是我不再担心了，我认识了好多新朋友。

——13岁的拉娜

直觉是内在的知识。直觉通常以一种朦胧的念头或一种模糊但是很强烈的感觉出现。用暗喻来描述直觉最好不过了。"有时候要花点时间才能弄明白，"17岁的娜塔莉说，"但是它就像是从深湖的底部冒上来的气泡，如果我想要去抓住它，将什么都抓不到。如果我等待、倾听，它就会汩汩地冒到顶端，然后我就会清晰地知道我要做什么。有时候我必须走很远，或者是把自己锁在房间里，听音乐，画画。如果我有耐心的话，我就会知道自己需要做些什么。""知道"，这个词是一个很重要的词汇。直觉就是一种内在的知道，有时候它跟我们眼前的事实毫无关系。

思考在直觉之后。"他们都同意，地图上指示要往右走，"14岁的玛菲斯说，"我没看一眼地图，体内有一种声音说往左。每个人都往右，然而我向左走了。果然，我们要找的房子就在那儿。我往回走去找别人，他们还在查地图。终于搞明白了，他们在倒着看地图！"有时候，不论事实怎样、别人的观点如何，我们就是"知道"。

直觉把我们和一些比我们自己更伟大的东西联系在一起。我们称之为精神上的、普遍的、原始形式的事情，或是能量的海洋。我们的直觉可以感受到那些仅仅通过分析我们眼前的事实不能知道的信息。电话铃响了，我们知道是爸爸；想老朋友了，第二天我们就会收到她的来信；因为我们感觉到女儿需要我们，果然，刚在她身边坐了一会儿，她就开始抽泣。心理学家卡尔·荣格博士把这些称为不合逻辑但目的明确的、同步的和有意义的事件。如果一个女孩能和她的直觉保持联系，那么，她就能感觉到那些看不到的世界中的意义和联系。她就和一些比她自己更伟大的事物取得了联系。

直觉是女孩最好的朋友。"我知道我的男朋友在看另一个女孩，"16岁的莫琳说道，"我从骨子里就知道这一点，但就是没有证据，我的朋友说我疯了。不相信我的男朋友，这让我感到很糟糕，但是那种感觉就是不消失。现在我知道为什么了。原来他在给他家乡以前的女朋友写信！唉，我无话可说。"按照西方人的观点，最困难的是直觉可能永远也不能被验证。我们就是按照我们的方式感觉，因为我们就是这样。如果女儿们放弃自己内在的"知道"来取悦别人，或是随大流，那么，她们最终会受到伤害，感到困惑。直觉是她们很重要的一部分，它需要我们的尊重和支持。

直觉是事实的代言人。即使父母尽了最大的努力，想把困难环境排除在女儿的生活之外，在某种意识水平上，女儿还是知道有些事情出了差错。当一个女孩最后被告知，父母要离婚、父亲失业了，或者是奶奶生了重病时，她通常会说："我知道有些不对劲，但是我不敢去想究竟发生了什么。"一旦她知道了事实，我们就可以帮助她，处理直觉对她的警告。虽然事实是创伤性的，但她只能依赖父母，帮助她渡过难关。

直觉是自我证实的。当女孩从经验中习得，她有一种深藏于内部的"知道"的能力时，她就开始相信自己，她就会有信心和勇气行事。女孩根据"知道"发展才能，根据内在的真理做事。

思考："知道"的另一部分

我们的情感生活——情绪、情感、直觉和梦——把我们和周围的世界联系在一起。通过这些看不见的力量，我们和生活紧密地联系在一起。然而，我们不能在自己一个人的情感中富有成效地生活。好的决定和有目标的行动，同时来自于我们的情感/直觉，以及我们的思考。女孩需要敏感的思维技巧来解决逻辑问题、实现目标、制订行动计划、把混乱的世界变得有序。

记者萨利·海尔格森在她富有煽动性的书《女性优势：女人的领导方式》(The Female Advantage: Women's Ways of Leadership)中，引用了一句中国格言："妇女能撑半边天。"她是这么解释这句智慧性格言的：女人进行着这个世界上一半的思考和一半的工作。她写道："对于即将创造的世界，两个'半边'必须一起合作……"我们相信，我们每个人内部的机制也是如此。对于我们即将营造的生活，两个部分，情感/直觉和思维，也必须协同工作。

女孩和女人好像自然而然地会从团体的角度进行思考，关注团体内的每个成员，以及需要为这个团体做些什么。女性关于团体的很多信息都是来自她的情感/直觉功能。通过思考，女人制订策略、计划，满足个人需要，以及完成家务。因为她的脑子里能考虑到同时输入的各种感觉刺激，所以女人能同时完成几项任务。她们能一边轻轻颠着膝上的婴儿，一边搅拌一罐汤，一边打着电话。她们能一边对秘书安排的日程做出反应，一边修剪弄坏的指甲，一边在重要的备忘录上检查错误。在本书第五章，我们把这种发散性的思维称之为"全局观念"。它要求思维和行动的时候，把团体放在心中，要求灵活性、照料和注意关系。也就是说，一种把人与人联系起来的态度。

策略性的思考

策略性的思考，或者是策略，来自于希腊词汇将军、军队和领导。现代商业仍然沿用策略性的、军事化的、链条式指挥的结构：有一个将军当头目，掌握着军队，指挥着战斗。

很多职业妇女都曾被告知，要进入商界，她们必须把她们的情感/直觉留在家里，采用一种将军式的、策略性的思维模式。这种说法打破了思维的平衡。取消情感/直觉将造成脆弱、僵化、思维贫乏和离群索居。男人和一些女人也通常这样描述他们的女老板。而这些女老板也认为商业上的成功要求她们把情感/直觉留在家里。

发散性思维只有在与聚合性或策略性思维平衡时，才能最有效地发挥作用。在家庭外的活动中，很多女性被认为没有能力，就是因为她们没有策略性的思考。

从 A 点到 B 点

从 A 点到 B 点听起来似乎很容易。男人从小就受到训练、鼓励、挑战和表扬，要他们通过参加体育运动、高等数学课程、商业、机械、计算机等来掌握这种技艺。一些女孩很擅长从 A 点到 B 点，因为她们很幸运，有机会学习怎样从 A 点到 B 点。所有的女孩都需要掌握如何自己照料自己，而不是依赖别人来照料。

唐：常常有面临离婚的四五十岁的女性当事人，对照料自己的生活感到难以置信的痛苦，例如怎样修理汽车、怎样换油、怎样做开支预算、平衡账目、怎样进行可靠的投资、怎样处理税收，等等。这让我感到很震惊。那些旧有的、严格定型的男性/女性角色在此时更加危险。这些女人认为，失去了伴侣她们就不能过完整幸福的生活了。

女孩是怎样学会策略性思考的

女孩需要基本的解决问题技能。必须让女孩自己解决问题。我们呢，则给她们加油，并在需要的时候给予支持和建议。告诉女儿如何策略性地思考问题，可以增强她的行动能力。"女儿在高中的一门课上得了个 B，而她知道，她本来可以得 A 的。"身为母亲的家庭治疗师卡伦·拉赛尔说，"她整个夏天都为此烦恼，我们鼓励她跟老师谈谈，但是她拒绝了。

"最后，我和她一起，清晰地描绘出她的两难局面。首先，她想要什么？她的目标是什么？她想要把她的成绩改过来。她怎样才能做到那一点？她的策略是什么？她决定把她过去的作业收集起来，跟她的老师谈一谈，要求他跟他的记录里的成绩对照一下。在她清晰地明白了她想要什么，以及有了一步一步的计划时，她就有勇气去看她的老师了。非常肯定，她的老师在记录时出了错。要改成绩已经太晚了，但是这件事情却改变了我的女儿。她现在有了面对任何难题的工具。我不仅仅为她感到骄傲，我还相信，她会使用她的直觉和思维技巧，来实现自己的目标。"

　　先看，后做。尤其在女孩还小的时候，不管她遇到什么样的障碍，特别是当我们看到她可能会受到伤害的时候，我们总是想冲过去帮助她。在插手干预之前，我们最好还是先看看她是否有能力处理所遇到的挑战，这样可以给她一个自己解决问题的机会，让她学会自己考虑问题。

　　我3岁的女儿在院子里骑三轮车。突然前轮在草坪和院子的石头之间卡住了，她也翻倒了。我的第一本能就是要冲过去把她扶起来，看看她有没有受伤。我还没来得及反应，她就打个滚，站起来，慢慢地扶正她的三轮车。她把轮子前后摇动，最后终于弄好了。现在她非常骄傲。"爸爸！看，我干的！"我们相互看着，笑了。

——哈若德，3岁的德博拉的父亲

　　团体活动可以训练策略性思维。在团队中，为了一步一步执行任务，需要有一个全局的计划，确定工作目标、个人位置，以及每个人的角色。在专注于个人的任务时，要实现目标，必须有纪律，并掌握策略性思维的技能。

芮歇尔刚开始憎恨足球，但是我们鼓励她坚持。我们认为这种运动可以教给她在工作中需要的技能：进行策略性的、目标明确的思考。在足球运动中，你不能同时既是守门员又是中卫。你必须有自己的角色。我们要求她想清楚，知道自己的角色，注意更大的范围，并且，要实现团队的目标。一旦她不再害怕受伤和打不好，她就掌握了这种思维方式。这种思维方式也会渗透到生活中的其他方面。她会计划好上学的事情，把论文及时完成，而不用当一个拖到最后一刻再熬夜的人。

——郁尔达，13岁的芮歇尔的母亲

需要摒弃对女孩的思维能力可能有的任何怀疑。我们是不是无意识地相信对女性旧有的陈规看法？例如因为在不稳定的情境中，女性的情绪使得她们也变得不稳定，所以，认为她们不能跟男人一样进行富有逻辑的、理性思维；女孩不能学好数学；女人不应该研究火箭；女人不能做州长。

我们必须用新的视角来看待女孩生活中的可能性，无论是传统的还是非传统的。我们的好朋友潘妮，小时候和她妈妈一起装修房子时，学会了铅垂法、安装电线和木工。因为她细心、安全而且安装和维修的质量高，潘妮成为许多女孩和妇女的榜样。她一直被认为只是在男人的领域里取得了成功。在全家外出旅行之前，21岁的海蒂问正在引擎罩底下进行检查的继父："你是怎么检查油的？""男人都知道这些，女孩则不会。"继父答道。我们有责任想想，我们的女儿们需要掌握些什么技能，才能在她们的生活中显得有能力，从而不用总是依赖别人帮她们做事。她们长大了，因为生活中发生的事情而责备别人——男人、母亲、父亲和命运——的可能性就会减少。让女儿们知道怎么为自己打算是我们给她们的最好礼物。

能用自己的眼睛去看，用自己的心去感受的孩子太少了。

——阿尔伯特·爱因斯坦

意志：对行动的号召

意志，名词。
1. 人有目的地选择或决定一个行动过程的心理能力。
2. 自我约束；决心；深思熟虑的意图。

——美国传统词典

女儿的情感生活指导着她的关系、个人喜好、激情和对未来的希望。她的思维使得她能清楚地考虑事情，制订自己的计划，选择自己的道德和信仰立场。然而，如果没有强大的三重奏中的第三方，她就不能实现自己的梦想。意志生活给予她有目的地采取行动，并坚持到底的能力。

意志：四个方面

意志在从出生到7～8岁这段时间里起着非常重要的作用。回想一下孩子的童年早期，他们想掌握走路的技能时，动力是多么强大！这让我们想到下面这些品质：充沛的精力、强度、精通、控制、纪律、集中、注意、聚焦、决心、果断、坚决、毅力、坚持、勇气和大胆。

现代心理学大师罗伯托·阿沙棘欧里博士，在他的《意志行为》（*The Act of Will*）一书中指出了意志的很多方面。他写道："大多数对意志的误解来自于错误的观念，整个意志就是由强烈愿望构成的。力量仅仅是意志的一个部分，当和其他部分割裂时，它就会而且经常会变得没有效果或是对自己和他人造成伤害。"我们经常听到家长描述女儿的强烈意志。

> 我的女儿一点也不宽容。当她想完成一件事情的时候，我没法让她停下来。她会叫嚷，直到我做出让步为止；如果我给她更多的时间，她就能把事情完成得非常漂亮。但是，我不能整天围着一个4岁女孩的强烈的意志转，那样怎么能管好家？等她长大了，比方说，到16岁的时候将会怎样？她总是有烦人的事情，我无法想象怎样才能和她一起生活。
>
> ——米歇尔，4岁的安洁丽娜的父亲

强烈的意志需要保护，使之与其他方面的发展相平衡。父母设置硬的限制是为了形成坚强的意志而不是压制意志，父母在这方面必须掌握分寸。对于前面提到的意志很强的安洁丽娜，她的父亲必须坚定地把握界限，保证有节奏的家庭生活，同时帮助女儿相信，每一件事情的完成都是有时间和空间限制的，并且温和地引导她从没有限制转变到有限制。我们通常会犯这样的错误，用一种更强烈的意志来控制一种强烈的意志，这样做只能引起强烈的力量冲突。我们大多数人都知道这一点。下一次，意志强烈的安洁丽娜，在她父亲的路上设置路障。他可以用"太极"运动，顺着她的阻力去对付她的阻力。我们不是要让步，而是要让意志强烈的女孩在预先限制好的空间里有按照她自己的想法做事情的余地。

曼蒂跟我一样有自己的想法，要让她相信任何跟她的想法不一样的事情，绝对是一场战斗。要让她准备好上床或是早晨去什么地方，是一件万分困难的事情。强迫是不管用的，否则，结果必定是我们两个都生气地流泪！最后，我告诉她："我知道了！你想要负责。这就是要做的事情，而且你有很多时间，有30分钟来做这件事情。"我们一起画了一个图表，表示她要准备好上床有哪些步骤，我给了一个时间限制，30分钟。在她完成每项任务的时候，她就会检查一下我们的图表，在上面画一个X。这周结束的时候，要是所有的步骤都顺利完成、我们之间没有发生争吵，那么我们就一起做一些高兴的事情。在这个过程中，最让人吃惊的是，她准备好上床只用10分钟！她觉得很自豪，很能干；我呢，觉得很宁静，很放松。

——杰妮思，5岁的曼蒂的母亲

罗伯托·阿沙棘欧里博士指出了意志的另一种很重要的成分：灵巧意志。这是一种用最少的精力，获得想要的结果的能力。对女儿来讲，这就意味着认识自己：自己的能力、需要、习惯和局限性。女儿通过尝试错误来了解自己。我们前面提到过，女儿有机会冒险、尝试新鲜事物并从她的失误中受益是非常重要的。要把她们自己的天赋和资源安排得最有效，是需要反复练习的。当然，我们不主张把女儿扔到河里去，她要么学会游泳，要么沉下去。当我们想学习时，跟一个更有技能的榜样学习是最好的。女儿要发展灵巧意志，父母是最好的榜样。

我女儿很小的时候，我们就喜欢一起在花园里干活。我们都喜欢弄脏自己的手。我们在晚上种植、下种和浇水的时候，甚至可以撇开母女关系。我承认，在我教梅莉莎园艺的时候是有长远打算的。我母亲就是通过园艺来教我怎么生活的。她教我怎样"精明"地干活。在我6岁的时候，她要我把一堆垃圾从花园的一边移到另一边。我的意志很顽强，立刻开始了工作。一铲一铲地把垃圾移到20英尺（约6.1米）远的另一堆上。我妈妈弯下腰，很温和地拥抱我，小声说："要是你愿意的话，我可以告诉你一个秘密的方法。"我当然想知道了。她静静地拉出一辆手推车，装满了它，然后把垃圾很优雅地倒到另一堆上。那是我学习"精明"地工作的开始。我的女儿也在花园里学会了这一点，她用这种能力做她要做的任何事情：家庭作业、家务杂事、美术课及其他各种任务。

——杜拉茜，14岁的梅莉莎的母亲

当女儿观察我们做家务、做自己喜欢的事情时，她会在无意中发现我们做好工作、完成艺术作品的热情。她学会了做事"精明"。在我们鼓励她试着擦地板、清洗猫咪、画画或是钉钉子的时候，她就获得了技能，而且会因此感到骄傲，因为她是家庭里的积极分子。强烈的意志和灵巧的意志随招随到。结合了技巧的力量，使得女儿更有能力确定自己的生活道路。

强烈而灵巧的意志可以是好的也可以是坏的，很多历史人物都证实了这一点。阿沙棘欧里写道："即将被执行的意志，必须是好的。"要成为健康的女人、能够过积极的生活，女儿必须发展良好的意志，选择对她的健康、对别人的幸福都有好处的目标。良师益友和角色榜样对女儿的目标选择具有重要影响。她从父母、老师、听过的故事、看过的书和她的家庭的传统精神那里得到灵感、受到启发。这里需要强调一下,电视对女儿的发展具有无与伦比的影响力。比如我们经常会从电视上得到一些潜在的坏信息:要前进就必须欺骗,我们必须寻求某种受到赞誉的方式,暴力是解决争论的方式。

我13岁的时候参观了我第一次住过的家。我记得我不想去,因为我猜想那很无聊。鲍勃,教会的一位年轻主管,在一个星期天晚上坚持要我们10个少年去陪他。我们拜访的第一个人是一个85岁的老妇人,看起来好像好几年没人看望过她了。当我们10个人成队从鲍勃后面出现的时候,她的眼睛变得真大。鲍勃拿过一把椅子,自我介绍了一下,然后跟她握手。他问她,跟这些少年一般大的时候都做了些什么。她讲了一些我们从来没听过的有趣的故事。鲍勃取笑她制造太虚幻的童话;她捏了捏他的面颊,吻了他。我们都大笑。当我们离开的时候,鲍勃说:"好了,我带你们到下一个房间,让你们再次看看是怎么回事。"我们都说:"不用了。我们自己来。"在我们听着那些含着笑声和眼泪的故事的时候,两个小时飞快地过去了。那是16年以前的事。鲍勃和那次经历鼓舞着我,我终于拿到了老龄化和老年病学硕士学位。现在,我是一个老年市民组织的地区主管。鲍勃不仅给我示范了怎样和老年人交往,还给了我有意义的生活目标。我希望把这些告诉别人。

——辛迪,29 岁

像辛迪一样,年轻的女孩需要不断使用她们的天赋和才能,去寻找帮助他人、让别人也强大起来的快乐。通过榜样和鼓励,女孩可以发展善良的意志。

有了强烈的、灵巧的、善良的意志。女孩能够和别人一起创造有意义的生活。阿沙棘欧里博士提到了意志的第四部分：意志中超越了普通的、个人的、被接受了的部分。它是精神生活的一部分，生命体内具有的重要原则和赋予生命的力量。"尽管很多人不知道，甚至否定它的存在，但仍然存在着另一种意识……在过去，普遍认为它是一种宗教经验或是精神体验，但是作为科学研究的一个领域，它现在不断得到承认。"阿沙棘欧里博士把这种意识称为人际间的意志，也就是道教所谓的"道"。基督徒可能会说是"圣灵"，犹太传统称为"拉阿"。土著美国人则把它看作是"伟大的灵魂"。不管传统如何，无论怎样用词，也无论采用什么样的形式，意志在它没有和个人以外的力量联系起来时，它是不能达到真正的平衡和完整的。

在问到她们是如何和"心灵"保持联系时，一个妇女小组的成员七嘴八舌。"我天生就感觉到它的存在。我好像回到了有意义的地方。"琼说道。"当我唱歌的时候，我觉得和一些比我更辉煌、更伟大的东西连在一起。"贝基接口道。玛菲斯吐露："当我记起祈祷的时候，我觉得自己以一种更深刻的方式联系着。"鲁茜尔说："瑜伽和冥想让我觉得有联系。"玛格丽特答道："在白天、夜深的时候，我读书，沉思，这帮助我和一种更伟大的力量保持联系。"

有多种形式可以帮助女孩把自己和超越自己的力量联系起来。留出一点时间举行仪式，花时间一起到大自然中去，读有启发性的小说，入睡前做祈祷，利用想象派遣精灵做警卫，等等，这些都是我们指导女儿发展人际意志的途径。

第七章
情感、思维、意志，明确三重奏发展趋势

女儿7岁的时候开始做噩梦。那是我们大家都特别困难的时期。后来女儿告诉我，一只明亮的鸟出现在她的想象中，并且答应吃掉她所有的噩梦。每天晚上睡觉之前，她都在脑海里看到这只鸟，于是噩梦就停止了。我们一起感谢那只神秘的鸟儿，感谢它慷慨仁爱的帮助。艾莉在她受到惊吓或是感到担忧的时候，仍然需要这只鸟的帮助。她身上发生的变化太棒了。她好像对自己有一种信任感，她拥有了一个从未有过的新世界。

——杰妮斯，9岁艾莉的母亲

一次又一次，我们通过自己的言行教育女儿，发展女儿的意志，从无例外。如果我们有给自己一些安静的时光、远离日常生活压力的习惯，或者，有经常散步、做园艺的习惯，哪怕只是在树旁停留片刻，体验大自然，那么，我们的女儿就能学会，对创世纪的奇迹和奇迹背后的力量敞开心扉。

有志者立长志，无志者常立志。

——中国谚语

平衡的内部指导系统

强有力的情感、思维和意志三重奏在女孩身上的表现不尽相同。有的女孩可能比较清楚她想要什么、她是怎样想的，但是在采取必要的步骤来实现愿望时，她却会有困难；另一些女孩可能对这样的问题看得很清楚，知道怎样处理，但是还缺乏善良的心地，在实现她的目标时，她不会考虑是否伤害别人；还有的女孩，可能会把这些都想得很清楚，但是被她的情感压倒，不能采取正确的行动来实施她聪明的想法。

一定要记住，在发展的每一个年龄阶段，女儿成长的重点都在发生变化。尽管内在指导系统的各个部分都在发展，都在起作用，但从出生到 7 岁则需要更多地强调意志，从 8～12 岁需要强调情感，在 13～17 岁之间的少年时期，思维以更复杂的形式出现了。知道了这些趋势，我们就能够更好地理解女儿螺旋式的发展过程，女儿在这个内在觉醒的、螺旋式的发展过程中，逐渐成长为一名健康的女性。

第八章

聆听真实意图，触动女儿的心灵

假定我们回过头来看一个人的一生。假设，我们看到那些行为古怪、口吃或是胆小怕事的孩子。我们所看到的不是他们有这样那样的发展问题，而是一些内在的重要的东西，那些决定命运的东西，他们还没有掌握。他们内心深知，自己的能力比表现出来的要强。这就是看待自己人生的另一种方式。不要把今天的生活看作是从小长大的必然结果（这是错误的），而要把自己的童年看作是自己生活的一个缩影、一个片段。要知道，当你到了80岁，才能真正了解自己的整个人生，但那时已经老得无所作为了，也无所谓了。

——詹姆斯·希尔曼博士

教养的事是不合逻辑的。如果符合逻辑的话,那我们就没必要读教养方面的书,比如您正在读的这本;不需要家庭治疗师;也不需要在无法入眠时,半夜打电话给亲密的朋友了。如果任何事情都是符合逻辑的话,那么逻辑课程就可以解决我们遇到的任何难题,例如儿童问题和婚姻问题。但是,教养的事并不合乎逻辑。我们不是没有合乎逻辑的时候,但是生活却是由一种更强的力量操纵的。生活中充满了争议、反对、错觉、非理性的思维、奇迹、企图、惊奇和怀疑。

我们都要面对这些让人头痛的问题。日常生活中的琐碎之事在慢慢地消耗我们的精力,于是,我们对自己能否做好父母产生了怀疑。慢慢地,这些逻辑方法无法解决的情况,使我们不断地去做一些新的尝试。爱因斯坦曾经说过,我们不能在产生问题的水平上解决这个问题。因此,我们需要在新的水平上,解决这些令人沮丧的问题行为。

这种新的方法,我们称为"寻找女儿行为的真实意图"。它可以让我们这些当家长的把个人情感,例如愧疚、生气、无助等放在一边，和女儿一起并肩作战。女儿表现出的最让我们沮丧的行为，往往是她对未来、对自己的独特命运的不成熟的看法和行为。这是不可避免的。不论我们是否喜欢，它们需要被处理、需要被发展，而且要被变成现实。

命运的"种子"

每个女孩都是一个独特的个体，都是在未来充满天赋、才能和智谋的独特幼苗。在她小的时候，那些刚崭露头角的能力使她一时难以驾驭。体内有强大的冲动，但她尚不成熟，难以疏导。这些冲动比她强，它们控制了她，而她不能控制它们。事实上，这些潜在的天赋可能让父母在教养女儿时感到苦恼。

一个对什么事情都爱发牢骚、抱怨的女孩，可能将来会成为眼科大夫，因为她具有敏感和精细的品质。

在每一件小事情上都喜欢与人争论的女孩可能会成为律师，替那些不懂得为自己争辩的人辩护。

喜欢组织一群朋友活动，并且表现出专横的女孩可能会成为公司的行政人员，她会通过把任务和权力委托给她的员工来建立威信。

不管我们怎么劝说，也不肯停止在墙上用蜡笔乱画的女孩将来可能会成为壁画艺术家，用可爱的色彩覆盖她曾经涂得灰暗的地方。

总是要求保持穿着和环境整洁、漂亮的女孩，可能会成为一个社区组织者，在充满误解和贫穷的混乱中，创造出良好的秩序。

总是与朋友打电话聊天，而父母永远也弄不清楚朋友是谁的女孩可能会成为世界级的领袖，鼓动别人相互合作，创造奇迹。

不到二十五六岁，女孩是不会认识到其独特天赋并发现自己的真正目标的。如果我们寻找女儿小时候的行为后面隐藏的真实意图，给以成长的空间、提供充足的阳光、在需要时加以修剪，她就会自然而然地向着她的生活目标成长。和当前流行的具有性别偏见的文化一样，我们很可能会压抑她的天赋，遏制她的愿望，或是不让她表达心声；但她的真正的本性总是要努力冲出来，通过外在的行为来表现她的存在。然而，当我们的目的和女儿显现的天赋相冲突时，就会阻碍她长大成为一个健康的女人，一个具有女性本质和内在才能的女人。

她总是不留情面地跟我争吵。在她小的时候，她有时会忘了自己的观点，但这并不使她难受。她仅仅变换一下话题，接着吵。曾经我以为她是魔鬼附体了。

——卡伦，梅勒妮的母亲，52 岁

我记得自己小时候的事，确实觉得像魔鬼附体！有一股力量，一股我不能控制的力量占据了我，我感觉很亢奋；当时我可怜的母亲就像漂在巨浪上的一只小船。现在的我能够控制住这股力量并将它用于为我的客户服务。我知道，在对待女儿时我避免了这样做。她比我强。我现在知道了。应该说，我很同情我母亲。其实，我女儿和我一样无理！

——梅勒妮，审判律师，32 岁

年轻女孩的怪癖、困扰以及大多数的困难行为都需要等待成熟，到那时她才有能力和智谋驾驭它们，完成人生的使命。在受我们照料的那些年里，我们就是她的天赋的园丁，施肥、做支撑、修枝，鼓励她按照自己真实的本性成长，而不管她未来究竟会是什么样的。

倾听真实的意图

"那么你是说，因为这种'成长力量'，我应该让女儿做她想做的任何事情？"参加"养育女儿"讲习班的父亲通常会提出上面的问题。倾听行为的真实意图，可以使我们和女儿之间的相互影响从对抗转变为理解。这并不是说，我们不再需要栅栏和实行惩罚措施了。事实上，我们的指导对女儿是极其重要的。设定限制和所需承担的后果，可以使她反省自己，发展自己的内部边界，使她成为健康、可爱的女人。

我女儿刚刚学会开车。最近她要求去一个朋友家，于是我让她开走了我最喜欢的车。不幸的是，她在一条湿路上开得太快，车滑坡了，撞坏了我那老式汽车的缓冲器。要在以前，我会狠狠地惩罚她。当她告诉我事情的真相时，看得出来，因为弄坏了我的车她很害怕。而且她也已经从开快车中得到了教训。那天晚上，她很不好意思地问我能否和朋友一起去看电影。我想了想说："当然，去吧。"她看上去很吃惊："你不会责罚我弄坏了你的车？"我回答："不，你已经尽力了。我知道你想当个好司机，每个人都会犯错误。"她看着我，仿佛我有点不正常。"我不该受到责罚吗？"她问。我无法形容当时她对我的新反应所表现出的吃惊的样子。"我不这么认为。"她说："那好，弄坏了你的车，我真是很过意不去。

我爱你,爸爸。"当她离开后,我高兴得叫了起来。女儿好几年没对我说过这样的话了。

——理查德,16岁的朱莉叶的父亲,38岁

通过设定限制和相应的后果可以指导我们的女儿走向成熟。设定什么样的限制和后果应根据她的行为而定。要找到适合她年龄的限制和适合她行为的后果,我们必须走进她的世界,真正聆听她们的感觉,试图理解她的处境。当我们把注意力从关心女儿什么时候再会做错事,转移到倾听她行为的真实意图时,我们对女儿的假设就会改变。不再假定女儿跟我们争论是因为女儿不把我们放在眼里,或是因为觉得我们要求严格而让她故意把车弄坏,以报复我们。通过倾听真实的意图,我们会知道她偏离轨道是有原因的。所发生的事情只是给我们一个信号,告诉我们她需要引起我们的注意。

说起这种真实意图,我想到了女儿陆琳。每当我要求或告诉她做什么时,她都会发疯。现在,14岁的她,为一丁点儿的小事就可以爆发。有天晚上,我让她把走廊里的衣服收起来,她就发疯。我说:"我知道你想自己管自己的生活。你一定很讨厌我总是这样唠叨你。""很对!当你对一件事情说来说去的时候,我确实非常讨厌!我长大后,我想把东西放在什么地方就放在什么地方!"她拿着衣服踮着脚走了。后来,我们冷静地讨论了一些别的事情。从那以后,我们就有了了解。谁知道这能持续多久,但是在我告诉她,我为她的行为感到很沮丧时,她的态度似乎有了一点改变。在我把她的动机看作是"想管理自己的生活"时,我想她真的觉得,我理解她了。难道这不正是我希望她能做到的吗?当然,我仍然要叫她把衣服收起来,她也仍然要发疯。不过我们会拿这事开开玩

笑了。我们之间的"理解"就是这样。

——乔伊思，14 岁的陆琳的母亲

当女儿知道她的行为在按积极的方式塑造时，她的自我感觉就不再是"我这样做是因为我坏"，而会觉得"我这么做是有重要原因的"。对她的理由感到骄傲是一件好事，因为那样的话，她就能够调整做事情的方式，不会对她稚嫩、幼芽似的本性有所损害。谁知道陆琳会从什么时候开始按自己的方式做事。随着这种品质的成熟，她可能会利用自己的这种坚持性去发现治疗艾滋病的药物，或是找到根治无家可归和贫穷的良方。当她还小的时候我们就要她知道，按自己的方式做事是一件好事；同时，还要让她明白，按自己的方式做事的时候，有时是需要调整一下的。鼓励她不用放弃自己，而是进行调节。要做到这一点，并不是很困难。

下面的图描述了当要求陆琳做事时，隐藏在她生气后面的真实意图：

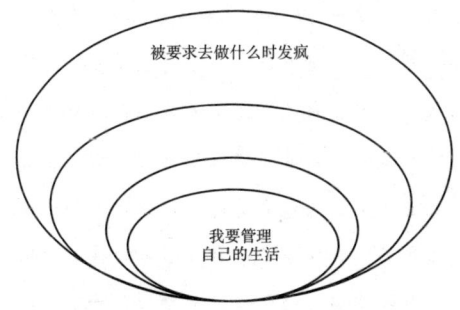

如果我们能认识到女儿潜在的意图，并把这种意图说成是一件好事，她就会更愿意通融。相反，如果我们只看到她做了些什么，

而忽视她为什么那么做,大多数女孩都会变得非常倔强、不听话。当我们准确地指出她的感觉时,她就会松一口气,身体放松,精神上也会无意识地呼喊:"是!"

自尊和心灵

我们能给孩子的最珍贵的礼物就是积极的、现实的自我形象。那么,这种自我形象是怎样形成的?不是在一瞬间,而是逐步地,通过一次一次的经验习得的。

——希尔姆·吉诺特博士

唐:在我的治疗实践中,涉及很多父母和女儿的问题。有一位母亲特别难以理解真实意图的说法。她抱怨说:"刚开始劳伦做得很好,后来,就因为她没有按时回家或什么别的事情而把事情搞乱了。于是,无论我们怎么惩罚她,都不能改变她。"我静静地想了一会儿,然后说:"她应该按照自己的方式做事情。"她母亲笑了,说道:"当然!每次她最终都是按自己的方式行事的。"我转向她女儿:"是这样的吗?你可以按照自己的方式行事吗?"她点头做鬼脸。"那么,我想新的问题是,你怎样继续按自己的方式做事情?"看到她父母脸色不好看时,我停了一下,接着说道:"以一种不给你带来很多麻烦的方式。"女儿喜欢听到这个。这话父母在呼吸恢复正常以后也喜欢听。然后,劳伦和她的父母都能够把她按自己的方式做事情的能力看作一种积极的品质,而不是需要纠正的问题行为。在保证她的自尊心不受伤害的情况下,我们现在能够帮助劳伦找到一些办法,既能让她按自己的方式做事情,又符合家庭的需要。于是,她和她的家庭将可以把她的精神品质塑造成为对她自己、对家庭和对社会都有利的财富,而不用打消她坚持按自己的方式做事情的决心。

下图描述了劳伦引起麻烦的行为和行为背后的真实意图或"种子"。

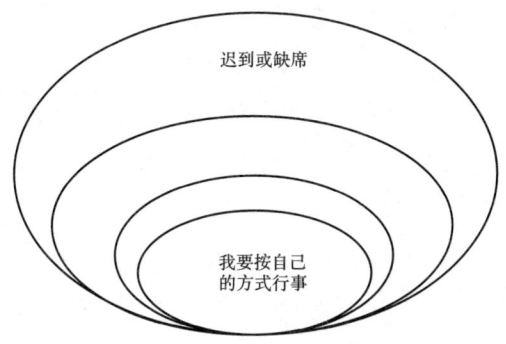

女儿们的生活跌宕起伏,自尊在其中发挥着非常重要的作用。劳伦现在变得更能通融了,因为她的自尊没有受到伤害;她所谓的问题行为其实有着自己认定的真实意图。按照自己独特的方式做事情,可以让我们远远走在很多不动脑子、按别人说的去做的人的前面。劳伦可以变得更加通融一些,考虑一下按自己的方式行事会对别人有什么影响,于是她就不会乱惹麻烦,从而可以获得更多的自由。她可能并没有意识到,她所得到的不仅是更多的自由,还有她对自己的行为有了新的、积极的自尊和自信。

后来劳伦解释道:"在艾里姆先生说我可以按自己的方式做事情之前,我一直不知道为什么自己总是把事情弄得一团糟。现在我对自己的理解要好一些了。我的亲人设想我会按他们的方式做事情,这让我很不喜欢,他们甚至不问我喜不喜欢。但是,我做事情的时候确实考虑了他们要什么,以及为什么那样,然后,我就按自己的方式做了。我喜欢那种可以选择的自由。我有些朋友说，他们永远也不会对自己的父母提出疑问，但是对我来说，对父母提出疑问是很自然的事情。现在我的父母能够同意我的想法，我真是很幸运。当我做得不对时，他们告诉我。这比我们过去经常陷入吵闹的局面要好得多了。"

劳伦的行为超出了自己的能力范围，所以她不能对自己的行为负责。指出劳伦行为背后的真实意图，促使她对"自己的方式"产生怀疑。那究竟是什么？它会对别人产生什么影响？它对我有什么帮助？它为什么这么重要？只有理解了这些，才能让我们有能力选择我们的行为，有预期能力并为实现预期而行动，而不是简单地等待和反应。如果我们不再把女儿看作是失足青少年或是"困难的学步者"，而是把她看作是具有潜在天赋的人，那么，她自己的聪明头脑会引导她成长为健康的女人。

指出和发展真实意图的方法

孩子主要是通过父母的眼睛来看自己的。她们看着我们，不是要我们告诉她们是什么，而是她们能够成为什么。她们对自己的大部分梦想，还有实现这些梦想的途径，都依赖于我们。

——阿德尔·法博和伊莱娜·马资立希，《解放父母，解放孩子》

教养技能必须随着女孩的成熟而成熟。女孩不断地变化和成熟，也要求我们不断地变换教养方法和技术。在某个年龄能充分发挥作用的方法，在更大的年龄阶段可能只起反作用。在一个女孩身上成功的方法，可能对另一个女孩一点作用都没有。每个女孩都有自己的生活，在她 5 岁的时候需要给予成长空间和营养呵护，在她 13 岁的时候可能已经需要进行调整和劝导。指出女孩让人沮丧的行为背后的真实意图，需要极大的耐心和毅力。她需要我们的支持。唤醒一个女孩使她成长为女人，这并不是一件简单的、可以预测的事情。

父母自己也有真实意图。作为女儿的抚养者，我们需要宽容、豁达、有创造性和理解力。这并不是一件简单的事。当我们不能胜任，陷入愤怒、不耐烦时，寻找我们自己的纰漏后面的真实意图可以挽回一点自尊。我们冲着女儿大声喊叫，是因为我们很关心她。我们严厉地批评她，是因为我们对自己的要求也很严格。有时候我们的理由也不怎么样，如太疲劳、太匆忙或太关注自己等。看到我们自己的局限性，可以让我们从权威性的榜样中解脱出来，真正理解我们是如何受她的行为影响的。

倾听真实意图是设定栅栏和选择越界后果的一部分。女孩要发展内在的个人边界，学会相信自己的内在引导系统，了解自己行为后面的真实意图。这些都会加深女孩对自己的理解。有了这种理解，她就有信心和能力运用它们，并把它们看作自己一生的天赋、才能和财富。有了明确的栅栏和相应的后果，女孩能够最好地实现对自己的理解；而这些栅栏和越界的后果可以帮助女孩认识和培养真实意图。

精细而准确地指出行为的目的，会在很大程度上改变亲子之间的动态关系。当我们指出行为的目的时，所有与之有关的人都会立刻感到放松，从他们已经弄僵的局面中退出来，做一点点让步,长舒一口气,更愿意听听事情的方方面面。一些隐藏在女儿行为后面的真实意图可能不那么容易被找到。如果刚开始我们没有成功,我们必须再试,再试,因为这样做是值得的。如果能够找到那个具有"魔力"的词或短语,我们就可以让女儿自由地成长。以下是一些关于真实意图的词,它们对于重新界定普遍存在于我们和女儿之间的一些问题行为可能会有所裨益。我们要让女儿幼稚的、不成熟的行为变成她的天赋和才能。

不成熟的形式	可能的成熟形式(真实意图)
发脾气	自我维护
板着脸	沉思
发牢骚、抱怨	激情
懒惰	丰富的内心生活
小气	保守
胆小害怕	自我保护
孤僻	独立
专横	领导能力
磨蹭	慎重,工作讲究方法
挑剔,吹毛求疵	有洞察力
轻率	热爱生活
喜怒无常,闷闷不乐	探索内在世界
神秘	保持健康的边界和隐私;会说"不"
顺从	协作

练习：学会指出真实意图

倾听女孩的问题行为后面的真实意图的关键就是要暂时忽略她正在做的事情。我们常常只关注别人会怎样看女儿所做的事情，而忽视行为的意义。"哦，不！我2岁的孩子在商店里大发脾气。我连自己的女儿都控制不了，周围的人一定会以为我是一个糟糕的母亲！坏孩子！"尽管我们许多人难以相信，但当时商店里的店员和其他人怎么看待我们当母亲的，实际上无关紧要。重要的是，究竟是什么事情让女儿发脾气了？杂货店通常是我们一系列差事的最后一站，与此同时，跟着我们的女儿也疲劳到了极限。只有她自己知道为什么。让人尴尬的行为后面，她的真实意图是："妈妈，我又累又饿，我要回家，躲在熟悉又宁静的摇篮里。"她是在不成熟地，但是很有效地表达她的需要。

为了练习寻找问题行为的真实意图，我们总结了一系列大家可能经历过的一般情境。在下列情境中，请说出词语后面的真实意图。我们写出了第一个作为例子。

言语：看着我，妈妈。看着我，妈妈！看着我，妈妈！！看着我，妈妈！！！

真实意图：我需要你的注意，我需要知道你就在这里等我。

言语：我才不穿那件衣服，它看起来那么傻！

真实意图：

言语：我恨你！你不能强迫我照你说的做。

真实意图：

言语： 你这样做对我不公平！我的朋友们都去了。
真实意图：

言语： 我是不会收拾我的房间的。
真实意图：

言语： 我长得又胖又丑！
真实意图：

言语： 我再也不会和杰茜玩了！她真蠢。
真实意图：

就像学习任何新技能一样，倾听真实意图也需要练习和坚持。练习得越多，我们就掌握得越好。年龄大一些的女孩，甚至会帮助我们理解她究竟想告诉我们什么。

这些听起来熟悉吗

我们常常告诫自己，我们永远不要像我们的父母对待我们一样对待我们的女儿。但是，看看我们自己都在做些什么？旧有的习惯是很难改的，我们很容易就陷入希望避免的那种情境中。在以下这些例子中，我们都可以说点别的话帮助女儿，却往往忘了说。我们不是要给女儿灌输内疚感，而是要鼓励我们双方。要知道我们总是有机会在下一次更好地倾听彼此。

我才不穿那件衣服,它看起来那么傻!
那件衣服花了许多钱!不管你是否喜欢,你都要穿。

我恨你!你不能强迫我照你说的做。
你顶嘴的话我已经听够了!到你的房间待着去!不叫你,不许出来。

你这样做对我不公平!我的朋友们都去了。
生活本来就是不公平的,你朋友做什么跟你没关系。你不能去!

我是不会收拾我的房间的。
给我赶紧进去,我的小姐。不完事,不许出来!

我长得又胖又丑!
把自己说成这样是很糟糕的。当然你不丑了,要是你能减轻一点点体重,你就会漂亮了。

我再也不会和杰茜玩了!她真蠢。
那样说你的朋友不好。明天你的看法就会不一样了。

我们都能想象得到,这样的话会引起女儿什么样的反应:生气的反驳、紧绷着脸、闷闷不乐的样子、跺着脚离开、无情的沉默。试试用下面的方法来培养父母和女儿之间的交流和理解:

我才不穿那件衣服,它看起来那么傻!
你想挑选自己的衣服。

我恨你！你不能强迫我照你说的做。
这对你来说真的很重要。

你这样做对我不公平！我的朋友们都去了。
你确实想让我们能更加信任你。告诉我们更多的情况，让我们讨论一下。

我是不会收拾我的房间的。
每当我要你做什么的时候，你总是不喜欢。你是想按自己的方式做事情。

我长得又胖又丑！
跟我再多说一些你的感觉，因为这听起来真的很重要。

我再也不会和杰茜玩了！她真蠢。
听起来好像杰茜惹你生气了，你需要些帮助来处理这件事情。

对女儿的行为和言语后面的真实意图做出反应，要求我们对自己做出的反应具有清楚的意识。我们的父母对我们讲过的老话已经不再适用了；我们需要用更合适的方式让女儿知道，我们理解她的情况，或者我们想理解她的情况，但是，我们还需要对她试图告诉我们的情况知道得更多一些。

请在下面的空栏中填上女儿常说的话、你原来的反应，以及在你试图倾听她们的真实意图时的新反应。

第八章

聆听真实意图，
触动女儿的心灵

女儿说：_____
我过去的反应：_____
我的新反应：_____

女儿说：_____
我过去的反应：_____
我的新反应：_____

女儿说：_____
我过去的反应：_____
我的新反应：_____

女儿说：_____
我过去的反应：_____
我的新反应：_____

女儿说：_____
我过去的反应：_____
我的新反应：_____

女儿说：_____
我过去的反应：_____
我的新反应：_____

女儿说：_____
我过去的反应：_____
我的新反应：_____

——— 第三部分 ———

从摇篮到工作

第九章

关注我:从出生到 7 岁

未出生的孩子是一个不为人知的人。
——林纳特·尼尔森,《一个孩子的出生》
(*A Child Is Born*)

看着一个熟睡中的孩子，我们会禁不住露出微笑。我们的内心是那么平静。我们用慈爱的目光凝视着这个奇妙的生命。我们把他抱进怀中，看着他奶油色的皮肤、精致的头发、弯曲的手指、短胖的脚趾，听着他温柔的呼吸。于是我们会问："这是男孩还是女孩？"然后我们会根据毯子和衣服的颜色、面部的特征和头发的数量做出判断。

两个新生儿之间的对话：

高声：你认为我是男孩还是女孩？

低声：你？那很简单——你是男孩。

高声：你肯定吗？

低声：我当然肯定。

高声：可我感觉我不像男孩。

低声：那是因为你看不见你自己。

高声：是吗？我什么样子？

低声：秃头。你是秃头。秃头、秃头、秃头。你的头像一个乒乓球。你是秃头！

第九章

关注我：从出生到 7 岁

高声：那又怎样？

低声：因为男孩是秃头而女孩有头发。

高声：你肯定吗？

低声：当然肯定。你们家谁是秃头，你爸爸还是你妈妈？

高声：我爸爸。

低声：我说对了吧？

高声：哦……可你也是秃头啊！

低声：你骗人。

高声：不，我没骗你。

低声：不许看！

高声：为什么？

低声：一个秃头的女孩——太恶心了！

高声：也许你是个男孩而我是个女孩。

——彼得森·斯通和卡尔·瑞纳，"男孩遇见女孩"

无论我们怎样努力，都无法逃脱命运对我们性别的安排。在从出生到 7 岁的这段时间里，我们会不断探索自己与他人及外界环境的联系——我们刚来到这个世界时是什么身份，我们是男的还是女的。因为我们的性别会由内到外地决定我们的一生。让我们回想一下我们的女儿从出生到 7 岁时的样子吧。注意，这时候我们是在从外向内地看待我们的孩子。她就像一只刚刚孵化出来的蝴蝶，在我们的面前舒展自己，让我为她美妙的姿态而感叹。

成长的任务

在女孩的成长阶段，无论是大学的课程还是无数的关于抚育孩子的书籍都没有涉及的重要东西是什么呢？大多数关于抚育孩子的图书都只是泛泛地讲解怎样抚养孩子的问题，而不是很具体地讲怎样抚养一个女孩的问题。孩子之间有许多相似之处，他们有相似的需求和相似的成长任务。然而，孩子其实在很小的时候就已经搞清楚了自己的性别——是男还是女。性别虽然对他们的行为不是很重要，但对于他们搞清楚自己的身份却是很重要的。我们会经常看见一些小女孩和小男孩跨越约定俗成的男女责任分工，但与此同时他们却仍保持着自己的性别身份。男孩和女孩在一些阶段的成长方式很相似，而在另一些阶段却大不相同。所以，了解并重视这些相同点与不同点是很重要的。

从出生到7岁这段时间里，孩子的成长主要是身体发育。这一阶段为今后的智力发展奠定了身体、社会和情感的基础。华德福教育的创始人、哲学家鲁道夫·斯坦纳认为，在生命的早期，无论是男孩还是女孩都会很自然地集中于身体上的发展并开始表达自己的意愿。从出生到7岁，孩子要学会走路、说话、思维，这是他们在这一时期要依次经历的三个阶段。

在理想的情况下，男孩和女孩都会在自己的内在成长周期中完成这些任务。我们要提醒家长，不要过分关注那些医生和其他专家用来衡量我们孩子的儿童生长的图表及标准，因为西方文化很容易迫使我们的孩子过早地脱离他们的婴儿时代，在孩子的身体还没有发育完全时就开始开发他们的智力。让我们的女儿像花蕾一样慢慢绽放。这句话听起来虽然有些老套，但我们仍建议家长这样做，而不要试图人为地促进孩子的成长，例如让孩子参加锻炼的课程，玩一些可以提高运动能力的玩具，参加一些训练阅读能力的课程等。

我们对幼女做解释、讲道理以及提出告诫的倾向，也是这种大脑发展的文化倾向中揠苗助长的另一种方式。她刚一开始学说话我们就给她们讲道理，并错误地认为她可以理解。一个3岁孩子的思维与一个9岁孩子的思维是大不相同的，而她与大人的思维就相去甚远了。她的问题和语言还并不理智，所以给她讲道理并不能改变她的行为。

以前，我每天要告诉莱拉好多次，让她用盖子盖住橡皮泥，要不然它风干了就不能玩了。我仔细地向她解释，但她总是记不住。现在我意识到了，我每次都要帮她把橡皮泥放好，直到她自己能够记住。

——谢里，3岁的莱拉的母亲

皮亚杰的关于儿童发展的研究表明，孩子在10～11岁时才会有理性的思维。如果在孩子的能力和需求还没有达到时就强迫他们去理解事物，只会打击家长的积极性并加重孩子的负担，因为这时候孩子的注意力还集中在身体的发育上，而并非在推理能力的发展上。一些研究表明，一些家长发现女孩比男孩的实际思维能力发展得早些，但是我们不能因此而强迫她们加速发展自己的智力。您还记得这个笑话吗？"永远不要教一头猪唱歌。这不仅浪费时间，还会惹怒那头猪。"教育孩子也是同样的道理。鲁道夫·斯坦纳认为任何耗费精力且与身体发育无关的活动都应等到孩子换牙，也就是在她 7 岁左右时才能进行。我们相信，这对于从出生到 7 岁的孩子来说是一个很好的衡量办法。斯坦纳博士在下面的对话中建议我们应该分散孩子的注意力而不是打消她们的积极性。

骄傲的家长：我 4 岁大的希拉已经开始学着读书了。

华德福老师：也许你应该引导她把兴趣放到一些烤面包或种花之类的事情上来。

在婴儿时代，一些适宜于孩子的活动包括拍手、躲猫猫、唱幼儿歌曲、蹦跳、爬着追逐一些物体等。最好玩一些简单的玩具——用天然橡胶做的软球，木制的老鼠，一个简单的填充动物或娃娃。大一些的孩子较喜欢玩一些日常用品，尤其是从厨房的抽屉中发现的那些金属碗、木勺、大小不一的杯子等。大部分孩子都喜欢同父母的身体接触。她们不厌其烦地与父母玩着脸对脸的游戏，玩弄鼻子、头发，鼓起两腮，并用嘴和舌头做一些滑稽的表情等。

在那些刚学步孩子的游戏中，要涉及一些大幅度的运动，如爬、跑、跳、投或抓球；搭积木；玩橡皮泥；用一些木制的小人、小精灵和小动物做一些具有想象力的游戏；模仿一些家务劳动：扫地、除尘、洗盘子等。2～7 岁这段时间孩子会不断地完善自己的运动技能。

孩子还需要大量时间在水中玩耍，观察云朵，并进行时空探索。您一定还记得孩子将一把勺子、花生酱、土豆泥以及一切她

第九章
关注我：从出生到7岁

可以够着的东西从高高的椅子上丢落在地上。她就像一个小伽利略，在以一个禅宗的初学者的思维方式去思考事情。显然，那些我们早已习以为常的日常东西，对孩子来说却很具吸引力。

珍妮：我还记得自己小的时候把鸡蛋从篮子里拿出来，一个一个地丢在地上，惊奇地看着坚硬的蛋壳被摔得粉碎，晶莹的蛋黄洒了一地。

女孩在不断复杂的人际关系中成长。婴儿时期，她从探索自己的手指、脚趾开始不断扩大自己的生活圈。女儿首先从我们——她的父母身上学会了处理自己与他人的关系。她对这个世界第一次凝视的目光会落在我们的脸上。她的第一次微笑也是冲我们而来的。她很注意与我们的关系；她总是留意我们的注意力、我们的情绪以及我们对她的行为反应。她的整个身体是一个高度敏感的器官，沉浸于与我们的每一次细微的交流中。

慢慢地，她的注意力扩展到周围的环境，通过触觉、味觉、视觉和嗅觉去逐渐了解这个世界。她生活在周围的环境中，可以感觉到花草树木、石头、水和泥土发出的声音，而我们成人却早已失去了使用这些感觉器官的能力。

渐渐地，小女孩的世界充斥着一些诸如球、娃娃、玩具盒之类的东西。她认为这些物体是有生命的，并与她的生活有着紧密的联系。在从出生到7岁的这段时间里，小女孩开始意识到这些玩具是永恒的——她把它们放在哪里它们就会待在哪里，且用一成不变的方法回应她——她学会了根据自己的意愿摆弄它们。她也学会了信任我们——她的父母，我们可以满足她的需要，更重要的是,可以和她一起玩这些有趣的且越来越多的游戏——我们称为"关系"。她成长的目标并不是"分离",而是要形成与他人建立更复杂关系的能力。

女孩的自身发展方向就是要使自己处于各种各样的关系中。关于在自身发展中如何获得自立和自主有一个通行的理论,那就是,孩子必须脱离他们的父母,更确切地说是脱离母亲。我们很注重培养男孩的这种独立意识,但对于女孩却不会这样做。人们很少认为女孩是独立的,是可以同男孩一样发展自己的前程的。这是为什么呢?因为我们对女孩正常成长过程的理解来自于一些主要以男孩为对象的研究,也就是说,我们错误地认为女孩和男孩是一样的。

儿童成长的研究表明,女孩会通过一些更加独立的行为,同男孩一样发展自我意识。简·贝克·米勒经过仔细研究发现,男婴和女婴都可以感知到自己在与外界进行交流。然而,文化传统使得男孩从这种与外界联系的感觉转向一种自己与外界分离、独立的感觉。而女孩则被鼓励去发展一种理解别人的感受、同他人保持联系的能力。正如米勒博士所说的,女孩的自我感知反映的是"人们'之间'发生了什么"。米勒博士相信女孩发展与他人的关系,去关心他人只会增强而不会损伤她的自尊心。这样她会感觉到自己的能力、力量在不断增强而并非减弱。女孩会认为"事情应该是这样的。我也喜欢这样"。

那么,对女孩成长的这种理解怎样才能帮助我们抚养她呢?最重要的是,我们如何才能有意识地去评价并培养女孩,使她成为一个不断与外界进行联系的女性？在这个过程中，父母们必须注意一些危险。我们在抚育女孩时容易犯的最大的错误是无意识地教导她们：1.在某一关系中缺少关心时，过分地去补偿；2.不适当地关心；3.不惜任何代价地去关心。这三种倾向都会使得女性的活动范围受到局限。

在我们的文化中，同情、关心以及哺喂都被认为是女性的技能。所以，我们经常要求女孩或女性去弥补孩子所缺少的关心，进而导致过分的补偿。这种过分的补偿给男孩和女孩都带来了很多不幸的问题。如果让女方一个人承担所有关心孩子的责任，就会最终导致她负担过重，筋疲力尽以致产生怨言。女性需要同样的关心作为回报，这种相互关心可以使双方的关系更加愉快。如果男性不给予女性关心，他们就无法发展这种健康生活中所必需的人情味。尤其在家中的时候，由于不经常展现自己具有人情味的一面，他们的心和感觉就会萎缩以至于完全丧失。男人认为他们不应该做这些事，而女人认为她们应该承担一切。我们应该教女儿给予并接受关爱，对自己不想做的事说"不"，向别人提出她的需要，并且帮助她获得一种平衡关系的关爱。为了做到这一点，最好的方法就是，父母在处理自己的关系以及同女儿的关系时，以身作则。

由于女性天生就喜欢寻求联系，所以我们的女儿在很早就能学会关心别人。我们要做的最重要的是教她适度地关爱别人。在这一过程中我们也必须做得适度，要让女儿保持儿童的心态，而不要用成人的标准去要求她。下面的这段故事发生在一个6岁孩子亚力山大的身上。

由于保罗在家中工作，所以，当我们离婚时，他就理所当然地抚养了丽莎。她现在已经同他生活了两年。我吃惊地发现，她现在变得像一个小妻子，而从前我可没有意识到。她向我诉说了保罗的工作，他同他的女朋友之间的麻烦，他对钱的忧虑，以及几乎是一切他过去总是跟我讲的事情。她才6岁！当我们在一起的时候，我就会努力使她轻松些；我们玩过家家，做滑稽相，并假扮他人。但她不喜欢玩。她喜欢同我交谈，询问我的状况。我认为对于她这么大年纪的孩子来说这是不适宜的。我并不是假正经。我只是认为，孩子就是孩子，他们还不必去关心大人的事。这对他们来说太早了。

——莉，6岁的亚力山大的母亲，39岁

当一个女孩知道她无论如何都必须不惜任何代价去关心别人时，那些她不关心的事情必须隐藏起来。那么，当她憎恨、害怕别人或者非常生气时她应该怎么做？一个最好的例子就是一个独生的小女孩几年后又有了一个妹妹或弟弟。很自然地，小女孩会憎恨这个闯入者，但是她却总是被告诫要和蔼，要去爱她的弟妹、要去关心他们。我们应该知道，我们有不关心别人的自由，也会在和别人的交往中不要求别人关心自己。我们可以很坦诚地对我们所爱的人发怒，并且以非责难、非判定的方式告诉他们，这种关心的形式通常会增强我们之间的联系。如果我们允许女儿感情丰富，那么，在与别人的交往中，她才是一个真正意义上的人。

一个女孩必须让别人分担她照料的责任，让别人也能关心她。她必须学会怎样以一种与她的年龄、愿望、需要相符的方式去关心别人，然后，她就应该真正地去实施。她必须拥有不关心别人的自由，这样她就会有更丰富的感情并且会更加完全地去关心别人。我们的女儿有了健康的规则的指引,她在这个世界上与别人相处就会更自信和更有力量。她会知道"我是一个能干的人,因为我关心别人、关心他们的感受。父母了解我的成长之路,使我成为一名健康的女性,知道自己有能力帮助他人成长"。当人们充分认识到并重视女儿的这一关键点时,她便会自由地发展一些男子特质。当同时拥有了男性化和女性化的才能和谋略后,她对生活选择的自由度就变得更大了。

"对于1岁的孩子,最重要的行为是模仿……"无论是婴儿还是刚学走路的孩子都会去模仿周围的人。他们会无意识地一遍又一遍地练习爸爸抬眉毛、噘嘴的动作,直到父母自己意识到了这种表情。在孩子成长的每一个阶段,尤其是现在,我们的行为比我们的语言教给孩子的东西更多。

> 我同一个明显跛腿的妇女一起工作,奇怪的是她并没有什么身体上的原因导致她跛腿。她回忆自己的童年,也没有找出任何事故或疾病,所以无法知道引起她跛腿的原因。有一天,她的妈妈从中西部来看她。她妈妈也是跛腿,是小儿麻痹的后遗症!
>
> ——安·格拉塞尔和阿斯顿·帕特纳

除了我们行为上的特殊习惯外,我们的精神状态也会被我们的孩子模仿。通过我们的行为,他们知道了家庭成员是如何相处的,以及是如何同外界环境相联系的。我们的面部表情和说话的声调代表了大方或谨慎,热情或谴责,赞同或批评,这一切都会被他们所感知并在同他人的交往中模仿。

> 我从我爷爷奶奶那里学会了种花并爱上了这事儿。在花园中时，他们就会突然变得很活跃，很愉快。他们从不厌倦地除草，并且一边工作一边不厌其烦地告诉我这些树苗的名字。这使我感知到这才是真正的工作。在花园里我的心情总是很好。
>
> ——莫伊拉，46 岁

> 我父亲讨厌懒惰的人。无论是谁，都应该辛勤工作。所以，直到今天我也不能忍受看着我的丈夫躺在沙发上而不去割草或清洗水池中的盘子。
>
> ——桑迪，34 岁

孩子对家务总是有很大的兴趣，他们喜欢模仿掸灰、洗衣服、做饭、扫地等每一项家务劳动。孩子会模仿家长的动作。在家中孩子可以看到一些男女职责的固定划分。

> 我在花坛中锄草时，隔壁 5 岁的格雷格过来问我："迈克在哪儿？"他问的是我的丈夫。于是我回答："他在厨房中准备晚餐。"他吃了一惊并抗议道："不！不可能。我爸爸从不做饭！他不应该做饭！"
>
> ——琳达，42 岁

孩子的游戏反映了他这几年的成长历程。游戏就是孩子的工作。让孩子有充足的时间去接触水、空气、泥土，为他们将来理解物质、时间和空间——科学、物理、几何奠定基础。正如我们在第四章中讨论过的那样，我们对玩具的选择可以使得一个女孩的心智按照一定的文化模式发展或者自由地按照其自身内在的取向发展。玩洋娃娃、微型烫衣板和塑料厨具可以使一个女孩将来发展成家庭型女性。而除去这些玩具以外再玩一些球类、石子、积木、小玩具人以及花丝巾、玩具火车等，可以让她对自己将来的发展有更多的选择，而这也正是她健康成长所必需的。

让孩子自由地玩耍，不去打搅她们，可以培养她们集中精力、坚持不懈的精神以及创造力，还可以使她们建立自尊，提高她们相互合作和信任的能力。不断打扰一个正在玩耍的孩子会分散她的注意力，她不禁会问自己："我现在应该做些什么？"当一个孩子对她感兴趣的东西探索彻底后，或完成了一项任务后，她才会愿意做分配给她的家务。这是孩子在这一阶段最显著的特征之一。孩子的一些不合作态度，通常就是由于她在玩耍时被不断打扰引起的。当然，这与大一些的孩子想方设法晚点睡觉或逃避不愿做的任务不同。小一点的孩子通常总是会很不情愿，因为她还没有做完她认为重要的事情。如果我们能在孩子把注意力从一项活动转移到另一项活动的过程中给予理解和关心，我们就可以避免这种在家庭生活中的冲突。

需求

孩子们需要父母在她们同外界社会联系的过程中起到缓冲的作用。最新发现表明，子宫其实并不是我们想象的那么平静。常识告诉我们，发育中的胎儿或许能够听见母亲能听见的声音，但由于皮肤、脂肪和羊水的阻隔使他听到的声音减弱了。他待在一个温暖而漆黑的地方。我们可以想象一个新生儿刚来到这个世界的一刹那，他们一定对那些没有过滤的噪声、明亮的光线、寒冷以及往来穿梭的医护人员感到惊讶。然而，人们正在不断改变从前的做法以减少外界的刺激对孩子幼嫩的神经系统的冲击。而且，我们在家中可以做很多的事情来缓解孩子的压力。教育家鲁道夫·斯坦纳认为，婴儿的器官很敏感。如果大人不去为他过滤周围的刺激，他的整个身体就会全面地沉浸在其中。这些刺激是很累人的，也可能是很有害的。这就是为什么婴儿在头几个月中总是要睡觉的原因。他幼嫩的身体需要被慢慢地唤醒，需要被缓冲以适应诸多的外界刺激。尤其需要保护自己免受强的音乐声、刺眼的灯光、明亮的颜色、电视以及其他化合物的刺激。他需要柔和的灯光和颜色，接触棉制品、毛制品、木制品和其他自然材料的物品。他需要一些幼儿歌曲发出的抚慰的声音以及父母对他唱的摇篮曲。

我们往往很早就让婴儿接触商场、游行、马戏表演、超级市场、电影以及其他科技，这太早了。教育家瑞希玛·鲍尔温在《父母是孩子的启蒙老师》（*You Are Your Child's First Teacher*）一书中说到，婴儿是有弹性的，他们会适应家中的一切正常的声音。我们不必要在家中踮脚尖走路，但也不要误认为婴儿应该立即去适应嘈杂的现实生活。我们提倡尽可能长时间地去娇养婴儿。她一辈子只能做一次婴儿，让她逐渐从安静而潮湿的母体中过渡到现实生活中来，对她将来发展成为一个健康的女性至关重要。

婴儿需要身体的接触。我们建议在婴儿生命的初期要经常抱着他。在一些土著人的生活习惯中，他们总是抱着或背着自己的孩子。他们根据自己要进行的活动，需要的人手以及孩子的需要把孩子从一个成人交给另一个成人或大一些的孩子手里。土著人使用各种色彩丰富的吊带和包裹，创造性地把孩子挂在自己的胸部，使孩子温暖舒适不受寒冷和重力的侵扰。这对孩子来说可能是最接近子宫的一种环境，只是没有了子宫中温暖的羊水。

经常拥抱孩子可以使婴儿由于温暖并有人陪伴而产生信任感。在大人温暖的怀中，孩子可以自由地适应这种新的、干爽的环境，而不会由于寒冷、潮湿、孤独而烦躁。她可以把自己的能量用在最需要的地方——调整自己的呼吸和消化系统，使之得到清理并正常运作，而这对于许多孩子来说是有一定困难的。

我们可以知道这种"抱着她们"的阶段什么时候结束，因为那时女儿就开始爬着去探索周围的世界。我们会担心，如果我们总是抱着孩子，在她哭的时候就去满足她的需要，她会过于依赖我们，这样她会被宠坏的。其实恰恰相反。在婴儿期，如果我们不给孩子应有的爱、关心，她才会依赖于我们。女孩的婴儿期是一段非常难熬的时光，我们要牺牲睡眠时间、洗澡时间、独处时间、工作时间和外出时间来照料她。但这种投入是值得的，当孩子长成青少年时，她的自信和对我们的信任会影响她的决策和行为。

在孩子生命的早期，对我来说最困难的事情就是要不断去满足她的各种需求。我休假时本以为可以完成我这几年一直想完成的一些计划。根本不可能！我自己所能做的全部事情就是早上梳洗一番后穿好衣服。然后就要开始喂她，给她换尿片、摇动她并且在她小睡时自己也睡一觉。然后又开始周而复始的照料活动。现在我再回过头来看那些日子真是要感谢上帝的保佑。外面的世界对于我来说已经停止了，除了我和我的孩子以外什么也不存在。我要放弃一切去给予凯利不间断的照料，哪怕只有一个小时。但是她相信，她可以从我这里得到想要的一切。这使我感到非常欣慰。

——卡罗琳，16岁凯利的母亲

父母们总是抱怨孩子在刚出生后的一段时间搅得他们无法睡觉。我们总得起来哄孩子、换尿布或给她喂奶,然后她才会睡觉。许多聪明的家长让孩子与自己睡一张床,这样大家都能睡得更好一些。当然,只有在这种崇尚自我的现代社会中,我们才会让我们的孩子与我们分开睡在寒冷、黑暗的单独的一张床上,这让她得不到温暖,也无法与父母亲近。

婴幼儿不断需要父母或其他稳定看护人的照料。我们非常赞同父母在这个困难时期以家庭为重,主动地去协商自己的工作计划,使得自己可以成为孩子的主要照料者。一些公司和小的企业已经开始意识到家庭对身为父母的员工同样重要,并已开始采取一些方法使工作的父母多和他们的孩子在一起。公司主动去分担他们的一些工作,提供更灵活的工作时间,允许他们在工作地点照料孩子,给父亲和母亲假期或允许他们在家中工作。这里我们有另一种大胆创新的方法。我们的文化忽视了孩子,但是,如果能通过为一个家庭提供方便的工作计划和福利待遇,我们就可以克服文化对孩子的毁坏性影响。《职场妈妈》(*Working Mother*)杂志在 1993 年 10 月这一期中列出了 1993 年 100 家最适合母亲工作的公司名称。

我有两个做婚姻和家庭顾问的朋友,他们分担着照顾两个女儿的责任。一个人工作时,另一个人就照看孩子、做家务,然后互换。这样的生活使得他们无法顾及自己的客户、学校的课程、日常事务和家务,至于社会活动就更不用说了。但是这对有奉献精神的夫妇却成功地完成了他们对家庭应尽的义务。

在这个社会中，单亲家庭中的家长要承受更重的负担。有的单亲家长要做全日工作才能勉强糊口，而抚养孩子的费用又是如此的昂贵，这使得他们根本不可能请别人帮忙。有些人首先从自己的亲人那里寻求帮助，然后请朋友或邻居帮忙或者将孩子送到托儿所。

终于，我有了一套行之有效的方法，但是我不知道这会持续多久，我可以坚持多久。我妈妈愿意照顾克丽丝，但是她却无法连续四个小时以上看管好这个活泼的3岁孩子。我只好在上班的路上把她放在母亲那里，午饭时，我会去接她，然后把她交给邻居。我的邻居下午3点半去工作，所以她将克丽丝放在一个我工作附近的幼儿园直到6点钟我下班。我一天只能有两个小时照顾她。我下班回到家中就已经筋疲力尽了，而由于照顾不周，克丽丝也变得性格怪僻。可我又能怎么样呢？

——艾伦，3岁的克丽丝的母亲

我们无法解决在照看孩子时的这种进退两难的局面，而且我们也没有强有力的事实证明对孩子白天的照料会对她们产生什么样的影响。现实情况是父母们还得继续工作以支撑家庭并且完成人类创新、生产的基本需求。由于越来越多的母亲有自己的工作，而且越来越多的单亲家庭的出现，对孩子照料的危机就越发严重了。一些儿童专家主张对孩子进行"全面的照顾"，但事实是在这个国家中，对孩子的照顾从未充足过。联合国儿童基金会近期的一项研究表明，美国儿童的贫困率比世界上其他主要工业国家要高一倍以上。"但是，美国同其他国家的真正区别在于美国对新生儿给予福利较少，在20世纪80年代其他国家的福利措施比我们要慷慨的多。"

要找到照顾好孩子的方法,父母、公司的管理者、教育家、政府官员、退休公民等所有人必须一起努力。在白天为孩子创造理想的看护环境,要比父母亲自对孩子进行充足的照顾效果更好。理想的环境应该是一个靠近父母工作地点且温暖、美丽的地方。看护孩子的老师和工作人员应该思想开明,且具有爱心,能够理解孩子的观点并且与孩子的父母合作,给每一个孩子最好的照顾。他们照看的孩子不应该太多,且相互之间应该形成亲密友好的关系,使得每一个孩子都觉得可以及时获得她所需要的关心。工作人员的轮换不应该太频繁,这样孩子才会建立一种自信和安全感。孩子每一天的活动都要有详细的记录,这样可以帮助我们把孩子接回家中后继续照料。老师和工作人员应该经常接待一些家长的来访,并且重视家长们的担忧和建议。

社区合作可以为我们提供多种照看孩子的方法。例如,在加利福尼亚,福尔松的4个母亲组成了一个"母亲小组"解决照看孩子的问题。她们互相帮助,合伙使用汽车,出现紧急情况时前来帮助,并且每一个人都把自己的专业技能与别人共享。

孩子小的时候应该免受电视的侵扰。我们必须要让电视在孩子的生活中无足轻重。我们意识到,这样做是在对美国人的一种习惯提出质疑,因为人们对看电视就像刷牙一样习以为常。但我们认为,看电视是一种非常具有潜在危险的习惯。我们绝大部分人没有意识到,我们和孩子看电视的时间太长了。从孩子出生到7岁这段时间,父母承担着很大的责任,他们应该帮助自己的孩子养成良好的习惯。而看电视对孩子们来说却是可有可无的。

我们可以想象那些每天时钟紧绷的人，当他们忙得快要发疯时，可能会很想去洗个澡轻松一下，这时他们就会让电视充当保姆的角色，而让自己可以独处一会儿。如果我们在一天的忙碌后想看看电视放松一下呢？为了不让电视在孩子的生活中出现，我们是不是也得限制自己看电视的时间？是的，恐怕我们确实得这样做。如果我们考虑到看电视会给孩子带来多么大的不利影响，我们还会认为自己牺牲了很多吗？

坦白地说，这种关于能否看电视的讨论使我感到很厌烦。如果有人提起此事，我就会告诉他，你两年之内不要看电视，看看你的孩子与看电视时有什么区别。这是我所需要的最好的证据。否则，你不会相信你的家庭到底会有多么和睦，你的孩子会多么具有创造性，而你会拥有大量的时间完成办公桌上成堆的计划，有时间读一些精彩的书。我会这样坚持下去。

——劳拉，3岁孩子的母亲，家中5年没有电视且计划这样持续下去

所有父母都必须对看电视的问题找到自己的解决方法——也许可以把电视藏在碗橱中，而且不要接有线电视。但是，你不要这样做。我们建议您先考虑一下下面这些令人吃惊的观察报告：家庭心理学家约翰·罗斯梦德声称，在孩子个性形成时期，看电视是一种对孩子生活经历的剥夺。如果学龄前儿童每周看20个小时的电视（调查表明，大部分孩子看电视的时间比这还要长），到他们上一年级的时候，他们已经在闪烁的电视屏幕前待了4000小时以上。罗斯梦德博士写道："孩子4000个小时不去进行能力的锻炼，会损害他们的学习能力。从1岁到7岁，环境的影响会给中枢神经系统打上永久的烙印。如果孩子长时间都坐在闪烁的

电视屏幕前，不活动，我们有理由认为这种经历会影响孩子主要神经功能的建立，其中包括长时间集中注意的能力和推理能力。"

学习专家简·M. 海利博士在《危险的头脑：为什么我们的孩子不思考？》（*Endangered Minds: Why Our Children Don't Think*）中写道："总体来说，研究表明电视的快节奏和在视听方面给人的特殊印象，会影响主动思维习惯的形成……我们认为，如果孩子的大脑习惯于去欣赏大量的轻松的电视娱乐节目，她的思维能力就有减退的危险。"

除了对孩子身体发展方面的影响外，电视中的一些暴力节目还会进一步影响我们的孩子。总看暴力镜头，使人们对别人的痛苦很冷漠。康州公共健康部门的法律服务主管罗伯特·菲利普斯教授说："我们的语言中，有许多暴力成分，通过语言我们可以洞察实际的感受和文化习惯。"孩子并没有发明暴力；他们只是由于受周围暴力的影响而具有了暴力倾向。黄金时段的电视节目每小时平均有9个暴力镜头，在卡通片中每小时有21个暴力事件。一个典型的美国孩子14岁时就已经从电视中目睹了11000起谋杀场面。

孩子正处于易受影响的年龄阶段，无法分清他们在电视上看到的和现实中的有什么区别。他们学会了用暴力或破坏性的方法解决与别人的冲突。女孩参与的暴力事件数量日见上升。那些观测我们社会文化脉搏的专家将这种增长归因于电视、电影、录像、体育和电子游戏中的暴力镜头，以及毒品和枪支的泛滥。南加州大学社会科学与交流学院院长卡罗尔·纳极·杰克林说："最让我们感到不安的是，我们一方面对暴力的存在感到痛惜，而另一方面，我们明知它应当被停止却没有停止。"

电视除了对孩子体质和性格有影响外，最应该引起注意的是电视对孩子想象力的消磨。华德福教师卡伦·瑞佛斯写道："做白日梦和一些运用想象力的游戏可以促进孩子感知能力的成熟，感情的丰富以及创造力的发展。想象力是大脑可以体现出当前感知或观察到的事物的能力。"没有了想象力，我们就不能理解并同情别人的痛苦。没有了想象力也就没有了爱。

> 道德的秘密在于爱；或摒弃我们自己的天性，发现并认同其他人的思想或行为中的美好的东西……而想象力是优良道德的最有力工具。
> ——珀西·B.雪莱，《为诗辩护》(A Defense of Poetry)

家长和教育家在给孩子传授社会道德标准方面失控了。而这一重要的角色却由电视取代了。我们是否考虑过这个问题：孩子从电视里到底学了些什么？她们学到的是用暴力解决问题；穿着性感的衣服以博得大家的好感；吃糖果喝软饮料以使自己快乐；用购物来打发闲暇的时光；少数民族的人们是低等的、古怪的、恐怖的；自己不酷就无法融入朋友圈；男女固定的社会分工是正确的；喝酒吸毒也没什么大不了的；性是必然的，等等。

在古代部落的风俗习惯中，人们给孩子讲故事是很有选择的，因为他们知道他们的生存取决于对自己文化的统一认识与信仰。故事中的图像和符号详细地描述了本民族文化中的行为规范，所以每一个孩子都可以知道应该做什么，不应该做什么。孩子会坐在那儿,入迷地听着大人们给她讲的故事,声音时而洪亮、生动、时而又非常温柔,具有说服力。故事中所描述的场景成为她活生生的记忆,并指导她的行为。

我们不能回到过去,也不是想限制孩子们应有的自由选择。但是,我们绝不能认为电视中的故事可以教育我们的孩子,使他们具有善良、创造力、好奇心、细心、聪颖等人类的优良品行和能力。这些都是电视做不到的。

可以理解我们很难为此而关掉电视。如果我们的女儿还很小,不认为没有电视生活中会缺少些什么,那么这样做就会容易一些。

女儿在有节奏的家庭生活中茁壮成长

珍妮: 一个新生儿会使家庭的日常生活变得更加寂静。我在家中会行动缓慢、小心以防吵醒她。家中装饰物的色彩变得柔和,生活似乎变得朦胧了。当然这也许是因为我缺乏睡眠的原因。不管怎么解释,如果我们听任她们的摆布,那么每天的生活就会在洗澡、喂饭、摇摇篮、睡觉、换尿布中有节奏地度过。

随着她慢慢长大,孩子逐渐地信任并依赖于这种日常的生活节奏。她调整着生物钟,使自己对这种生活规律具有安全感。在她适应嘈杂的外界环境之前,她需要这种缓慢、安静的生活。

通常,孩子对慢节奏、有规律生活的需要会同大人的工作需要发生冲突。关于是按孩子的需要喂食还是按固定的时间表喂食的争论，使我们对我们及孩子的需要感到困惑。科学家、教育家约翰·大卫从他第一次当父亲的经历中认识到家庭生活具有节奏的目的是："不是让孩子来命令我们，也不是我们要去命令孩子，而是要寻找一种和谐的家庭生活。"

"寻找和谐的家庭生活"这个目标很值得我们思考，引起我们的注意，并为之付出努力。过分快速的生活节奏使得我们偏离了合理的自然节奏，偏离了孩子的需求，无法理解别人的痛苦，并偏离了我们自己的梦想。我们为缺乏集体感，没有与我们共同分享奋斗成果的人而感到悲哀。我们每天穿梭于各种事务之间，没时间考虑什么才是最重要的。

我的医疗所刚开张时，为了那些有工作的顾客，晚上也要照常营业。每次回到家里小女儿已经睡着了。我讨厌这样。最后，我认为我实在放弃的太多了。毕竟，她的婴儿时期非常短暂。现在，我照样全天营业，因为我的顾客重新安排了来诊所的时间。就这样，我将我认为重要的事情放在第一位，使得家庭生活大不相同。

——阿简德，家庭及婚姻医生，两个孩子的父亲，39岁

无论如何，我们必须要让我们忙乱的生活有点秩序。正如约翰·大卫教授所说，我们需要一种折中——一种介于机械的日常事务和多变的突发事件之间的生活。

珍妮：女儿总是会发现一些使生活更加丰富的诀窍。当她还很小的时候，我需要减慢活动的速度，并且可以说，这样使我具有了"预见力"。我用婴儿第一次来到这个世界时的方法来看待周围的事物，我

对每一个泡沫、花蕾和爬行的东西感到新奇。她年轻的视野重新燃起了我对这个饱受创伤的地球的希望。我又一次放慢了自己的步伐,开始注意周围简单、可爱的事物。它们不需要我付出什么,却给予了我难以置信的快乐——邻居的古董、落日及丈夫长满胡子的脸。

> 美丽是事物一种永恒的快乐,
> 她的可爱之处与日俱增,永不消亡,
> 使我们保持心灵的宁静,甜美的梦乡,
> 健康和安详的呼吸。
> ——约翰·齐茨,《月神》(Endymion)

我们赋予女儿的生活节奏会伴随她一生。

每晚按时早睡,不看电视或其他紧张性的刺激场景,为身体和智力的成长提供适当的休息时间。

睡觉前例行的活动,例如,点蜡烛、唱歌、祷告、讲故事,可以使孩子从清醒状态轻松地进入梦乡。

早上起来例行的活动,餐桌的独特摆放方式、一支歌、一句祝福的话,让孩子以一颗充满希望的心迎接新的一天。

特别的晚餐,在装饰一新的树林中举行家庭野炊,以家庭传统的方式度过节日,这些都为小女孩留下独特的童年回忆。

从日常的生活琐事中创造欢庆的气氛,充分发挥小女孩艺术和想象力的潜能。要孩子打扫自己的住处时，或者当她把玩具到处乱扔时，玛丽·珀品斯的故事中那些美妙的场景可以帮助我们赢得小女孩的合作。

在为女孩创造生活节奏并为她提供一些例行的活动时，我们也会从自己身上找到活泼、有创造性的源泉。我们可以从充满年轻活力的期待与希望中寻求勇气和生活的乐趣。

要发展能力和信心，女孩需要活动、玩具及书籍。女孩从玩耍中学会说话，通过语言就可以与他人沟通。女孩在幼儿园通过节奏、重复的节拍、乐章和重音学会了儿歌、故事和一些歌曲。女孩通常很喜欢这些，并且努力地用自己的身体感官去了解这个世界。和谐的生活节奏，随声音歌唱、说话、摇动、旋转，坐在我们的腿上，所有这些方法都可以促进她的成长。

我们前面提到过在童书中缺乏能干的女主角，这会对女孩自尊心的培养产生消极的影响。如果我们积极地在书中寻找强大的女性角色，少数民族中的正面人物，以及让我们的孩子能够理解每个个体都是存在差异，同时又具有自己的优点，这样就可以为她提供具有积极作用的榜样形象。我们并不是说限制女孩只看女主角的书籍，因为女孩也很喜欢看关于男孩的书。我们应该尽早给她读这些书以培养她的想象力、自尊心，并帮助她度过不平坦的生活之路。

除去那些女孩通常喜欢的玩具外，我们还向您推荐下列一些玩具。它们可以促进她们运动技能的发展，拓宽视野和提高解决问题的能力。

穿珠子，健身用的垫子，毛衣针、线，小型蹦床，大缝衣针、线，球类，积木，边走边说话的玩具，小白球，弹珠游戏，跳棋，特殊的宠物如老鼠、蜥蜴，象棋，磁铁，树叶、石头、木棍，彩色的丝绸，木制的拼板游戏，木头人或动物，木框，大的盒子。

我们选玩具要看这种玩具是否能够引起小女孩的兴趣。看这个玩具是很复杂的，还是很简单的，这样可以让孩子在玩的过程中发挥自己的想象力。例如，布娃娃的脸部有着固定的微笑表情，在孩子感到焦躁或悲伤的时候就不适合玩耍。一个普普通通的纸盒子有无数的玩法，而一个塑料厨具的玩法却很少。那些用天然材料加工而成的优质玩具，可以吸引孩子的兴趣，发挥她的创造性，培养她的灵敏度和洞察事物的能力。

内部指导系统

在女孩需要"看护"的日子里，父母和女儿都会有感到困惑的时候。家长经常会错误地对孩子期望过高，尤其是对孩子的内部指导系统在思维方面的发展期望过高。小女孩从出生到7岁只会象征性地思维。我们不能指望她像大人一样会用逻辑思维理解问题或朝着一个目标有步骤地执行自己的计划。她记不住一些家庭的规则，所以父母应该不断地提醒她。小女孩不知道自己为什么会有这样的感觉，也还不具备足以表达自己真实感受的能力，这一能力要到她换牙时才开始形成。而现在孩子还是在集中精力发展表达自己意愿的能力。

从出生到 7 岁，女孩一直在忙于发展表达自己意愿的能力。她不断积极地控制自己的身体和周围的环境。她醒着的时候就会去学着控制自己的手指、手、脚、腿、内脏、玩具以及同他人的关系。这种意愿会逐渐使她成为自己以及环境的指挥者。在这一阶段，为了使自己的内部指导系统得到健康发展，她需要进行许多活动以不断练习自己表达意愿的一些行为；她们还需要使自己的意愿限制在一定范围内；需要有节奏的家庭生活以引导自己的意愿；需要家长的支持以增强自己的自信心。

适合年龄的活动和反应可以使女孩按正常的节奏成长。我们可以看到很多关于女孩早熟的事例。如果我们让她免受成人生活中的烦恼和忧虑的影响，她就会更加健康地成长。如果我们因为女儿做了一些符合她们年龄的事情而表扬她，她就会继续遵照自己的内在意愿做事，而不是由大人们人为地把她拽到一个她们还无法理解的世界中来。如果我们拿交"男朋友"之类的话题开玩笑，或称她为"小淑女"，并期望她们的行为像成人一样，通常会使她在这一年龄段感到困惑或不知所措。

尊重女孩的需要。婴儿时代，孩子用哭来表达她的感情上或身体上的痛苦。如果孩子尿湿了，饿了，冷了，感到孤独了，累了或感到厌烦了，我们就应马上去关心她。从 4~7 岁的这段时间，孩子哭的原因就变得复杂起来了，我们需要仔细分辨。但是这仍意味着女孩需要关爱和帮助。当我们回应她需要帮助的哭声时，我们是在告诉她我们很注重她的感受，很重视她的需要，我们是关心她的。这样女孩就知道她是可以寻求帮助的，而且她们的需要是很重要的，我们反对让女孩为了顾及他人的需要而损害自身的利益。如果女孩能够学会去爱别人并赢得别人的爱，那么我们都会受益匪浅。

给各种情绪都留一些空间。内部指导系统是情绪、情感和直觉发展的源泉。如果我们否认女儿的情感生活，我们就会阻碍她如何感受的和从何做起的能力。如果我们对孩子说："你不是这样感觉的""不要哭，这并不疼""你没事"或"你是假装的"之类的话，就会使孩子从她信任的人那里学会不相信自己。

如果我们难以理解女孩的愤怒、悲伤之类的情绪，难以理解她的抱怨、违抗性的行为，就请回想一下自己的童年。想一想我们当时同她有一样的感觉时是否可以发怒或悲痛，还是无论发生什么事也要面带微笑？当我们独自发现一个玩具的新玩法或在无人帮助的情况下独自打开装麦片的盒子时，我们的意愿和行为是否得到认可？童年时家庭生活的一些规则会在很大程度上对我们为人父母时的行为产生影响。我们后来意识到的这些规则中的不足之处，会使我们对待自己的孩子时，更加开明、负责并支持她充满希望的行为、强烈的情绪和情感的直觉。

慢慢灌输一种神奇感。内部指导系统通过梦中的一些象征物、古代神话、儿童故事以及自然界中的事物指导孩子的行为。她的思维通过与这些事物的接触而逐渐成熟。在女儿还小的时候，我们必须向她展示自然界的神奇以及古老故事中美妙的真理。这对于她来说就像一口井，从中可以发现希望、力量、勇气、理解、同情和友善。

> 孩子的好奇心
> 乘着古老的月亮
> 在夜晚静悄悄地来到。
> 她伸出手指
> 指向远处闪光的黄色物体
> 透过树枝
> 星星点点地洒落在金黄色的沙滩上。
> 小女孩轻声地喊道:"看,月亮!"
> 她很快进入梦乡
> 嘴里还念着月亮。
>
> ——卡尔·桑德伯格,《孩子的月亮》(*Child Moon*)

栅栏

我们应当从孩子如何同他人相处的角度来审视孩子的行为。女孩的大多数行为,无论是积极的还是消极的,都是在测试并规定自己同他人的关系。"我从哪里开始,到哪里结束?""我对你的责任是什么?"这些都是女孩不断问自己的问题。从出生到7岁,我们为她限定的行为范围以及为她们设定的越界后果,规定了她内在的个人界限,这样就能够使她更有能力、更有勇气将自己同周围的世界联系起来。

婴儿、学步儿以及未上学的孩子需要不断地照顾和帮助。她们没完没了的需求,使那些即使是很有耐心、很有献身精神的家长也会感到疲惫。这一阶段通常是最困难的,因为家长们必须24小时随叫随到。有时由于对女孩的错误估计,使我们感到更加困难。

我们必须一开始就设置铁栅栏。 女孩不是小大人，如果我们只对她讲一次，她们不会理解我们要让她做什么，或是不让她做什么。这一阶段的孩子只能进行形象思维而不是抽象思维；所以向她解释原因意义不大。我们必须做一些对我们整天忙碌的家长来说很困难的事情。我们必须离开舒适的座椅，放下手头的工作，走向女儿，将全部精力放在她身上，给她展示正确的做法。例如，头几次我们可以帮她刷牙，然后一次又一次地同她一起刷，因为她需要生活在与他人的联系之中。

同样，还有一些她必须避免的行为，例如跑到街上或吃不卫生的浆果等。我们必须将她从马路旁带走并很坚定地对她说："不！没有我领着，你自己不能过马路。"我们需要不断重复并提醒她，这样，她才能够知道我们所说的话是认真的，她的这种行为是不被允许的。我们说话的声调、举止以及前后的一致性比所说的话本身更有说服力。

太多的选择会宠坏女孩。 女孩喜欢的东西可以有很多，但在这一年龄段却不必要为她提供过多的选择。小女孩应该知道一些规则和惯例，以及根据这些规则和惯例，她应该做的事情。"你今天午饭想吃什么？"这种问题对于一个还在进行形象思维的人来说范围太大了。我们可以为她提供两个选择，例如，"你午饭想吃橘子还是苹果？"这样女孩才有可能做出决定。我们有时认为我们是在教孩子怎样做决定，其实由于我们为她提供的选择范围太宽泛了，她们会因为不能进行理性思维而对这些选择感到困惑。

在孩子 6～7 岁以前，许多事情必须由成人来做主，例如，午饭或零食吃些什么，什么时候刷牙、睡觉等。"你想去梅莉莎家吗？"这种问题是小女孩无法自己决定的。我们可以根据女儿平时是否喜欢和梅莉莎玩之类的线索来判断，但是我们也有责任为她选择愉快、安全的环境玩耍。

许多成人不愿意采用这种独裁的方法，可能会问："她是怎么想的，她喜欢怎样？"但是，我们采用民主的做法却是错误的。如果我们在做决定时比较和蔼而又坚决、不容改变，这样就会赢得女儿的合作，她就会有安全感，因为她知道我们在负责这件事。当然，稍大些后，她的自我意识增强了，出现了皮亚杰所谓的具体运算思维，事情就需要有所改变了。

研究表明，抚养孩子的方式主要有三种：权威型、民主型和放任型。研究结果非常令人吃惊。在权威型的家里，家长要为孩子制定一些规则。孩子可以选择的很少，而且必须遵守家规。在民主型的家里，家庭生活中处处都体现着公平，会考虑到每个家庭成员的感受，有许多选择，并且很注重相互间的合作。对于那些被家长放任的孩子，他们可以相信任何他们愿意相信的东西，他们做事也总由着自己的性子来。长期的研究表明，在自由放任状态下成长起来的孩子很难和别人合作、很难与别人良好相处。那些在民主型家庭中长大的孩子，成年时很难做决定。而那些采用权威型方式抚养的孩子是适应性最强的，他们可以自己做决定，遵守规则并同他人合作。

权威型与专制型要进行严格区分，后者可以被看作是第四种方式。采用专制型方式抚养孩子的家长通过残忍地对待孩子、骂孩子、打孩子来实施自己的权力，他们不考虑孩子的需要、感受以及家庭成员的幸福。在这种教育方式下成长起来的孩子，比采用以上三种方式抚养的孩子适应性都差。他们长大后通常也会虐待儿童且在精神上不够稳定。在孩子从出生到7岁的这段时间，我们建议家长采用和蔼的权威型抚养方式。我们用和蔼的、理解的、同情的方式引导孩子。这种态度可以使她认为我们会照顾她们并帮助她从一些她没有能力处理的困境中解脱出来。

适当的结果可以增强自尊心。结果必须同孩子的错误行为相对应，而且，时间要尽可能短。我们常犯的错误就是当孩子做错事时我们为她们定的后果范围太大，延续的时间太长。有时我们意识不到究竟是谁应该为某件事情负责。让我们看看下面的这个例子。

如果女儿不吃饭，我们就会说："你也不许吃甜点！"这时女儿的反应是无助的或叛逆的。我们应该给她更多的选择。这种不许她吃甜点的结果不能解决她不吃饭的问题，且这种结果范围太广，无法激起她对自己改变错误，重获父母好感的信心。

女孩不吃饭的原因有很多，也许是饭做得太晚了，她已经累得吃不动了或已经饿过头了；也许是她在吃饭前不久刚吃了许多零食；也许是在吃饭时周围有太多的紧张性刺激使她吃不下去。我们在采取行动之前必须将这些因素考虑进来，这样在今后就会帮助她吃得更好。如果确实是由于这些因素影响了她的食欲，我们必须对所发生的事负责，因为她还太小而不应负责。

如果她仅仅是因为食物看起来不好看而不吃，对她这种行为，我们规定的结果应该让她认为是公平的。我们可以简单地规定家中每一个人必须对每一种食物至少都要吃一口。如果她尝了一口后发现自己不喜欢吃则可以不吃。这条规定很好遵守，对每一个人都很公平，还可以使气氛轻松。当然，每一顿饭我们都应提醒小女孩这条规则，直到她记住为止。

我们总是认为自己知道在女儿做错事时应该怎样处理，但事实恰恰相反。

珍妮：我的小女儿经常会有一些反抗性的行为或坚持一定要做某事，这时我就不知如何是好了。于是我就会告诉自己，我要好好想一想，并征求我丈夫和朋友的意见，不要因生气而做出使自己会后悔的事。

我吃惊地发现我女儿戴尔能够帮曼蒂学会遵守家规了。有一次，我去起居室倒咖啡时发现曼蒂第二次将一盆花打翻。戴尔要打扫地上的土，从她的脸上我可以看出她很生气。她对曼蒂说："你又用你的球把花盆打翻了，我很生气。这次我可以帮你收拾，但我要把你的球放在柜子中，下次你想玩的时候要拿到外面去玩。"曼蒂帮着戴尔仔细地将土扫进花盆中，然后高兴地回到她的房间玩去了。

——特维拉，29 岁的戴尔的母亲，3 岁的曼蒂的祖母

使用"减速"而不是"暂停"。我们认为应该用减速的办法而不要用暂停的办法。因为，在我们看来，这种很流行的暂停方

法被滥用了。如果女孩的行为出于建立联系，那么，把她关进自己的房间10分钟，不让她与别人接触的做法只会使她生气、怨恨、无助和反抗。

当事情超出我们的控制范围时，我们都会行为失常，我们的女儿也一样。孩子很容易被过高要求所压倒。例如，如果我们让孩子立即停止玩耍去睡觉，就会引起孩子的反叛心理。一个刚4岁的孩子是不会像我们期望的那样立即主动地去刷牙的。如果她感到累了，就会在自己悠闲的时候自觉去做，而且她还需要别人的陪伴。疲劳加上希望独处的情况足以使这辆"货车"翻入山谷。如果我们及时防止"车毁人亡"，唯一要做的就是"减速"。可以对孩子说："咱们去刷牙吧。"在说这句话的同时，也许可以把她抱到我们的膝盖上，使这辆货车减速，让她按我们期望的那样做，并建立家长和孩子都需要的友好关系。

如果女孩完全失去了控制，无论是抱还是轻摇都无法使她安静时，可以将她暂时同她所做的事分开。我们建议将她放到一个安静的地方，让她同有关的活动分离开，但不要把她关起来。让她知道我们就在她周围做着自己的事情，而她没机会做她想做的事情了。这样她就有理由减缓内心的骚乱，不会由于被关而做一些反抗性的活动。这种减缓她行为的方法可以充实而不是削弱她的经历。慢慢地，孩子就会控制自己的行为，这就标志着孩子在朝着成熟的方向发展，这也是我们所期望的。

第九章
关注我：从出生到 7 岁

性

许多读这一部分的家长会认为："不！我们已经到了应该考虑女儿的性问题的时候了吗？她还太小。"我们认为，家长的这种不安是可以理解的，因为从出生到 7 岁的孩子还不具备这种成人的性意识。用"感觉性"或"对身体的感觉"可以更好地形容女孩早期对世界的身体体验。母亲喂奶、被包进柔软的小毯、在热水中漂浮、踢蹬胖嘟嘟的小腿，所有这些都在培养着小女孩初步的性特征。符合她自己的自由感和美感的着装，跑、跳、爬等都可以使自己的肌肉有机会舒展，或者受到别人的欣赏。刚刚蹒跚学步的小女孩这时会有一种对自己身体的归属感。她对自己感觉好的事情和自己喜欢的事情会有一种自信感。这些对女孩发展健康的性特征是很重要的。

性解放的观念以及在电影中、电视上或许还在我们的卧室中充斥的那些露骨的性场面已经在很大程度上放松了我们的道德标准。但是当我们面对自己的女儿时还是会有所收敛。在她长大之前我们会不去想这些事，但是我们自己在性方面的观念以及我们如何对待她对性的探索和提出的有关问题等，都会影响她对自己和自己身体的一些早期感受。

女性的性特征与对关系的渴望和对人体的想象是分不开的。我们的女儿是性感的个体，她对此的探索和好奇是很自然的，也是很正常的。就像一个刚刚从蛹中孵化出来的蝴蝶一般，小女孩会在同自己、他人以及周围世界的联系中逐渐展示自己的性特征。她早期一些可爱的、令人满意的经历和观点，以及她同其他人的联系会对她的自我欣赏感产生持久的影响,这对于她发展健康的性是很重要的。她早期从他人那里获得的一些对自己身体的看法可以使得她有一种自我满足感和快乐感。一种积极的人体形象可以从一开始就在很大程度上影响她的成长。

我们经常能亲历、听说或从报纸杂志和一些通俗读物中了解到各种性关系紊乱的事,而在我们的文化中,许多成人对自己身体的那种羞涩感,是造成性关系紊乱的原因。关于性成熟和性调节的长期研究表明,人们对自己身体的接受程度可以直接对自信心、自尊心和和谐的性生活产生影响。

许多人害怕自己的女儿会受到性的危害。她会不会被侮辱?她会不会太早介入这种事?她会不会受伤害?她会不会怀孕?她受诸如疱疹、艾滋病等性疾病传染的概率有多大?性教育学家索尔·戈登博士和朱迪思·戈登硕士认为,那些自我意识强烈的人不容易受到这方面的伤害。在他们的《在性开放的世界里用保守的方法抚育孩子》(Raising A Child Conservatively in a Sexually Permissive World)一书中,他们认为那些不珍视自己身体和感受的女孩也许会过分重视别人的身体和感受,这样就更容易被侮辱、乱交以及早怀孕。

我的二女儿2～4岁时,她总是摸自己的下体。我和我的丈夫感到很尴尬。我们的医生说这是很正常的,但我却总觉得不自在。我想我的父母对性方面的问题是很严格的,所以我想到我女儿的性问题时会很不舒服。列娅最终意识到这样摸自己是可以的,但应当在没人的时候。于是我感到很欣慰。

——玛拉,三个女儿的母亲,36岁

手淫是正常的。就像其他事情一样,婴儿触摸自己的生殖器官以及那些用尿布包着的地方会感到很快乐。就像前面玛拉讲的故事那样,小女孩很快就会知道触摸自己的生殖器官会产生快感,而我们却会认为很尴尬。儿童护理专家珀涅罗珀·里奇教授在他的《您的婴儿和孩子:从出生到5岁》(*Your Baby and Child: From Birth to Age Five*)一书中建议,如果她做诸如抠鼻子之类应在私下里做的事,我们应当用我们是如何做这些事的方法来给她示范。如果我们对她说,这是丢人的,并威胁她,并不能阻止她手淫。女孩会继续手淫,并为此而有愧疚感。对于快感的探索,并知道如何使自己感到快乐,对于孩子长大后性方面的发展是同等重要的。

对性的其他形式的探索也同样很正常。女孩不仅对自己身体,也会对他人感到好奇。首先,她会观察自己的父母和兄弟姐妹。许多父亲也许会对女儿问自己:"你的阴茎感觉如何?"之类的问题感到非常吃惊。如果回答她:"很好,谢谢。"我们的女儿就会知道,我们愿意公开讨论性这个话题,并欢迎她提出问题。她只是想弄清男女之间的区别——爸爸有阴茎,而她没有。她同母亲一样,有阴道。

那么对阴茎的羡慕又是怎么回事呢?我们不应从字面去理解女孩对阴茎的羡慕。对于3~5岁之间的女孩而言,这只是她好奇心的表现,而且这一阶段会很快过去。对于女孩来说,比发现这种解剖学上男女的不同更重要的是,她所看见的父亲对待母亲的方式以及她自己是怎样被当作一名女性对待的。即使是对母亲轻微的贬低或家庭中男女责任的固定划分,例如母亲留在家中而父亲在外面工作，都会使女孩对象征权力的睾丸产生更大的兴趣。早期成长理论的专家们认为，除非女孩没有母亲或母亲不总在身边，否则她一定会同父亲结盟而不是母亲。而在通常情况下，女孩和母亲有紧密的纽带关系，而和父亲保持一般的亲密关系。

在成长的早期，女孩对性问题的了解方式与对自己以及周围世界的探索方式是一样的。正如我们上面提到的那样，在这一年龄段女孩的性欲可以被认为是一种总体感觉。同时，因为知道她是进行形象思维的，我们就可以理解她问的问题，而不是与她讨论复杂的性交问题。

露西问我："孩子是怎么跑到妈妈的肚子里去的？"我想："噢！我该怎么回答这个问题？"后来我意识到，她其实不是在问性的问题、性交的问题或复杂的受精过程。于是我告诉她，孩子是由在妈妈肚子中的一粒种子长起来的。她说："我也是这样认为的。芬妮也是这样说的。"然后，她就从后门跑了出去。

——艾莉，4 岁的露西的母亲，30 岁

如果女孩关于性的问题中或谈话中涉及玩伴，就应当引起我们的关注。我们也许还能记起自己童年时也曾玩过与性有关的游戏。如果被父母发现了，会让我们感到很难堪，这种难堪也很难忘记。如果被当场抓住，我们会立即因做了不该做的事情而受到指责。儿童问题专家艾达·勒山的《当孩子使你发疯时》（When Your Child Drives You Crazy）一书很值得推荐。书中建议我们应当避免使女儿蒙羞，可以向她解释我们知道她很好奇，但当有朋友来访时我们是不脱衣服的，所以她也不应当这样做。我们可以去图书馆或找专家探讨女儿到底想要知道些什么，弄清楚她进行性游戏的潜在动机是什么，而不是要使她有羞辱感。

女孩进行性游戏的危险是她有可能给大一些的孩子可乘之机，被骚扰或受到伤害。我们许多人在幼年的经历中，都有一些不是我们引起的，而是由于当时太小，不知怎样阻止而造成的伤害。如果她能够同我们谈一些她的忧虑或她害怕的事情，而我们不会嘲笑、惩罚或谴责她，这就给了她抵御性骚扰的能力。教会孩子在遇到这种问题时说："我得先问问我妈妈（或爸爸）。"问题就解决了。

每一个家庭都应找到一种谈论这种敏感而使人不安的话题的方法，而不会在女儿心中造成不必要的警觉和偏执。有些家长发现给女儿讲关于性侵犯的故事很有帮助。而另一些家长与孩子玩一些游戏，例如，"如果……你会怎样做？"然后告诉她在遇到这种受威胁的情况下应当怎样做。这种提高孩子安全，不受性骚扰的方法，在女孩从 4～7 岁时更加适用。关于性侵犯以及如何帮助孩子识别性侵犯的标志的进一步讨论见本书第十章。

在训练孩子使用便盆时要跟在后面。在 3 岁前，大多数孩子无论是在身体上还是在精神上都不能像成人一样使用厕所而不随处大小便。当然，不同的孩子可以控制自己大小便的年龄有早有晚。我们发现，让孩子稍稍提前于她的发展阶段，可以使她在没有压力和不使我们担忧的情况下掌握她该会的技能。女孩一旦可以自己上厕所，她通常会很轻松快速地完成而很少发生意外。

开始时，在厕所里放一个适合她的便盆，当她想上厕所时就让她使用她的便盆。这么做，无论她大小便得怎样，都算是一个好的开始。慢慢地，她会把坐便盆拉撒与成就感和自我的力量联系起来，这样，她就会主动要求穿短裤而不要包尿布。如果我们再对她加以赞扬，就会加快她学会使用便盆的速度。而如果对她进行恳求、责怪或羞辱，都会减慢这一速度。

学会控制膀胱和肠实际上就是学会控制自己。而一些家长却对"训练"女孩控制膀胱和肠有错误的认识。排泄，其实是人体内在的、天生的能力，到时候就掌握了。在女儿的发展过程中，如果我们过早地期望她学会控制，当她无法做到时，我们感到沮丧或不高兴，她的注意力就会从控制内脏分出一部分来，用于抗争我们施加的外在压力。这样，她学会控制自己的速度就会减慢。

一些学前班和幼儿园在孩子还无法自理时就要求孩子摘掉尿布。这样做是为了让孩子在上学之前就学会控制自己的大小便。但如此加速孩子学会自我控制，会给整个家庭带来不应有的压力。女儿会畏缩不前，或者她会让所有人的日子都不好过。

不管我们多么期望女儿能达到幼儿园要求，或能像亲戚、邻居家的孩子那样，她都会以自己的速度成长。如果明智的话，我们应顺其自然而不应该在小女孩还含苞未放时就强迫其开放。

真实意图

女儿的行为及语言背后的一些真实意图来源于她的内心深

处。如果将她犯的错、怪僻的行为等看作是不成熟的结果而不是当成坏的行为，我们就可以发现她的所作所为背后的一些动机，就可以重新认识她。这些新的观点可以使我们塑造并引导她更好地培养她自己的个性、天赋以及一些有助于完成人生使命的性格。应当记住，从出生到7岁，孩子会强烈地偏好某些事物。例如，无论我们对她说多少遍不要去动外婆的那个有100多年历史的花盆，出于内在的对美的热爱，她还是会去抚摸它。下面是这一年龄段的女孩会有的一些行为和所说的话。

行为： 当我们忙时她哭闹。
真实意图： 需要更多的关心。

行为： 有些不对劲就大哭。
真实意图： 问题很严重，需要帮助。

言语： 我讨厌学校。
真实意图： 对学校仍感到陌生，或者喜欢待在家中，或者昨天受到老师的训斥而感到难受。

行为： 打翻了一个盛满咖啡的杯子。
真实意图： 自己有力量控制周围的世界，或者家长应该将烫手的东西放到她够不着的地方。

言语： 我现在不想睡觉。
真实意图： 可能是因为怕再做噩梦，可以开着走廊的灯睡。

行为：我们说"不"时没有反应。

真实意图：认为自己已经长大，可以按自己的方式做；或者，由于正玩得高兴，所以不知所措；或者，由于大人每5分钟就说一次"不"而感到厌烦。

行为：忘记了做简单的家务。

真实意图：同意做这些事情，但由于还太小，有时想不起来做；或者，不喜欢这些家务，因为完成它们太困难了；或者，需要人帮助自己学会做这些事情；或者，大人的要求太高。

当我们不能听出或看出女儿行为背后的真实意图时，我们就可能陷于下面这种古老的思维模式。我们会认为女儿做错事是故意惩罚我们吗？我们会害怕别人怎样看待她的行为吗？我们会因为她比我们小时候受到更多的关爱、有更多的衣服和更加漂亮而暗暗妒忌吗？如果稍微仔细想想就会理解她的做法，并改变我们对女儿行为的反应。

听一听女儿一些有问题的行为和语言背后的真实意图，我们就可以知道她不是出于恶意，她不是个坏孩子，也不是为了为难我们。她的所有行为都是为了测试她自己影响周围世界的能力，为了与他人更好地沟通。记住这些动机，然后使用下面的这些空白以检测女儿令人生气的行为并发现这些行为背后的真实意图。

行为：

真实意图：

行为：

真实意图：

言语：

真实意图：

行为：

真实意图：

行为：

真实意图：

言语：

真实意图：

采取行动

生命的头 5 年是思维和身体变化最快的时期。

——依瑞娜·P. 斯蒂佛，"俄狄浦斯情节之外"

家长在女儿出生到 7 岁这段时间内总是忙得团团转。我们刚觉得逐渐地了解她了，就会发现她突然之间长大了，已经完全变了。以下是一些建议，可以对女孩充满好奇心的成长过程给予指引。

在婴儿时期保护她。在开始的几个月中让孩子远离电视、音乐和外界疯狂的生活节奏，让她逐渐适应。柔和的灯光、柔和的色彩，被抱进怀中，父母轻声地抚慰，这些都是孩子成长早期所必需的。不久她就要去适应外界嘈杂的环境了。

唱歌，唱歌，唱歌！ 在这个充满科技的时代，随着孩子年龄的增长，我们希望读者能够考虑到电视、音乐对她幼嫩且正在发育的感觉系统会造成的影响，尤其是当孩子感觉腹痛时或无法适应这个陌生而全新的世界时。如果父母唱一些抚慰孩子的歌谣、幼儿歌曲或一些古老的歌谣，为孩子营造一个安静、温和的环境，有利于孩子逐渐适应这个世界。

我们可以为孩子唱一些我们小的时候父母为我们唱的歌曲。我们也可以教孩子唱一些自己喜欢的摇滚、布鲁斯、电视歌曲、流行音乐，甚至是说唱。如果对歌词有些生疏，可以去音乐店买一些歌曲的书籍或在开车时独自听的磁带或 CD。

孩子会很自然地对音乐产生反应，并开始跟着唱，晃动自己的身子，有一些简单的节奏感。鼓励她培养对音乐的喜爱，用音乐陪伴她度过今后不平静的生活，为此我们可以同她一起唱并组成一个家庭合唱组。可以用金属碗、木勺、燕麦盒、纸筒和豆子作为开始时的乐器。我们知道有一个家庭，每天晚饭后不是去看电视，而是聚在起居室中唱歌，由父亲弹吉他。

为孩子提供适合她年龄的玩具、书籍和经历有助于对孩子整体素质的培养。 开始时可以给她玩一些简单的玩具——一个木制老鼠、一个软棉花球、一本硬纸书、一个布娃娃。随着她慢慢长大，逐渐对自己有所了解，我们可以给她提供一些娃娃、玩具汽车、工作板、炉子、弹珠、滚球、足球和跳绳。如果我们在合适的时候让她开始玩折纸、七巧板、拼板游戏和象棋，她就会逐渐学会并掌握这些游戏的玩法。

给小女孩讲故事可以使她轻松地度过成长过程中出现的不稳定的过渡期。我们建议家长学习讲故事的技巧。晚上临睡前给孩子讲故事，在忙碌了一天后为孩子营造一个轻松的环境，可以帮助孩子从活动着的清醒状态过渡到安静、祥和的睡眠状态。为孩子讲故事，而不是照着书念，可以更好地面对面地与孩子沟通，培养她与他人的沟通能力。

当然，我们也并不是完全反对给孩子读故事。最重要的是，在孩子还小的时候，我们在选择书时必须考虑到书的内容、主题和插图。媒体专家们认为，女孩喜欢关于男孩的故事，而男孩却不喜欢关于女孩的故事。因此到目前为止，很少有描写强大的年轻女性，或专门针对女孩的书。我们对这个理论表示怀疑。我们认为，无论是男孩还是女孩，都应当听一些描写勇敢的女性的故事，这些女性有一些英勇的事迹，有高远的志向，并且只要下定决心去做的事就有能力完成。还有一点很重要的是，给女孩讲的故事内容中，角色间应该有大量的交流。人物之间有什么关系，他们在一起做些什么，这些都是一个女孩在其生活中最关心的问题。所以，具有这些因素的故事会很自然地满足女孩精神上的需求。

第十章

我无所不能：8~12岁

记得9岁的时候，有一次我走在环绕公园的围墙上，
想到自己9岁了真好，
而且无所谓是不是能够永远9岁。
我正在思考着这个世界……
我记起曾经拥有过的一种真正快乐的感觉，
一种可以征服世界的自信……我感到安全和镇定。
我有过一种感觉，我可以生活在这个社会中，
即使这意味着我将形单影只。
我知道我可以征服这个世界，我可以做到！
——梅根，25岁，选自艾米丽·韩库克《女孩的内心》
(*The Girl Within*)

8～12岁的女孩处于人生的一个新起点上。她从梦幻般的、以家庭为中心的世界走出来开始寻找刺激的冒险游戏,这些当然不同于以前那些在花园里玩的游戏。这时她的视野已变得非常宽广。她就像一匹小马驹,发现自己有着一双修长而强壮的双腿,她精力充沛,喜欢到处嬉戏,在清新的草坪上快乐地玩耍着。知名作家安妮·戴勒德在描述孩提时写道:"10岁的孩子开始觉醒……她们是一位多才多艺的梦游者,从梦中醒来,开始阔步前进……她们了解周围的环境,能读、能写,面临很多的难题也应付自如。然而,她们觉得自己刚刚走下船,需要把自己和这个世界联系起来,从一种恍恍惚惚的状态进入她们即将面临的未知的家庭生活中去。"

成长的任务

孩子的成长就像一棵树,最初的果核正在被不断生长的根茎所覆盖,这些根茎就是复杂的行为和能力。从出生到7岁,女孩的成长以四肢和意志为中心——也就是四肢肌肉的生长,以及学会对她周围的人和物施加影响。她通过模仿别人的职责和行为,自然地感受到她周围的部分世界。

在 8 ~ 12 岁，女孩成长的中心转移到华德福的教育工作者瑞希玛·鲍尔温所说的"韵律系统"上来。所谓"韵律系统"，就是有规律地呼气和吸气，以及心脏稳定跳动的节奏。肺和心是与感情相联系的，于是在 8 ~ 12 岁，她的感情生活蓬勃发展。在这一章后面的"内部指导系统"这一部分，我们将会探讨父母在这个时期该如何培养孩子的内心世界。

对 9 岁的女孩来说，周围的事物不再是神秘的，因为她已开始从外部来看待这些事物。能真正地把外部世界和自己区分开来。而在这之前，她不能感受分离感或孤独感。9 岁，女孩开始了一种新的生活。现在她是生命之舟的主人，她可以驶向任何海域，而且每一种前景都令她兴奋。我们的女儿已经能够触及自己的命运。对这个时期的女孩的治疗师兼作家艾米丽·韩库克博士写道："能否自我控制是长大成人的试金石。"将来不论是哺育自己的孩子，还是参与社区服务，或者在工作岗位上奋发向上，这些植入天赋、才能和潜力的种子将使我们的女儿成长为公民，从而服务于社会。从她此时无忧无虑的生活中，我们或许可隐约地看到：我们的女儿将来可能会成为女强人！

对于父母来说，8 岁以前的女孩相对容易管教，因为她不问所以、毫不挑剔地依恋和绝对相信父母的智慧和权威。但当我们 10 岁的女儿开始不再相信我们总是对的，并且开始怀疑我们的见解和意见的时候，或许我们会感到震惊。

珍妮：我记得教那些刚刚上学的孩子是多么的有趣。孩子们热切地盼望着学习，并且对老师所拥有的知识确信不疑。可是到了三年级就不同了，他们突然开始怀疑和批评一切：他们质疑老师给出的答案，甚至怀疑我并不了解所谈论的问题。

这就是所谓的"大问题"时期。如果我们不抱着尊重的态度（她们理应受到尊重）去倾听和对待女孩们的问题，一种愤世嫉俗的情绪就会在她们心中慢慢滋长。

我有一些问题，可能没有人知道答案，你想听一听吗？为什么世界被创造了出来？为什么我们在这里？为什么上帝要创造我们？上帝又从哪里来？

——玛瑞莉，8岁半

8～12岁的女孩开始领会到善良和邪恶。她会认真地问我们生活中的邪恶从哪里来，为什么会存在于这个世界上。即使我们使其避免影像制品及电子游戏的侵扰，她自己仍然可以从在学校或社区遇到的人和事中发现邪恶，但愿她有能力应付。但这并不可怕，这些思考和经验有助于女孩道德观念的形成。哈佛大学心理学家、哲学博士卡罗尔·吉利刚深入研究的结果表明，这种道德观念与"关心"这个因素有关，也就是说，她关心人们是如何被她的决定和行为所感动的，而不仅仅在意所谓的公平和公正。

8～12岁的女孩能够很好地理解原因和结果的关系，以及在事件的结局中她所扮演的角色。现在她可以描绘出自己的行为是如何影响别人的感情的，或者是如何改变局势的了，而这之前，她们只处于儿童发展理论家皮亚杰所称的"具体运算思维"阶段，她还跟不上这个复杂的思路。

> 妈妈，这周如果我多做一次晚饭而不是只做一次的话，我可以在星期四就去奶奶家吗？珍妮阿姨会带莎拉去那儿。不过就早两天嘛，如果我多做一次饭的话，刚好可以弥补下周我将错过的那一次。我可以去吗？
> ——简尼莉，11 岁

这个阶段的女孩正在步入成熟，想一想简尼莉以前的那些小故事吧。一旦她们成熟起来，我们就开始怀疑时光是如何流逝的。然后，她们会要求我们帮忙做一些她们早已会做的事情，这使我们大吃一惊。

珍妮：记得我女儿11岁的时候非常自信。她对于重要价值观念的明晰程度使我感到震惊。我们有过几次关于她的思想和感情的深入交谈。但就在谈话的同时，她会转过身要求我帮她打开一罐汤。我不能理解这种做法。

8～12岁的女孩已走出模仿、幻想的游戏，以及与身边的一切事物紧密联系的安全世界。她转向了远离花园大门的那种新的探险、"大问题"和那种莫名其妙的孤独感。尽管她喜欢挑战，但她也感到害怕和受到制约。这些都表明她目前展示的成熟是不稳定的。对于她这种进退维谷的处境，如果我们有耐心并给予理解，那么就可以给她们提供一个避风港，使她在探索和开拓过程中有一个舒适的去处。当她让我们做一些看起来对她很容易的事情时，她是在希望我们爱她，并相信她的能力，相信她可以选择自己的人生道路。

在这个年龄段，人际关系变得更加深入和复杂，女孩更加注重人际交往，尤其是与同龄女孩的交往。女性天性中不利的方面也会在此时显露出来。她们两两在一起成为"最好的朋友"，不允许第三个女孩介入，这会让那女孩感到受排斥和不愉快。

每当我的女儿哭着从外面跑回家的时候，我都非常同情她，因为她最好的朋友说更喜欢别人。如果过几天我问她的话，她会说："我也不喜欢她了，我和简现在是最好的朋友。"三天以后，一切又都不一样了。我总是赶不上趟儿，但我能感受到她被拒绝的痛苦。

——坦尼娅，12岁的玛尔塔的母亲

需要

和谐的父母关系最为有益。由于8～12岁的女孩常常在一种崭新的、独立的成熟状态和她更熟知的、早已远离的安全状态之中摇摆，因此她通常会感到自我的不平衡。瑞士著名的华德福教师和作家何曼·柯普克在他的一本著作《遭遇自我》（*Encountering the Self*）一书中强调，"父母之间的和谐关系可以改善孩子的不平衡感。这是孩子们的福气，而在这样一个转折点上尤其如此……"父母开诚布公地讨论女儿这阶段的需要，可以使女儿感到"踏实"。不论我们是单身的、结了婚的、继父母还是已离了婚的，我们应该花时间和女儿在一起，谈论健康生活的基本要素（营养丰富的饮食除外），从而使这个过渡期过得更平稳一些。

第十章
我无所不能：8～12岁

父母是一种天生的职业。不管怎么说，为人父母这工作本身常需要我们面对自己的弱点和局限。哲学家鲁道夫·斯坦纳认为，孩子并不需要十全十美的父母。他们需要的是父母不断努力地完善自己。我们可能会认为发泄自己的怒气，例如辱骂孩子，只是为了让自己好受一点。其实，即使真能好受一点，那也是暂时的。生活中的错误和情绪不好并不值得我们勃然大怒，我们完全没有必要通过这样的方式来宣泄怒火。

婴儿时期的女孩曾给我们带来无数个不眠之夜和一连串的问题。我们需要全力以赴才能应付，然而那些时光却是快乐的。可是，8～12岁这个时期却带来了不同的问题。在此之前，我们的小女儿相信我们无所不知，相信我们完全了解这个世界。她自由地成长，相信我们的能力。

如今，她目光犀利，以至于可以看穿我们精心维护的外表下的漏洞。她怀疑我们是否了解我们正在谈论的事情和探讨的问题。

她不再像4岁时那样来模仿我们的行为了。现在，女孩在寻找我们做过和说过的事情背后的动机，并且批判性地指出我们行为中的不恰当或矛盾之处。

"因为我说是这样的""因为我一直就是这么做的"，这样的答案对于8～12岁的女孩不再管用。我们被迫在内心深处努力思考我们站在哪儿，为什么我们站在那儿。"大问题"的出现迫使我们再一次思考我们的生活和付出的意义，去思考我们是否正在"制造"一种我们希望她们仿效的生活。

最重要的盟友是父亲。研究表明，如果父亲从一开始就活跃地出现在女儿的生活中，女儿就会和他们保持亲密和持久的关系。在 8～12 岁，她尤其需要父亲的支持和参与。在传统的家庭里，父亲出门工作。父亲总是与行动和冒险相联系的。傍晚的时候，女儿盼望着父亲回家，带来家庭和学校之外的新闻和一些令人兴奋的事情。在家干活或者出门工作的母亲也可以给女儿的生活带来乐趣和活力。然而，男性的处事方式更能让 8～12 岁的女孩感到高兴。

心理治疗师兼作家艾米丽·韩库克博士指出，这些年如果女孩格外地被父亲所吸引，那么，对女性应该做什么和应该像什么的约束，使得这种影响从很强变得很弱。由于社会固有的性别偏见，这个时期女孩会形成一些缺憾。她相对自由地按照自己喜欢的方式成长，想象着自己像一些英雄人物那样强壮、敏捷、熟练、有趣、聪明并且富有创造力，而不只是成为一个女性。

父亲们可能曾经对小女儿们总喜欢"女孩的事情"而感到困惑，但对 8～12 岁的女孩更大胆和勇敢的行为而感到宽慰。据说，埃及的法老王之所以选择 9 岁的女孩做伴侣，是因为她那么有趣和可爱。古希腊的历史记载，9 岁的女孩离开了自己的母亲，加入圣女猎手阿耳特弥斯的服务活动中去。阿耳特弥斯以她那孩子气的野性和勇气而闻名。

这个时期的女孩充满着探索和学习的活力及自觉性。每个女孩都喜欢一些与自己性格相符的活动。有一些女孩伸展四肢，在体育竞技中锻炼她们的勇气，例如她们爬树，沿着栏杆走，快乐地参加团队的或个人的体育运动，这些都使许多父母吃惊；还有一些女孩追求复杂的人际关系，她们把社会交往发展成为精雕细刻的艺术品；另外一些女孩变得沉默和富于幻想，她们的内心转向了艺术殿堂，希望将来通过写作获得成功；当然，还有一些女孩是数学和自然科学的奇才，或是有抱负的工程师、医生和建筑师。

当父亲鼓励女儿冒险和遵循内心意愿去做事情的时候，健康的自尊就得到蓬勃发展。从理想的状态来说，父亲的帮助为这个年龄的女孩提供了必要的工具——这里我们想借用心理学家罗伯特·柯根博士的一个术语"自理事务"。父亲为女儿提供了发展自信和能力的经验。如果女儿想去研究星星，父亲就把她带到天文馆，或者为她买一个望远镜；如果女儿渴望参加奥运会，父亲就为她请一个教练，在日常的训练中督促她，并带她去看比赛；如果女儿沉醉于书的世界，父亲就把她带到图书馆，与她分享自己童年时读书的经历，或者指导她阅读名著。

珍妮：9岁的时候，我的家搬到了乡下，在那里我喜欢帮我父亲在户外劳动：修栅栏、晾干草、喂我们的4头牲口。父亲对我努力工作、爱好打垒球和在学校取得的成绩感到骄傲。在农村生活非常适合我爱冒险的性格，与马和狗在一起，使得我可以探索，我越来越喜爱自然界。

教育应该男女平等。我们应该积极关注女孩们的学校生活。她们完全投入学校的课程中去了吗？她们的教科书反映了女性的成就了吗？教学方法是否考虑了女性的学习特点？老师们是否鼓励并且为女生提供了有难度的工作？他们是用独立的、果断的、分析的、鼓励提问的、革新的、创造性的方式教学的吗？学校是否为女孩们的体育课提供了充足的教师和资金？

1972年修订的教育条例第9条明文规定，联邦政府基金禁止支持有性别歧视的任何教育计划。每一所学校和每一个社区都应该有一个执行第9条例的官员和一套听取家长和学生们申诉的程序。当学校无视男女平等时，每个州还应有一个教育（或指导）部门，即一个公民权利办公室来处理这类事情。

童年中期的女孩仍需要我们的保护。尽管这个年龄的孩子的生活充满了活力和热情，但在当前这个充满高技术的年代，面对紧张和压力，女孩依然很脆弱。在大量机械装置和媒介的"轰炸"下，她仍然很容易受到影响。我们女儿的教室，甚至我们的家，都布满了我们必须过滤的强烈的刺激——头上的照明设备、交通设施的噪声、广播、电视、电子游戏、电脑、投影机，加上我们在去学校、回家和上班的路上遇到的汽车噪声、霓虹灯标志牌、广告牌、广播等。甚至诱人的"集市"也侵扰着她的感官。

除了来自我们环境的紧张性刺激，过量的家庭作业和压力也使女孩们的处境更危险。所有年龄段的女孩都需要帮助，以便放松、能独处、动作不鲁莽，以及抗拒现代电子设备的诱惑。在8～12岁养成的健康生活习惯有助于她们平稳过渡到青春期。

艺术和音乐能滋养感情生活和精神世界。随着童年中期的到来，女孩的沉思的能力也随之而来。比如，在这个过渡期，我们可以通过绘画来鼓励她们表达内心的感受和精神渴望（这是"我是谁"问题的本质），以利于她们健康成长。把"大问题"引向艺术的形式，为她们提供一个提出问题的坚实基础。在此期间，我们在家里和学校给她们提供绘画的机会是非常重要的。

因为这时期的女孩以发展心脏和肺为主，所以，我们应该为她们提供足够的运动和音乐。唱歌和跳舞不仅可以让她们把空气吸入肺中，而且还丰富了她们的感情世界，增加了对生活的预见能力、好奇和尊重的能力。女孩们比以往更需要听父母唱歌，在愉快的气氛中和他们一起分享，在赞扬中提高她们的发言权。人类学者、商务咨询员安琪儿斯·艾伦博士建议我们"为生命歌唱"。据大多数的古文明记载，歌唱是恢复健康的有效手段。艾伦博士在她的一本精彩的、极具洞察力的著作《四通八达》（*The Four-Fold Way*）中说，要想学会讲实话，就必须学会唱歌。

> 因为我快乐所以我不唱歌；因为我歌唱所以我快乐。
> ——威廉·詹姆斯

内部指导系统

通常，8～12岁女孩的生活充满活力，她们喜欢户外活动或和朋友在一起。她们对人和事之间的关系感兴趣。例如，4岁的时候，她认为洋娃娃就是自己生命的一部分。通过让洋娃娃玩生活中的闯关游戏，小女孩可以应付在家庭生活中遇到的挫折。然而，到9岁时，她想知道大人们是怎样办公的或者是怎么做精神治疗的。她关心社会这个"巨轮"是如何运转的。她已能很熟练地安排自己的生活了，还常常收藏各种玩具马、汽车、邮票和鸟巢等。外面广阔的世界召唤着她，现在她能够在太阳刚升起就起床，选择自己要穿的衣服，准备自己的早餐，打点自己的午餐，骑着自行车去朋友家，随着她爱冒险的心玩上一天。

同时，她的内心世界也发生了很大的变化，总有一个又一个不易察觉的迹象提醒我们去注意她的精神世界。8～12岁的女孩更容易做噩梦和睡眠不安宁。那些在白天被一些令人兴奋的事情所掩盖的感情创伤，在夜里却成了有声有色的抗议。我们在第七章提到的关于如何应付睡眠紊乱的建议能够帮助她缓解夜间的恐惧，而且为她内心指导系统的成熟留下空间。

在女儿身上经常会有这样一些迹象，如经常性的头疼、胃疼、呕吐、虚弱、发烧、脸色苍白、黑眼圈以及轻度的抑郁症，这表明在外在活动的掩盖下，一种内在的活动在发生。这些征兆很少同时出现，通常出现时间也很短，然而我们绝不能不理会她们的不适感和忽视问题的严重性。如果这些症状持续出现，我们应该带她去看医生。总体来说，8～12岁是人生的最佳时期。大部分症状是由外部环境引起的。家庭内部的问题、离婚、学校的压力和对孩子的虐待，通常是现代生活中造成精神创伤的重要原因，对我们的快乐冒险者产生了严重的影响。

要想加强健康的内部指导系统，女孩就必须信任自己内心的愿望、感情（直觉）和思考能力。艾米丽·韩库克博士的治疗工作能够使女性回到她们的童年时代，进入8～12岁女孩的内心深处。她发现这个时期的女孩"拥有一种不平常的纯洁……她有能力表达自己。她有着自己的兴趣和能力，爱好和厌恶，在家、在学校，或是在邻居中都有她的目的。她第一次能够自我反省，从一个外部的优势点看待自己。她估计形势，为自己和周围的环境做决策。时常，她以某种姿态，奏响她生命之歌的前奏……怀着强烈的好奇心和洞察力，她……了解了真相"。

当我们培养和保护她敏锐的洞察力——她内部的聪明愿望的时候，也就是帮助她在进入青春期时鼓足勇气去抵制文化对她活力的限制。现在，对于她要成为什么和做什么还没有什么传统文化的限制。女孩越成长，传统文化的限制就越会使她把真实的愿望埋藏在心底。我的朋友兼同行，治疗师莉斯·亨尼根硕士，主要研究单身父（母）亲，在提到像她女儿那样十几岁的女孩时说："她们越是变得看上去像个女士，就越需要父母鼓励她们具有创造性、好奇心和冒险精神，也越需要我们支持她们成为自己的主人，尊重她们的内心感受。"

栅栏

当我们惩罚一个孩子的时候，就是在不让他面对自己。总会有人说："但是如果你不惩罚他，就等于帮他畏罪潜逃。"事实恰恰相反。当我们惩罚孩子的时候，这实在太便宜他了。他会感到已经为错误付出了代价，已经执行了判决。

现在他可以自由地去重犯错误。事实上，我们想从一个犯错误的孩子身上得到什么呢？我们想要他认识自我，经历一些挫折，做一些情绪性的家庭作业，开始为自己的生活承担一些责任。

——海姆·G. 吉诺德博士

8～12岁女孩的生活准则包括：发展健康的个人界限，也就是使她能够"为自己的生活承担一些责任"的一些限制。因为我们的女儿专心于做这些事情，作为准则制定者，我们的责任主要是倾听她的感受，当她超出家法的界限时，限制她的活动。记住，女孩最注重的就是寻求人际关系。所以，我们最好能够理解她错误行为背后的动机，而不要把她的错误行为当作个人的攻击性行为。

8～12岁女孩的家长通常的不满包括：她不愿意做家务，因为嫌它烦；还有她总是出门，要求父母驾车送她去学校、朋友的家、电影院等。直到她学会开车，这种情况才可能发生改变。还有一些父母发现这个年龄段的女孩爱哭、顶嘴、极端固执、难以应付。

10岁的南希，在她母亲面前竭力抵赖自己的行为。"我感到很伤心"，南希的母亲说，"她否认拽她妹妹的玩具；否认没把脏衣服放在衣物篮里，而放在旁边；否认自己把脏盘子留在外面的台子上。"尽管8～12岁的女孩可以履行更多的责任了，但是她还经常抱有两种想法：一方面希望自己长大，另一方面仍然希望依赖父母为她做事情。她在好和坏之间挣扎。她需要宽厚的、不断的鼓励，使她开始理解犯错误和需要指导是成长和学习的一部分，而并不是说犯错就说明她坏。随着成熟，她会更多地生活在灰色地带，那里的选择和行为没有好或坏这么明显的界限。不过现在，她需要时间、重复和宽容以学会对自己的行为负责。

为了避免在这个年龄段的家庭中通常出现的权力冲突，形成明确的家规和期望是很必要的。9岁的女孩现在有能力选择家务，并稍加提醒就能完成。当 11 岁的女儿没在指定的时间从朋友家返回的时候,我们就使她明白公正的意义,并且使她学会遵守自己的承诺。当她不能执行我们的时间协定时,她就失去了在指定时间拜访朋友的权利。她可能会抱怨,但她不得不承认决定的公平性。

当我们与女儿的错误行为做斗争时,列出一组行为的清单也许会有帮助。需要什么样的准则,未达到要求时可能的后果要与年龄相适应,并且要求她从内部控制。我们提供一个例子来帮助你开始。

问题 / 任务	栅栏	后果
没有挂衣服	木栅栏	衣服被放进一个"遗忘"箱子一星期
1.		
2.		
3.		
4.		
5.		

性

弗洛伊德把孩子的这个时期称为"潜伏期",意思是说她没有真正地发生性行为。然而,所有的父母都知道,8～12 岁的许多女孩都对男孩、对她们自己的身体,以及对"生命的真相"感兴趣。一般来说,女孩比男孩成熟早,但是好奇的程度和发展情况在女孩中也有很大的差异。我们在清楚了她们的成长线索后,再来探讨一下她们性意识的发展。

> 我对露西总是走中间路线。我的月经在我们家并不保密,而且露西总要对此问这问那。现在她 11 岁,她开始变得对她的身体和与性有关的事情害羞起来。我并不怂恿她。她知道她可以问我任何事情,我觉得最好不要很匆忙地告诉她这些事。让它们在她的生活中自然地展现吧。
>
> ——诺埃尔,11 岁的露西的母亲

在理想状态下,女孩性特征可在自己的生活中自然地展现,但生活中几乎没有理想状态。在我们的文化中,女孩经常面临一些唤起她们性早熟的事情。儿童时期的乱伦,其他性虐待事件的高发生率,较早地来月经,在女孩青春期时一些人家性关系的混乱,因父辈和同辈的压力而造成的性激活,因父母的压力致使的禁欲,大量来自电视、电影、杂志中明显的性题材对她们的冲击,"你必须性感"的心理状态,以及大多数学校中的女孩都必须忍受的性骚扰,这些都是女孩在成为女人的过程中面临的与性有关的问题。

儿童时期的乱伦和其他的性虐待

儿童时期的乱伦——家庭成员之间的性接触——通常发生在兄弟姐妹之间。研究者估计,美国 1 / 10 的家庭中,兄弟姐妹之间涉及性接触。大部分 2~4 岁的小孩子对另一性别人的身体表现出了天生的好奇，他们的探索和问题帮助他们形成了作为男孩或女孩的自我意识。"爸爸有，哥哥杰夫也有，所以他们是男孩。妈妈没有，我也没有，所以我们是女孩。"这些就是我们大多数人都可能听过的，我们的小女孩们说过的话。"如果你给我看你的，我就给你看我的。"这是兄弟姐妹之间经常玩的游戏。她们正在脑海中形成"直接"的印象。

在年龄相近的兄弟姐妹之间，性的好奇可以延续到8～12岁，但是根据临床心理学家米里亚姆·艾伦博格博士和奥托·艾伦博格博士（他们曾写过一本有争议的著作《亲密的圈子：家庭生活的性动力学》（The Intimate Circle: The Sexual Dynamics of Family Life）的研究，短暂的交媾会停止下来，因为我们的社会严厉地禁止乱伦。孩子们会了解那是不对的。当男孩比女孩年纪大时，兄弟姐妹之间的性接触问题较大。

> 为了处理与男朋友的感情问题，我接受了治疗。我知道他在利用和控制我，但是我真的很在意他。不久以后，我感到极大的愤怒，而不是爱他。我不能忘掉以前发生过的事情，这伤害了我们之间的性关系。在治疗中，我很震惊地意识到，我对自己的哥哥也怀有同样的愤怒。然后我记起来在我很小的时候，我哥哥让我做的一些事。因为他是最大的孩子，大我6岁，父母通常让他照看我。我已经忘记了我父母出门时，他是如何色情地对待我的，事后还威胁我不要告发他。在治疗中，这些记忆如洪水般涌来。我感到自己很渺小，感到被出卖了。是的，我感到愤怒！！
>
> ——格洛里亚，29岁

每当牵涉到一个年龄小的孩子和一个年龄稍大的孩子时，值得关注的问题是一个会强迫，而另一个却没有能力说"不行"。早期遭到哥哥虐待，会严重影响一个女孩的自尊心和健康性观念的形成，而且还破坏了她对自己能力的自信。作家大卫·拉斯金和凯瑟琳·欧尼尔写过一本有教育意义的著作《小女孩的书》（The Little Girl Book）。他们的研究发现，那些在乱伦关系中受害的女性不善于人际交往，而且也不大可能结婚。我们建议家庭中的大男孩，尤其是 11～17 岁的，不要成为小妹妹的看护者。因为当激素水平迅速发展的时候，那种情况太具有诱惑力了。

作家兼精神治疗家米里亚姆·艾伦博格博士和奥托·艾伦博格博士发现，如果孩子的父母关系疏远、冷漠、严厉和武断，那么，他们的孩子更容易发生兄弟姐妹之间的乱伦现象。当我们和孩子们在一起时，要使他们明白，我们愿意回答任何有关生命的问题。这样，他们早期对于性的好奇，就会自然而然地走向性健康。

当兄弟姐妹之间的性游戏带有强制性时，就跨入了性虐待的范畴。尽管我们感到难以启齿，但是性虐待对女孩而言确实是一个很严重的威胁。1992 年有 2936000 件性虐待的报道，其中 40% 得以证实。受害者的平均年龄在 1986 年是 9.2 岁，这个年龄每年都呈递减的趋势，到 1992 年时成了 7 岁。另外一个让父母感到难以置信的是，性虐待往往发生在家里。"罪犯"通常不是陌生人，而大部分是兄弟姐妹、父母、继父母、爷爷奶奶、外公外婆、叔叔、舅舅、男朋友或家庭成员的朋友。

因为性虐待者通常都威胁孩子不要说出来，所以受害者很少主动承认她们被虐待。她们可能给出一些暗示，表明某些事情不大对劲。"我不想和乔叔叔在一起！""我不喜欢杰克玩的游戏。""他让我觉得很可笑。""请再也不要让我去爸爸家了！"当问起女儿这些事时，我们绝不能用责备、震惊或者厌恶的语气。这非常重要，因为如果她们被虐待了，她们也许会感到羞耻，觉得要为所发生的事情负责任，而且害怕我们不信任她们。女孩们对于性虐待的反应因人而异。有的人一辈子都会记住一次意外事件带来的精神创伤，并且一生都在挣扎中度过；而有的人经过长时期的虐待仍然可以工作，并把它们抛之脑后。只有我们抱着信任、关心和同情的态度来倾听女孩们的倾诉，她们才能更好地依赖我们的帮助，来应付她们不幸的遭遇。

有性虐待的地方就有线索，只要我们想去发现它。以下这些线索可能表明女孩正在被骚扰。请高度重视这些线索。

不适当的问题。许多女孩觉得她们会因为性骚扰而受到责备。她们会问："我是一个坏女孩吗？"或者问："为什么我做了坏事情？"这些看起来超出女孩年龄的，与性有关的问题是很重要的线索，但是也不一定，因为这些问题可能来自她最近正在看的一些与性有关的素材。然而，如果一个女孩询问性行为或者性姿势的话，这看起来就不太正常了，或者如果她看起来在性知识方面突然前进了一大步，那么最好我们装作随意地更深一步地问问她。

沉默和冷淡。性虐待造成的精神创伤对于这个年龄段的女孩来说是很难独自承受的。从一个积极热心参与家庭和学校活动的孩子，变成沉默寡言、胡思乱想的人，这些现象都是线索。我们应当去问一问她到底有什么困扰。也许这正是她向我们倾诉烦恼的开端。

噩梦和恐惧。这个线索本身并不一定是由于性虐待引起的。有睡眠问题在这个年龄段是一种很寻常的现象,因为女孩面临着从以身体为中心到以情感为中心的转变;事情表面的背后蕴藏着许多可能性。但是如果噩梦出现得很频繁又连续不断,那么我们一定要结合其他的线索来考虑一下这些现象说明了什么。本章中"内部指导系统"部分为如何对待被压抑的情感和精神创伤提供了更多的信息。

过度的情绪波动。所有的女孩都会偶尔情绪不稳定,我们已经很习惯了。但是如果她们的行为方式不断地和过度地转变就值得引起我们重视了。

过度的行为波动。严重的退缩或夸张的矛盾行为,例如愤怒的情绪大爆发,过度地高兴或者故意地不高兴也是值得注意的信号。

强烈的自我憎恨。受到性虐待的女孩通常都会把羞耻、愤怒和怨恨投放在自己身上。在受到侵犯的时候,表现得越脆弱,她们就会觉得越愤怒。这些通常会以上述种种方式涌现出来。

极端的害羞或过分友善。当有男孩或男人在周围时,她们或者变得极不自在,或者与他们有过分亲密的举动,这些都是值得我们去研究的线索。尽管很少有女人对女孩性虐待,但这样的事情也确实发生过。因此,当有年纪大的女孩或女人在场时,她们若变得过分的沉默或亲密,这也要引起我们的注意。

不正当的性游戏。当女孩们显得极其热衷于与性有关的事情时，她们就会没完没了地提问题，对我们的身体和性生活显得极为好奇，于是我们怀疑她可能和其他的孩子有过性接触。我们必须把这些迹象和她们的其他行为一起加以关注。

以上的任何迹象之一都不能成为充分的理由。也许一切都很正常，但是性虐待的时间越长，女孩所受的精神创伤越大。

女孩受性虐待的情况让我们很揪心。在我们内心深处充斥着对性的恐惧、羞耻和罪恶感，我们怎么能带着这些去接近她呢？我们怎样才能做到在问她发生了什么时不加重对她的伤害呢？当我们给予她需要的爱和支持时，我们如何控制对于发生在她身上的事所产生的羞耻感和厌恶感呢？我们力劝广大读者，只要怀疑你们认识的女孩当中有人正在受到性虐待，请立即给予她帮助。我们该如何应付她生活中出现的这个突发事件，这决定了我们的女儿能否成长为一名健康、幸福的女人。本章最后一部分的"帮助"一节中，为那些性虐待的受害者和需要帮助的父母提供了应对的方法和资料。

防止性虐待的最好方法就是教会女孩们形成一道良好的内心防线——当生活的界线被侵犯的时候，了解自己喜欢什么，想要什么以及有勇气说"不"的能力。我们建议重新阅读第九章的"性"，那里面有一些关于如何说"不"的资料。随着女孩们的成熟，那些基本的能力还应该包括一些在涉及性行为的情况下如何说"不"的指导。怎样和在什么时候教会她们这些，是一个我们必须自己决定的问题。我们都不愿意过分地吓唬她们，使得她们对每一个陌生人、每一种新情况都持怀疑的态度。如果性虐待涉及陌生人和新情况，我们的工作也许会容易一些。但是，不幸的是，虐待者几乎都是那些女孩很熟悉的，天天都可以见到的人。以下是一些建议：

·从某一天开始，我们公开地回答她们关于性的问题，这样她们就知道她们可以向我们咨询任何问题。

·尽量多地用她们能听懂的真实信息来认真回答她们的问题，对于身体部位的描述要用精确的词汇，比如乳房和阴道。

·在日常的家庭闲聊中引出性的话题，而不要专门安排"关于性的谈话"。

·要教会她们自己是身体的主人，身体是属于个人的，还要教会她们对于自己觉得可笑或者不舒服的事情可以说"不"。

·遵从她们在私人生活领域的意愿。尊重她们的各种需要，比如，关房门、家庭成员着装整齐、独自洗澡等。

·听她们说"不"的理由。她们很小的时候，对我们说"不"是对将来我们希望她们在某些情况下，比如对吸毒、早期的性骚扰、吸烟、暴力以及她们将会在生活中遇到的诱惑和不公等说"不"的一种练习。

·教给她们家规。这里有一些建议：

——不要跟着陌生人走，也不要和他们一起做事。

——放学之后，与别的家庭、朋友的父母等出去时，一定要先得到自己家长的同意。

——在学校里，要和同伴一起去厕所。

——朋友绝不会让朋友脱衣服。

——总是和班级一起去郊游、在游乐场玩、参加学校的典礼等。

——如果保姆让你们做令人不快的或滑稽的"游戏"，一定要告诉家长。

——告诉家长那些你觉得古怪、不舒服和令人害怕的事情。

·召开家庭"角色扮演"会议。要教会她们在危险的形势下该怎么做,而且要重复地练习。每一个人都要轮流想出一种复杂的情况。"如果一个你不认识的男孩在他父母不在家的情况下,要你和他一起回家,你该怎么办?""如果巴德叔叔要你坐在他的膝盖上,很长时间又不要你下来,你会怎么办?""如果保姆要你在上床睡觉之前就脱掉衣服,你会怎么样?"作家兼家长的大卫·拉斯金和凯瑟琳·欧尼尔推荐了三条简单的原则:1. 说"不"。2. 逃跑。3. 告诉大人。

·运用其他的机会自然地教给她们关于性虐待的知识。比如,在女孩们已经了解的那些对于毒品和烈酒的预防措施里,或者当女孩们提到一个从朋友那里听到的事情,谈论如果同样的事情发生在她们的身上,她们会如何处理的时候,加入一些性虐待的知识……

·建议校方开设有关性虐待预防措施的课程。

我们有许多人发现,与女孩们讨论性的问题并不容易。我们希望这个话题远离我们直到她们安全地长大,那时她们会发现,充满性欲地爱一个人多好。然而,我们多数人发现,想象我们的女儿受到性虐待的伤害比和她们谈论此事更糟糕,因此,谈论此事虽然冒失,但说得在理。如果我们说话的方式很温柔、合理、开放和心情轻松,那么,谈论的内容就无关紧要了。我们关于自身性行为的潜在态度总是身教甚于言传。

文化中的性信息

尽管我们尽力在一个可接受的、受人尊重的环境中抚养我们的女儿，但性别、男性至上、性感等文化信息却无孔不入。我们该怎么办？

尽量限制看电视。如果我们的女儿有看电视的习惯，那么，我们一定要抽时间看看这些媒体到底在教她什么。在 MTV、通常的电视节目和电视上播放的电影中，常常向妇女们兜售暴露的性材料。女孩们学会了期待在性方面被男人们利用。暴力常常与有性内容的电视相联系。女孩们也学会了把暴力和性联系在一起。电视中的故事总是把有魅力和性感的女性描绘成好的或可爱的女人。女孩们就觉得要想被接受或被喜欢就必须性感。电视上男女之间的关系总是与性行为或明显的性暗示有关。女孩就觉得与男性的关系就是性关系，而不去寻求其他各种具有安全感的关系。

对女儿独自观看的演出或电影一定要预先查看，并和她一起看我们自己没有看过的内容。含有性内容的电视节目可以给我们提供和女儿一起讨论性价值观的机会。我们一定要花时间和她一起看，开放地面对她的问题，并尽量坦率地回答她。我们建议尽量避免给她看描写性暴力和性虐待的片子。女孩长大以后才能理解，这些暴力行为背后隐含着对情感和肉体的伤害。

电视和杂志的广告巧妙地告诉女孩和妇女如何观看。实际上，有些广告并不巧妙！杂志上为青春期以前的孩子们设计的年轻偶像比 5 年以前性感多了，显得更成人化。这都告诉女孩，必须做得和看上去比自己的实际年龄大才能显得"酷"。媒体中"8~12岁的女孩必须诱人,而不应该像她们的实际年龄"的信息,导致了眼下这个年龄段的女孩饮食紊乱、身体形象差和性早熟的上升。

> 我认为,现在大多数给青春期以前孩子的杂志很可怕。它们提供假象并注重身体形象,而不注重关于个体差异中好的感觉。
>
> ——海蒂,21岁

我们建议,对于出现在大众化的、华而不实的青春期前杂志上的信息,组织家庭讨论会,从而为我们的女儿寻找别的选择。我们特别喜欢的一本杂志叫《新月:献给女孩和她们的梦想》(New Moon: The Magazine for Girls and Their Dreams),适合8~14岁的女孩。一本关于"新月"的小册子这么写道:"由女孩们和妇女们创办的一本新杂志,为了每一个女孩,希望她们的心声被人听见,她们的梦想被人正视。"栏目包括《身体语言》(关于身体形象和健康)、《她的故事》(关于历史上女孩和妇女的故事)、《她这样做!》(对优秀女性的现场采访)和《女人的工作》。

听听女孩的音乐。唱片公司出于市民们的压力,不得不在含有明显的性或暴力倾向的唱片集上标上"父母忠告:明显柔情"字样。尽管受到性资料的狂轰滥炸,青春期前的女孩们对这些标记仍感到不舒服。尽管这些标记是给家长看的,但我们可以告诉自己的女儿这些标记的含义,以帮助她避免尴尬。

不管我们是否限制她们对音乐的选择,柔情音乐给我们提供另一个和女儿讨论性和当今音乐的机会。如果我们不能欣赏她们的音乐，光靠"堵"是困难的。这种事代代都会发生。然而，有人认为，流行音乐反映了、创造了当前的风格、品位、道德观和人生观。这些是我们的女儿需要去适应的。只有密切关注流行音乐的趋势，我们才能影响自己的女儿。最近，欣赏蓝调音乐（一种忧郁的布鲁斯歌曲）、摇滚乐和过去的爵士风格的音乐已变得可以接受了。给女儿介绍其他年代的音乐可以增强她的音乐欣赏和选择能力。

要意识到我们在无意中把自己有关性和身体形象的观念教给了自己的女儿。 作为家长，我们把关于性和身体形象的传统信息通过自己的言行教给女儿并加以强化。想想下面的例子。

我们当着女儿的面在镜子面前抱怨过自己有多胖吗？

我们说过某个人如果体重少几斤会看上去更好看之类的话吗？

我们在出门之前坚持要看上去很完美吗？例如，化妆、做头发和整理套装等。

我们必须要最时髦的服装、珠宝、化妆品和鞋子等服饰吗？

我们对女儿和儿子有双重标准吗？要求女儿比儿子更加整洁、穿戴恰当和干净吗？

我们在女儿面前批评过自己爱人的模样和穿戴吗？

当我们在用精确的词汇描述身体的某个部位时感到不自在了吗？

当有关性的问题被提出来以后，我们愿意去讨论它吗？

我们并没有说一定要或一定不要这样做。不过，我们鼓励大家听听在女儿面前该怎么说的建议。鼓励大家去审视那些引进的文化观念，如关于我们必须看上去很吸引人、很可爱、像个绅士等观念，都给我们的自尊带来了负面的影响，或严格限制了我们的行为方式。我们认为，在前面列出的若干问题中一定还可以增加许多。意识到我们该如何克制自己，会使我们更有能力把女儿抚养成为视野开阔、生活机会多的人。

性骚扰

绝大多数的研究发现，高中学生受到的性骚扰居多。在我们曾访谈过的高中女生中，很多人在约会中曾被多次地抓过、捏过、抚摩过，在学校还要忍受挑逗性的语言。我们毫不怀疑，上中学的女孩也会遇到性骚扰，至少，忍受这种行为的价值观是在这个阶段习得的。不知为什么，女孩学会了承受这种待遇，而男孩却觉得可以这样干。

这真让人尴尬，而且随处都会发生！你可能在和你的同学穿过大厅去吃午饭的时候，碰到另一班的同学等着进来。那些男孩全都盯着你说："嗨，胖妞！"或者"看那乳房！"这真太令人恶心了。他们总是把声音压得很低，老师们听不见。这真让你没办法。所有的女孩都很反感。

——曼蒂，10岁

在这一章中，我们讨论的是关于8~12岁女孩的事，我们关于遭遇性骚扰的态度是：任何年龄段的女孩，她们都不应受到这样的侵犯。忍受这样日复一日的侵犯，到了她们需要诉诸法律的地步，真让人感到可耻。它伤害了女孩们的自尊，导致了她们的恐惧，引发了她们的愤怒，使她感到无望。她们应该得到更好的东西，这些事情值得我们去干预。当我们的女儿在学校里遭到性骚扰时，要立刻打电话告诉学校或社区的有关负责人。他们的职责之一就是听取有关性骚扰的申诉。

我们的女儿不会是她们学校里唯一遭到虐待的人。如果我们尚未和她们的朋友的父母取得联系，那么，现在就是争取支持和行动的时候了。如果一些"极度担心"的家长一起去拜访校长，就会产生巨大的影响力和说服力。我们的女儿一定要不断地与当今教育体系中存在的性别歧视做斗争；让她们忍受性骚扰，简直就是一种犯罪。

月经的提前到来

100年前，美国女孩月经初潮的平均年龄是16岁，现在是12.8岁，年龄范围很广，早到10岁，晚至16岁。研究者对初潮年龄提前大约4年的原因做了推测，许多人认为，较好的营养导致了这一变化。在女孩的月经到来的前几年，她的身体就开始储存脂肪为此做准备。98～103磅（44.5～46.7千克）的体重是引发月经来潮的临界体重。看看那些早熟的女孩，你会觉得这种说法很对。她们通常比同班同学更重，而且她们比一般孩子或比发育较晚的孩子更容易出现饮食问题。

针对13～17岁的女孩，我们在第十一章详细阐述了月经的影响、经历和仪式问题。但是，让8～12岁的女孩为即将到来的事情做一些准备也是有益无害的。就像与性有关的其他事情一样，如果一开始我们就在不经意间起了头，讨论过有关月经的问题，那么，在它到来时女孩就不会像我们以前那样被吓着。

如果她知道可以去找妈妈的话，那么当她的月经比同龄孩子来得早时，她也可以从容应对。事实上，大部分女孩确实喜欢和妈妈或者其他年长的妇女谈论月经问题。对 11～12 岁的女孩来说，受女伴们的欢迎比显得能干和独立更重要。早熟可能使一个女孩在同伴中有较高的地位，也可能使她遭受恶毒的玩笑、粗鲁的品头论足和忌妒排斥等。一些女孩能够镇定自若地适应自己的早熟，而另一些女孩则感到沮丧、孤立和害羞。

对于一些女孩来说，这个所谓孤独的时期可以因为她们与妈妈保持着坦诚的、充满爱意和理解的关系而得到缓解。父亲也帮得上忙，只要他们尊重女孩对隐私的需要，不嘲弄女孩的发育和与性有关的事情，对她的忧虑表示真正的关心，并在她发生显著变化之前，一直当一个可爱的、有趣的老爸。单身母亲此时需要继续提供机会，让女儿与那些受人尊重和信任的男人交往；单身父亲会发现，能在此时让女儿与充满爱和能给予女儿理解、支持的女人接触是非常有用的。

真实的意图

处于"我无所不能"年龄段的女孩会有很多事情发生。她们检验自己的能力，挑战父母的权威，充满信心地走向生活，并且经常试图去把握许多事情。如果我们的女儿总是很活跃、吵吵闹闹、难以控制的话，那么可以预料，还会有更多类似的麻烦。6 岁时她们可能既安静又端庄，但 8 岁时我们也许会突然发现在我们身边的是一个难以控制的女孩。这个坦率、自信、喧闹的小东西是从哪里跑出来的呢？

当女孩处于这个年龄段时，有时候，母亲们也许会受到这样的考验：即女儿拒绝自己母亲的帮助。而父亲则会因为女儿的新兴趣或需要引起父亲的注意而受到特别的挑战。如果女孩们觉得自己的母亲很称职，而且与父亲的关系是平等的，那么，在这个年龄出现的观念或优先权等转变就会自然而然地完成。尽管这个时期的女孩总爱找她们的爸爸，喜欢和他一起做事情，但是她们也总是能和妈妈保持亲密的关系。然而，如果女儿们觉得自己的母亲柔弱、依赖或者总是屈服于父亲的话，那么，转变期可能会没完没了，而且，直到她们长大成人都会对自己的母亲怀有不满甚至背叛的感情。

学会分辨女儿行为中的"真实意图"，使我们和女儿之间建立更好的理解和交流有了门道。让女孩们了解到她们不会因为自己的行为或者因为向我们吐露心声而受到审查、嘲笑或者惩罚，这能使她们的行为与内心的想法保持一致。这对她们来说非常重要，因为当她们接近青春期的时候，也就是她们接近通过掩饰真实自我以符合传统女性形象的时候。勇气——能够倾心吐露真言的能力——也许就是女孩将展现的最大天赋。尊重她们说的话，尊重她们内心的想法，使得女孩们能够自由、充分地表达她们对人类的看法。了解她们真实的意图可以增强女孩们的勇气。以下的例子是一些我们可能会遇到的8～12岁的女孩的行为和语言。

言语：那太蠢了。

真实意图：你希望没有做过那些事情。

言语：没有人喜欢我。

真实意图：你需要帮助你的朋友。

言语：那不是我的错。
真实意图：你已经尽力了。

行为：不做妈妈让她做的琐碎的工作，而做爸爸让她做的事情。
真实意图：你想立即和爸爸一起做事情。

行为：女儿在学校里不和她的朋友一起玩儿，从而伤害了她的朋友。当受到质问时，她说："我不想和吉尔玩儿，因为她讲我的坏话。"
真实意图：最好的朋友背叛了你，你不知道该怎么办。

言语：你总是挑我的刺儿。
真实意图：我把你逼得太狠了吗？

每一个女孩都有她自己独特的表达方式。因此，我们提供了以下的练习，帮您考察自己的女儿有着真实意图的语言和行为。记住，如今迫使我们发疯的可能就是那种掌握女孩命运的才能或智谋。不论是什么行为，为了适应和有所归属，女孩们都试图用一种积极的方式解决问题。

言语：
真实意图：

言语：
真实意图：

言语：

真实意图：

言语：

真实意图：

行为：

真实意图：

行为：

真实意图：

采取行动

8～12岁女孩的发展是多方面的。生理方面，她的四肢长长了，个头长高了；10岁左右，她的身体开始在胸脯、臀部和其他的地方储存脂肪，为月经初潮做准备。心理方面，她与父亲的关系更密切了，同时与母亲的联系也加深了；她的女性朋友变得更为重要；她通过"优胜劣汰"的竞争性法则来处理特殊的和适当的问题。8～10岁的女孩并不太受传统女性形象的束缚，她们自由地探索世界，追随心灵的导航。11～12岁的女孩则变得更易受有关个人形象，做什么事更受欢迎以及女孩应该如何想、如何做等传统观念的影响。这个年龄段的女孩更关注自己的精神世界和内心感受，需要我们指导她们学会展示自己的独特之处。这些小小的种子也许会在某一天萌发出天分、才能和机智。

音乐对心灵有益。学会吹五声木笛是尤为有益的,因为深呼吸有助于肺的发展,而且它们还提供了一种充满感情的表达手段。由于女孩集中注意的能力得到了更好的发展,同时她的旺盛的精力又处于无序状态,所以此时是开始让她学习音乐的最好时机。

艺术、讲故事和诗歌特别有用。任何年龄的女孩都会被精选的故事、生动的诗歌和艺术作品的表现力所感动。上述活动有利于8～12岁的女孩顺利进入青春期。它们提供了一个切实可行的手段把女孩的感情(直觉)转化成现实的形式。让她们的感情宣泄在纸上,比如,生动的红色和黄色带给她们的是成就感和满足感。她们学会了把感情创造性地表达出来,而不是埋藏在心底。

遗憾的是,我们的许多学校取消了定期的艺术课,也不把它们编入日常的课程。这些艺术形式在我们的生活中是如此的重要,以至于成为我们每个家庭生活的一部分。

建筑游戏同样对女孩有益。在8～12岁之间,女孩的个性、独特性得到了发展,并变得越来越强。在这个阶段,她们探索外部世界,了解什么在吸引她们,世界是如何运转的,什么促使世界运转。在她们探索的过程中(不论是通过书籍还是真实的经历),女孩们也需要有一个安静的、属于个人的场所去梦想、独处和与朋友们耳语。建造这样一种保护性的空间可以使8～12岁的女孩有自信和成就感。

在日常生活中融入数学和科学。尽管这个年龄段的许多女孩不会被数学和科学吓倒,但此时对女孩不公平的教育机器已经启动,并开始影响她们。当我们在学习语言和其他人文学科的时候,应该把数学和科学融入她们的日常生活中去,通过这样的方式帮助她们。

做饭,既有趣又好吃,而且,还可以使女孩学会看指导,知道化学合成、分数和计量方法。如果她们拥有一个自己的储蓄账户,就可以使她们有机会了解金钱、储蓄和精确记账的价值。当全家人在外面吃完饭以后,可以让女孩们付小费;让她们用自己的零花钱为自己选购物品,为它们付账并清点找钱。这些可以让她们学会一生都会需要的数学本领。当她们在看或者玩垒球、棒球、篮球、橄榄球等项目时,教会她们记分的技术。帮助她们计算整个赛季平均的击球量。组织全家出来看星星,学习天体的构造。

给女孩一些买衣服的零用钱。每个季节和她一起检查她的衣柜,看看她需要添置什么衣服;专门上街去看一看她想要的衣服的价格;然后,让她用零用钱去买。如果她想要的衣服超出了预算,那么建议她,做哪些事情可以挣够钱。这些都教会她怎样在预算之内支出以及怎样花钱才算明智。

让女孩们负责制订家庭旅游计划,在地图上标出路线,计算路程,甚至去杂货店购物等,这既有趣又有利于提高她们的识图能力和计算能力。家庭园艺可以使她们了解播种、季节、萌芽时间和自然法则,并学会耐心。饲养、哺育、照看宠物,可以使她们了解妊娠、出生、死亡、习性、动物的需要、责任感和爱等。

要让女孩对自己的行为负责。弗雷德是两个女孩的父亲,他说：" 我的父母总是让我的妹妹很容易地逃脱惩罚，但是我不希望我的女儿因其女性的魅力而巧妙地逃脱，而不为自己的行为负责。我并不是讨厌魅力，在这个世界上生活，有的时候我们都需要它。但是，我们当父亲的，往往不能坚持让女孩为自己所犯的错误负责，因为她们太可爱了。"

支持女孩保持女性特征。许多8～12岁的女孩是有名的假小子。她们通常疯狂地热爱骑马、爬树和跟着爸爸瞎跑。我们很高兴在这个年龄段的男孩和女孩有更平等的机会来展现自我，女孩也有很多机会从事那些以前被认为是"男孩的事情"的团队体育项目和其他的活动。当鼓励她们去学习"女孩的事情"时，她们一样可以做得很好。茶话会、编织、布置桌子、社会礼仪、跳舞，所有与女性特征相联系的优雅举动都是那么有趣，这促进了有教养的、现代女性的成长。

家长们联合起来，支持你们的女儿！性别不平等和性骚扰不过是女孩们在成长过程中遇到的两个问题而已。当她们的注意力和行为从家庭转移到学校和社区之后，她们会遇到社会中许多的困难和不公正。例如，种族歧视、性别歧视、年龄歧视等。

通过组成社团，与自己女儿的朋友们的父母取得联系，我们就可以开始与这些不公正现象做斗争了。当学校不能提供防范性骚扰的安全措施和保护时，我们要大声抗议，这可以使女儿知道我们有维护自己利益的权利。如果只有一两个人抗议，那一定会孤掌难鸣，还会被当权者认为是个讨厌的人和"爱管闲事的人"。但是，由父母形成的社团所发出的呼声，可以带来政治影响力，其结果就会完全不同。

　　贝特所在中学的男孩和女孩都忧心忡忡。有一天，在贝特回家的路上，突然出现的几个男孩撕开了她的衬衣，同样的事情我也经历过。我打电话给每一个我认识的，还有许多我不认识的家长，请他们第二天到学校来，并计划在那儿待上一阵。10个家长来了，我们就在大厅附近走来走去。那些少年很粗野并且相当滑头。还好，贝特那天完好无损地回到了家。那个星期五的晚上，家长们聚在一起吃了一顿便饭，我们制定了策略，组成了委员会，并推举了委员会主席。我们签字同意轮流监视学校大厅，还决定了由谁和校方官员见面。家长们甚至请假来值班。孩子们能够平安地上学，对于我们来说非常重要。我们的行动取得了成效。

　　　　　　　　　　　　　　　　　　——朱利安，11岁的贝特的父亲

第十一章

你们无法理解我：13～17岁

> 问题：怎样认识处于青春期的少女？
> 回答：她的行为要比她的外表更能说明她是一个青春期的孩子。你仅仅说了句稍有冒犯的话，比如，"喂"，她就当着你的面把门甩上。
>
> ——刘易斯·伯迪·佛朗克斯《克格勃食谱》
> (*The KGB Diet*)

广而言之，对于大多数有青春期孩子的父母来说，这段时光是难挨的，痛苦的。家里有个女孩也不例外。根据很多父母的抱怨、报刊上的笑话、青少年的自杀社会现象以及对自身成长经历的回忆，我们知道当孩子处于青春期时，家庭生活总是充满了艰辛。但并不是所有的父母都对这一阶段感到恐惧，许多女孩就很好地完成了从幼年到成年的转变。无论孩子的青春期是晴空万里还是乌云密布，父母都应该不断地尝试去聆听孩子的心声，避免主观臆断，花工夫处理家庭关系，及时表达自己的感想，让孩子知道她们对我们的影响力，还要给孩子讲明利害，制定合理而严格的规矩，同时父母也要不断反省自己，对自己提出深刻问题，并把握问题的主次。

成长的任务

智力的变化

青少年成长过程的中心内容之一就是智力的成长。女儿8岁时只能幻想性地理解她的世界，现在长到14岁，她具备了抽象思维和推理的能力，不再表面性地接受事物，而能在个人经验的基础之上形成自己的观点。女儿所接受的是新观念，对人生经验、奢侈的想法以及更多复杂问题的新理解。儿童心理学家皮亚杰把青春期描述为"孩子成长到能把自己想象为别人的阶段"。女儿在尝试新的角色，更深刻地体会自己的情感，以及为自己很难站住脚的新观点据理力争。但这不能避免她像教皇似的评论自己的新理论，她需要我们不加批评地支持她，对她的想法进行讨论。

我爸爸非常愚蠢。吃饭时他总是谈论一些他在报上看到的消息，表现得像权威人士。每次我发表意见时，他总说我太小了，还不知道自己在说什么。我讨厌他那种瞧不起人的评价。难道我就没有表达自己观点的权利吗？有时我真想消失算了，我感到非常难过。

——安妮塔，15岁

青春期的女孩渴望了解世界。自身的探索引导着她对周围的人，特别是父母和其他家庭成员提出质疑。对于家长在言行中表现出的矛盾，她非常敏感，例如我们告诉祖母由于有事星期日无法过去吃饭，但事实上我们根本没有安排；再有，当我们喝酒时却警告她不能这样。我们给她规定的晚上回家的时间比给她弟弟的要早，这种不平等的待遇会激怒她，让她觉得不公平。

老师们非常不公平！他们说我们可以选择任何我们喜欢的话题作为课堂作业。但我们还没写呢，他们就草率地说："挺好！"

——珍妮，16岁

情感生活中的变化

当女孩发现在理想中的美丽、诚实、公平与现实中的丑陋、谎言、欺骗之间存在着巨大差距时，她们会感到非常失望。这种天生的锐利眼光总是让她苛刻地盯着自己，这样，她们想象到的总是不够完美。如果不把女孩们的注意和精力引导到正常的关系和活动中来，那么，这会使她们陷入深深的绝望之中。这种情况会导致青春期女孩出现各种各样的问题，例如，吸毒、偷东西、乱交和未婚先孕等。

自从拉温娜14岁起，我就不停地为她担心。我是一个单身母亲，工资仅够支付房租和食物。因此我们很少有钱添置新衣物。在学校里，其他女孩嘲笑她赶不上潮流，拉温娜感到非常沮丧。当我在她平常的内衣中发现新式内衣时，我意识到了麻烦。我询问她，她却不太高兴还振振有词。这时我意识到自己需要帮助她，使她不再沮丧、不再偷窃，以免惹来更大的麻烦。

——格雷丝，16岁的拉温娜的母亲

众所周知，十几岁女孩的情感生活十分丰富，情绪变化也很快。如果事情能按她们所希望的方向发展，或得到了最好朋友的赞扬，或发现了一个新的手下败将，她们失望的情绪马上就会转好。家长通常感到孩子就像处在一个情感的滑轮上，随时都会由一种情绪转变为另一种。多数时候，我们很难明白女儿究竟想告诉我们什么。但是智力的发育使青春期的女孩懂得运用理智来控制情感。我们应该通过言传身教告诉她们，怎样不带责怪和评判地表达思想。这样她们的情感表达就会变得更成熟，更懂得去接受他人的观点、安抚、和解，或求同存异地提出建议。

生理变化

青春期发展的另一明显变化就是月经来潮和接踵而来的身体上的变化。许多十几岁的女孩很担心发育过程中体重的自然增加。女孩对自己身材的不自信可能会导致饮食不规律，她对自己的体重、外表和内部生理活动感到非常困惑。窘迫的父母只关注女儿所犯的错误，不知不觉地就会对女儿的任何事情感到无法理解。

发育过程中，月经周而复始，伴随着排卵周期的女性激素的变化，她们的情绪会发生急剧变化。我们应该保持冷静和理解，不要严加指责。总之，尊重、幽默和耐心可以使我们顺利度过她们这段情绪多变期。

自我的成长

基于对男孩的研究，许多传统的心理学理论把人类的成长描述为向自主、独立和自制不断前进的运动。人们常常假设，青春期充斥着各种各样的危机，越来越多的孩子希望摆脱父母的评判、引导和指示。这种情况会一直持续到孩子们长大成为有自治能力的成年人。因为大多数的女性被认为更具依赖性、缺少自治和独立，所以我们很想知道女性在青春期到底做了些什么。在第二章我们探讨的有关女性心理发展的一些新研究和新理论发现，青春期的女孩面对的是非常复杂和困难的挑战，通常不得不为争取她们在家庭中的地位、发言权和正常的生活而抗争。

十几岁的女孩宁愿用更亲密、更可靠的方式处理和深化关系，而不是一味地争取独立和自主。也就是说，她们努力去分析那些自己看到和经历的事情，从中得到真理。她们尝试着把整个身心融入和她们有关的一切——她们的梦想、忧虑、情绪、性别以及刚形成的观念。处理好各种关系，有助于增长青春期女孩对自我的认识，在保护自己的同时也可以照顾到他人，这种意识其实是一种成熟的标志。

需要

　　从前挪威住着一些小仙人，众所周知，他们会变化为人类的相貌，可能就是我们身边的朋友或家人。有一位叫埃尔西的挤奶女工和一位名叫拉斯的年轻人，他们俩的关系非常好，为了纪念友谊，他们交换了刻有彼此名字的手镯。夏季的某一天，埃尔西赶着奶牛去了一块地势很高的牧场，之前这里已经失踪了好几个挤奶女工。埃尔西的家人和拉斯都警告她要小心点，他们的担心是很有道理的。因为一到牧场，埃尔西就看到了"拉斯"正在招手示意埃尔西跟他去树林，但这并不是真正的拉斯，埃尔西今早在村庄刚与拉斯分手。埃尔西意识到他是小仙人幻化的，她摘下手镯，系在牧羊犬的脖子上，命令它回家找她的父母，她则尽可能地在牧场拖延时间。但英俊的小仙人太令人着迷了，就在她要被诱入树林的一瞬间，她的家人和拉斯赶到了牧场，高喊："埃尔西，你不是小仙人！你是埃尔西！"她的名字一喊出来，咒语就被破除了，埃尔西重回了家人的怀抱。

——根据挪威故事《挤奶女工》(The Dairy Maid) 改编

　　青春期的女孩需要父母"大喊她们的名字"。民俗学研究专家莱斯·朗格拉森认为,传说中描述的危险也会在女性的现实生活中出现。十几岁的女孩正处于少女向成年女性转变的过渡期。在这一时期她们很容易陷入困境,她们感到害怕,不确定要做什么和怎样说"不"。她们可能很容易受外界影响,迷失自我,随波逐流,例如,吸毒、过早发生性关系、考试作弊、偷东西等。女孩需要我们提醒她们自己真正的身份,"大喊她们的名字",也就是"你是埃尔西,不是小仙人"。当我们的女儿处于迷失自我的危险边缘,表现出令人讨厌和害怕的行为时,我们必须坚信,可以在她们身上找到善良的种子以及开始萌发的天赋、才能和机智,耐心等待它们绽放时刻的到来。

迷恋某个人,在十多岁女孩的成长中有着重要作用。十几岁的女孩对于内在同一性的探索逐渐集中到了她所崇拜的人身上,渴望也能成为同一类人。这些早期迷恋的对象可能是和她自己的生活有直接关系的人,如老师、牧师或学校的顾问;也可能是有一定距离的人物,像摇滚明星或影视偶像。迷恋行为可以满足年轻女孩对完美和圆满的渴望,远距离的崇拜使她能满足内心的愿望,以接近从孩提时代起就盼望的精神生活。女儿对崇拜对象的狂热可能会令我们担忧,如果她的感情被人错误地理解,并且没有得到回报,我们则担心她受到欺骗和伤害。

珍妮14岁时,曾经有一阵让我们非常担忧。她迷上了朋友的哥哥,一个大三的学生。我猜想每次珍妮去朋友家他都在。他是那种我们不希望珍妮结交的人——邋遢、狡猾、开快车、喝酒、为了吸引人而低三下四。当然,珍妮看不到这些。我们开始了非常激烈的竞争。我知道最好的方法是明确家规,而不是批评这个家伙——因为她只看到了完美的一面,要具有耐心但得有限度，相信她最终会克服这种迷恋。这个家伙总是怂恿珍妮，引起她的注意，并且取笑她对他的喜爱。有一天晚上，学校橄榄球比赛结束后，珍妮看到他烂醉如泥地走出汽车，几乎站不住脚。珍妮回来大哭一场。随后的几周总是一个人待在房间里，但她最终恢复了。我很感激，珍妮仅在情感上受到了伤害，没造成更严重的后果。

——巴德，14 岁的珍妮的父亲

女孩的迷恋行为是成长过程中正常的一部分，它会给女孩留下受到伤害或幻想破灭的记忆，也可以让她以后回想起年轻时自己是多么天真幼稚。我们应该具有耐心，理解她们，不做任何评判和嘲讽，这样才能使女孩能够分辨幻想和现实，承受失望和伤害。

女孩需要好朋友。好朋友的出现可以满足青春期女孩发现生活中美好事物的需要。她们可能会非常亲密，一起做任何事，有着相似的穿着，参加相同的学校活动，分享秘密，互相支持鼓励以经受来自父母、老师、男孩、其他女孩以及自己身体发育期的各种麻烦和考验。像初恋一样，女孩对最好的友谊拥有很多甜蜜的回忆。这段时间所学到的处理人际关系的技巧会让她受益终身。

女孩的生活必须发展平衡。在工业时代，青春期的女孩受到各种压力的影响，例如，要适应环境、必须受欢迎、有归属感、有吸引力、为上大学必须有好的成绩、要很优异、不辜负父母的要求和希望。但追求物质至上的文化却不重视本应该存在的、无形而细微的东西。同样，处理人际关系的技巧和智力发展也被忽视。

华德福的教育家兼作家贝蒂·斯坦丽写了一本关于十几岁孩

子的好书《限制与自由之间》（Between Form and Freedom）。她在书中提醒大家，这个时期的孩子需要寻求一种思维与行动之间的平衡。这个平衡指的是情感生活，即世界观，由此可以发展到人类理想的最高境界——爱、仁慈、精神鼓舞。贝蒂·斯坦丽认为西方的生活方式应与东方的生活方式相结合。青少年需要将两种不同的个性结合起来，寻求一种平衡。现将东、西方两种不同的生活方式列表如下：

西方的	东方的
活跃	安静
无拘束	有规矩
影响世界	内在运动
迎合大众	独处

在我们引导女孩活跃的同时，也应该鼓励她们安静地思考；给她们时间，在不受喧闹的电子乐、朋友的闲话和忙碌的家务干扰的情况下，仔细考虑摆在她们面前的有关生活的深层次问题。在十几岁的女孩无拘无束地投入到学校活动、公众事务等工作的同时，她们也需要一些日常的家庭规矩，如吃饭时间、日常家务和家庭作业等。同从出生到 7 岁时一样，十几岁的女孩也需要父母制定适当的规矩和聆听她们的心声。

我不知道在仅有一份收入的情况下该如何度日，但重要的是在梅格十几岁时我一直待在家里。她现在上高中，回顾以前，我很高兴我给她提供了稳定的生活，制定了家规，在不影响她与朋友交往的前提下，鼓励她参加管乐训练和表演，做作业和家务以及所有其他必要的活动！这并不容易，我们也争执过，但梅格这些年处理得比我当年要好！

——凯利，17岁梅格的母亲

女孩在青春期总要参加各种各样的学校和社会活动。她们希望做有别于他人的事情，有所作为，影响事物的发展。与此同时，她们的心灵也引导她们去思考一些深层次的问题，如她们是谁，要去哪里，想要什么样的生活方式，幸福生活的含义是什么等。

青春期女孩的最主要冲突是：是要迎合大众，还是要独特、有个性。人类需要迎合大众，知道自己在群体中的位置，这种需要在青春期的女孩身上表现得尤为突出。她们想要发展自我，有别于父母。单身母亲丽兹·汉尼根回忆道："我眼看着女儿的个性被她同伴们逐步吞噬，最终我对她说，'我知道你想要迎合你的同伴们。但怎样才能以你自己特有的方式来迎合她们呢？如果你希望像你的朋友一样把前面的头发梳起来，你是不是可以换一种方式，既让你和她们一样，又保持了自己的风格呢？'我们讨论了她想要和朋友们相同的方方面面，以及怎样使她自己的风格和品味闪光。她希望自己有能力在迎合大众的同时又表现出不同。"

女孩需要知道她们是重要的、有用的、有价值的人。处理好自己的一切事宜，如激素的冲击、令人兴奋的观念、同类人的诱惑、升学的挑战、家庭的希望和心灵的渴望，这些对女孩来说是非常大的工程。她很怀疑自己是不是有这个能力。所以自尊总是在孩子最需要的时候不见踪影。鼓励女孩面对这些难题的一种方法就

第十一章
你们无法理解我：13～17岁

是增长她们的见识。我们应该让女儿知道她们的观点是受重视的，但这并不代表一定要赞同这些观点。我们可以说，"你的确已经认真思考过你的观点了"，或"你考虑过这个吗？它可以支持你的想法"。对女儿的理论表现出非常感兴趣，可以激励她们发展带有批判性和战略性的思维，也可以为吃饭时的谈话营造愉快的气氛。

保护女孩脆弱的自尊的另一种方法就是鼓励她们参与家庭范围内的活动、度假、传统活动和庆典等。考虑到女孩在不断地成长，我们应该常常设想这可能是全家最后一次一起参加的度假，或者这是女儿最后一次渴望展现聪明才智去表演假日木偶剧的机会等。女孩总要长大，建立自己的家庭，过自己的生活。

然而，在当今快速而孤独的社会生活方式中，普遍存在着十几岁的女孩因早熟而过早地离开家的情况。这会使她们形成困惑、孤寂和缺少自我价值的情感。全家外出度假，她却要求待在家里；参加家庭传统的假期礼仪时，她总是拖延时间；抱怨自己没有时间和朋友们在一起。我们应该在意识到女儿作为家庭的一个重要成员的同时，关注她想和朋友们在一起的愿望。让女孩觉得家庭也是一个群体，可以把自己算在这个群体之中。尽管她可能不太愿意，但当她遇到麻烦，觉得自己不属于任何群体的时候，家庭能够接纳她、支持她。

由于成熟，女孩的角色发生了变化。她在家庭中有了新的责任，她应该具有一个更成熟的身份。她可能会写一本新的木偶剧剧本去表演；计划假期的日程，制定客人名单，选择桌台的装饰；

或决定今年去哪里度假,预订房间,找人喂养宠物。让女儿知道我们需要她们的想法、能力和努力,这会鼓励她们成为家庭成员中的积极分子。

女孩必须学会制定目标

珍妮:我一次又一次地注意到,在我身边的女性同事、朋友和同学之中很少有人制定目标。我们没有长远的生活目标,也没有明确的步骤去实现它。我们中的大多数人对想要什么样的生活或想要做什么仅有笼统的概念,并没有具体的、有计划的想法。我知道我也可以列出生活中的一些重点,但看不到实现它们的必要步骤。我丈夫和我所知道的其他男人都有具体的2年或5年计划,甚至更久。他们知道如何实现他们想要的生活。

可能是关于妇女能够或应该是什么样的文化局限性限制了女性对长远目标的制定,也可能是大多数的妇女还没有意识到制订计划和实现目标的重要性。无论是什么原因,女性在制定目标及必要步骤方面缺乏必要的能力,这大大阻碍了她们的发展。

无论目标是要改变不良爱好,或是得到一件新的物品,还是达到一个更高层次的工作业绩,实现目标所需的具体步骤会给人提供方向、鼓励、指导、奖赏和成就感。少女会在制定目标的过程中受益,而更大一点的女孩会明白,这是实现自己潜力的一种重要手段。教给女儿制定目标的技巧,以便满足她们的需要,赋予她们在未来社会中独立生活的能力。

在青春期，教育女儿如何制定和实现目标的机会有很多。例如，我们认为 25 美元足以买一条牛仔裤，但女儿却想要一条她朋友都有的价值 50 美元的牛仔裤，这时我们就可以帮助她们为怎样获得另外的 25 美元制订一个计划。"白纸黑字"地写下这个计划是实现目标的最好方法。帮助她们制定清晰的目标，实施计划必要的步骤，还要保证有时间限制。在这里我们举个例子：

目标：在 7 月 13 日买一条我想要的牛仔裤
现有的：父母给的 25 美元
所需的：另外的 25 美元

步骤：
1. 查看我的储蓄账号上是否有可以让我用的 25 美元。
2. 打电话给艾琳娜·琼斯，看她是否需要人照看小孩。
3. 把照看小孩的收费由一小时 1.5 美元提高到 1 小时 2 美元。
4. 张贴广告：为到俱乐部度假的人们照看宠物。
5. 注意有关牛仔裤减价的广告。
6. 货比三家。

不用花很长的时间，女儿就可以看到在日常生活中制定目标的有用性。怎样完成学期论文，怎样停止咬手指甲，以及怎样克服障碍、鼓起勇气与化学实验室里聪明的男孩交谈。当目标很清晰而且具体的步骤又摆在她们面前时，几乎任何事都变得更容易掌握了。她们甚至可以给我们上一两堂课，教我们怎样实现自己的人生目标。

女孩需要榜样

> 在求学的 12 年里,我从没学习过有关自我的东西。
> ——一位读 12 年级的非洲裔美国女孩,美国妇女联合会报告:学校如何欺骗女孩

直到现在,无论是在教科书、媒体、艺术领域,是在社团中,还是在这个世界中,我们仍然很少能看到女性的身影。女性更多的是从事幕后工作,作为成功男士的助手,享誉世界的著名女性屈指可数——贞德、居里夫人、伊丽莎白女王、埃米丽·荻更斯、埃兰诺·罗斯福、罗莎·帕克斯。阅读描述这些伟大女性精神的书籍是有益的,但大多数青春期少女所需要的是有关女性力量、能力和智慧方面的生动鲜明的典范。

女孩希望成为杰出的职业女性,有机会与这类女性接触可以鼓励她们继续追求自己的梦想。那些直率的、以自我为中心的学姐给年轻的学妹们做了榜样,使她们能自由地发表意见、在课堂上积极发言和确立自己的世界观。女孩的身边就有很多值得学习的榜样,如喜欢为家人营造祥和宁静气氛的朋友、自己开公司的阿姨、写儿童读物的邻居、深受爱戴的物理老师和从事秘鲁土著人治疗方法研究的前任保姆等。

无论母亲是家庭妇女还是职业女性,或二者兼有,她们通常都会成为女儿的榜样。我们应该保证让女儿看到比较健康的女性生活。她们看到母亲为过上好日子而坚持不懈地努力;在照顾好孩子的同时兼顾其他事宜;能够完全胜任并且热爱她们所选的工

作；对自己的信念和承诺持有坚定的态度。当社会及其成员重新审视女性形象的时候，我们的女儿或许会对我们起一定的引导作用，让我们充分发挥女性的能力以求达到一种与男性权力更为平衡的关系。在寻求杰出女性作为榜样的过程中，女儿的能力会得到加强。

内部指导系统

9岁和10岁的女孩会表现出一种"通过讲心里话表达思想"的能力，这被哈佛大学的研究员兼治疗专家安妮·G.罗杰斯博士称之为"正常的勇气"。到了发育的初期，即12~13岁时，女孩开始失去讲述真相的勇气，把自己真正的想法和感觉都隐藏起来。她们开始不敢坚持己见，并逐渐倾向于被安妮·G.罗杰斯称为"女性善良"的文化习俗。她们开始学会封锁任何坏的想法和感觉，总是想表现得友善和温柔，独自去面对种种难题以避免给别人造成不愉快。

青春期的女孩可能会失去与内在引导系统的联系。这会使她们漂泊于困惑的海洋。对于男孩来说，童年早期是发生心理问题的最危险时期，而对于女孩来说，青春期是出现心理问题的最危险时期。这种危险对于不同人种和不同社会经济阶层的女孩都一样。而且，那些活泼的、心理活跃的女孩更是如此。也许某一天我们会发现聪明可爱、有信心的女儿被人偷走了，仅留下一个不开心的、令人讨厌的复制品。事实上，治疗专家艾米丽·韩库克博士在她所从事的青春期少女问题的研究中发现，女孩正在发展一种"虚伪的自我"，它取代了原来真实的自我。以前的女儿敢说敢当、兴趣广泛、积极活跃,而且喜欢营造气氛、开玩笑、要求处于主导地位,现在这些东西都消失得无影无踪了。直到几年后,当她们发现自己失去了一些本质的东西重新审视自己的时候,真实的自我才能占据主导地位。

与内在引导系统联系的减弱,直接导致女孩自尊心的急剧下降。正如哈佛大学研究员卡罗尔·吉利刚所描述的,在青春期以前,"她们强烈地想知道别人所知道的事并且喜欢直言坦白"。而到了青春期,女孩开始怀疑自己的感觉。"不愿意知道别人所知道的事和别人的经历,害怕一旦说出来,将会破坏与别人之间的关系,甚至会危及生存。"

因为女孩的自尊,她们处于一种关系之中的感觉以及是否还能同时照顾另一些关系,使她们变得寡言慎行,唯恐说了什么不恰当的话,断绝了某种关系。在表达思想的时候,她使用一些特殊语句,如"仅表示个人观点""你可以不同意这个""这可能不对,但……"或者"我不清楚"。上课回答问题也不积极,如果她的观点有悖于社会现状,她就不愿意再表述自己的看法。1990年,美国大学妇女联合会对3000人的调查结果证实了这一点。这些接受调查的女孩在上小学时有60%的人能够达到自尊的正常标准,她们表示"我对我的生活方式感到满意"。而当她们上初中时,达到标准的比例只占37%,到了高中,只有29%的女孩感到满意。其他的研究表明,处于青春初期的女孩比男孩更容易抑郁,她们态度消极,暴饮暴食,觉得自己脑子愚笨,学习成绩一落千丈。

那么，我们怎样才能帮助她们顺利度过青春期的狂躁，保持自尊呢？怎样才能保持她们的个性，不至于与自己内在的引导系统脱节？

在任何年龄段都要鼓励相互依存。相互依存的关系，即每个人都要关心别人的幸福、健康，可以使关系良好的自我得到发展。这种关系良好的自我就是女孩的自尊之源。当我们不去体会女儿的感受或对她的思想行为不闻不问时，她会感到自己是一个问题。而且，我们与女儿之间存在的问题也会在她的心里不断发展。她开始觉得自己是一个坏孩子，不值得我们关心和喜爱，自己的思想毫无价值。她开始拒绝与人交流，这种孤僻的思想会令她产生一种强烈的无助感。当女儿受到这种无助感的威胁时，就会寻找一切机会与人沟通。她要么会表现得非常非常好，要么就会制造出各种麻烦来表达她的忧虑、恐怖和愤怒。

在十几岁的女孩中，割伤自己和厌食等自虐行为的发生率不断上升，这一现象十分令人震惊。据估计，在200多万自残的美国人当中，女性居多，她们在14岁的时候就开始自残了。女性主义作家詹尼弗·鲍姆加德纳和艾米·里查兹指出这些女孩是用割伤自己和让自己挨饿的方式来表达内在的感受，获得某种控制感。

每当我听到这些漂亮的、受欢迎的、有才华的、机智的女孩从心里感到自己毫无价值并且丑陋的时候，我都会感到非常的苦恼。这些女孩是校级干部、成功者、学者，被同龄人所敬仰和美慕的人，她们本可以做成任何事情，然而她们自己却不这么认为。其中的两个女孩，痴迷于减肥，严格地进行节食，经常一天只吃一顿饭。另外的三个女孩总是割伤自己，每当她们谈论这件事情时，仍然会令我内心战栗。一个女孩，我称她为希拉，她说每当胸中有巨大的压力，感觉自己仿佛要被分裂一样，这时她就会割伤自己。割伤自己的行为能够使她平静下来，继续工作。所有的女孩都认为，能够在这个群体中谈论这件事情，对她们来说是一种解脱。我花了很长时间去思考如何能够联系上这些女孩，如何才能够帮助她们实现自己的价值。她们要认识到一个人不可能擅长并完美地完成所有的事情，也要认清自我，包括善良的和美好的一面，也包括丑陋的和不好的一面。

——玛丽亚，社会工作硕士，青少年团体的领导者

有两个更常见的影响青少年的饮食问题：神经性厌食症和暴食症，这两个问题有明确的行为模式和警告信号。对这些危险信号保持警惕性的父母，可以通过寻求帮助使自己的女儿免受神经性厌食症和暴食症的副作用的影响，这些副作用有时是致命的。

一个女孩专注于节食和瘦身而导致极端减肥、对脂肪充满恐惧、不承认自己的节制性饮食行为和体重减轻，那她可能患了厌食症。

父母要对以下这些危险信号保持警惕：
- 极度减肥。
- 身材苗条，但仍在继续减肥。
- 减肥之后，依旧认为自己胖。
- 对体重增加保有强烈的恐惧。
- 经期失调。
- 专注于食物、卡路里、脂肪含量和营养成分。

- 更喜欢一个人进食。
- 为他人做饭。
- 手脚冰凉。
- 晕厥。
- 强迫性运动。
- 谎报食物。
- 抑郁、焦虑。
- 虚弱、疲惫。
- 周期性多动。
- 便秘。
- 手臂、腿或身体的其他部位长出细小的毛发。
- 皮肤干燥、敏感。
- 呼吸急促。

暴食症患者会偷偷进行强迫性暴食。患有暴食症的女孩不会像贪食症患者一样，不会想办法抵消暴食带来的肥胖，但会经常感觉到内疚和羞愧。因此，患有暴食症的女孩很多都肥胖。与神经性厌食一样，暴食症是一种潜在的心理问题。如果一个女孩表现出以下的行为，父母要赶快为她寻求帮助：

- 有暴饮暴食行为。
- 不饿的时候依旧吃东西。
- 经常节食。
- 不能够自觉地停止进食。
- 意识到饮食模式不正常。
- 体重有所波动。
- 情绪低落。

- 感到惭愧。
- 有反社会行为。
- 肥胖。

让我们回过头来看看女儿还是婴儿时的第一次笑脸吧。她愉快地舔着自己的小脚丫，那时我们之间的关系就已经建立起来了。蹒跚学步的她一边摇摇摆摆地向开着的大门走去，一边紧紧地注视着我们，看我们的反应如何。我们并没有让她成功，而是冲过去抓住她并把她放到了安全的地方。随着年龄的增长，她们就开始指责我们前后不一致的行为，我们以前的那种完美的关系因此而受到了挑战。如果我们能听取她们的观点，检查我们的动机，努力去做得更好，那么在处理好我们之间的关系的过程中她们的自信就会得以加强。只要我们始终记得她们真实的自我，青春年少的女儿将会更有自尊、更有自信地成长。

在任何年龄都要鼓励独立性。我们的女儿必须在各种关系中学会独立，拥有自己的思想，选择自己的朋友，进行自己的活动，收拾自己的房间和衣物，这些我们都应该予以肯定。

在任何年龄，尤其是在青春初期，都要鼓励她们表达自己的感受和想法。听听她们自己的经历，无论是好还是坏；鼓励她们发出来自女性心灵的声音。只有当我们能接受女儿要说的任何东西时，她们才能在我们的关系中保持自我的完整性。她们不必再把自己的思想和情感隐藏起来，也不必再害怕孤立和寂寞。她们不必再为了在家庭中得以生存而隐藏起自己的个性。

治疗专家安妮·G.罗杰斯博士认为，让青春期少女拥有发言权有着重大的意义。她提到了在研究女性心理学和少女发育这一"哈佛工程"时所见到的一件事："我曾看到一群女孩粗暴地对待另一个女孩，不让她加入她们的集体。对此我感到很气愤，并想上前制止。用我的威信去制止她们要比和她们在一起了解她们究竟想干什么简单得多了。"通过认真地听和观察，安妮·G.罗杰斯了解到，她们为什么把这个女孩排除在外，是因为这个女孩有欺骗行为。只要一有机会，这些女孩就会将自己的厌恶表达出来，将她们中间的叛徒清除出去。

只要给女孩说话的机会，她就会大声地说出以前从未提起过的家庭秘密，她们发现查理叔叔晚餐时喝酒很多；她们想弄清楚为什么比衣奶奶去过的厕所会有烟味；她们会问父亲和一位不知名的女士在城里干了些什么；她们坚决反对家庭、学校、团体乃至整个世界上出现的不公平。她们同情弱者，反对种族歧视，对我们的人生价值提出质问。

对女儿在任何年龄取得的成绩加以鼓励。女儿所有的"第一次"都值得喝彩——睡的第一个安稳觉，迈出的第一步，说的第一句话。她每一次迈向独立的尝试都是不容易的——第一次说"不"，第一次抓取玩具，第一次迈出门槛。也许在她迈向独立自我的第一步时，我们还很容易忽略她的行为有什么不妥，如果我们能一直这样，鼓励她去尝试着发展自我，不去评判她是正确还是错误，是固执己见还是刚愎自用，是喜怒无常还是牢骚满腹，她的自尊心就会在进入青春期后变得越来越强。

对女儿的成绩加以鼓励要比夸奖她们的容貌重要得多。女儿常常是在消费导向的文化中长大的，因而她们就像我们买的商品一样被定型——甜甜的、漂亮的、温柔的、百依百顺的和乐于助人的。女儿若是这样，我们会高兴。但我们同样需要容忍女性的另一面——喜怒无常、体态臃肿、情绪化、浓妆艳抹、武断专行。否则，女儿会因为缺失一些重要的东西而成为用嘲讽的眼光看世界的女性。

父亲会在无意中伤害女儿的自尊，阻碍她们进步。许多学者认为，大多数的父亲希望女儿能遵循现有文化中对女性的规定。抱着这种信念，父亲把女儿关在家里做家务，做乖乖女，好好学习；对儿子则听之任之，无所顾忌，任其去做错事。

因为深知在这个性别歧视严重的社会中女性要想获得成功有多么困难，母亲往往会错误地给女儿施加压力，期待女儿在每一方面都很优秀。当然也不能采取对女儿不抱任何希望的做法或限制其选择机会，使她们无法做一些原本适合女孩做的事，这类的做法都具有一定的破坏性。忽视女儿所做的一切努力，只知道确立不切实际的理想，将会伤害她们的自尊。

老师希望女生取得高分，因为她们是女孩。如果老师不再以成绩的好坏来认可这些女生，反而会造成了她们自尊心的下降。迈拉·赛德克和大卫·赛德克这两位著名的教育学博士指出，在所有的年级中，老师对女同学的表扬、批评和帮助都要比给男同学的少。当女生遇到难题时，老师更多的是替她们去做，而不是和她们共同分析问题，直到她们能够理解并独立完成。

任何年龄的女孩都需要来自父母的支持，为她们的观点、看法、错误、冒险行为、英雄壮举、成功甚至失败鼓掌加油。她们的进步将会使她们的自尊心和个人能力得以加强。认可尝试过程中所付出的努力、进取心、富有想象的思维以及所学到的知识，同最终实现目标同样重要。给女儿讲述我们自己童年的故事，将会使她们意识到今天的失败在以后回首往事时会成为重要的成长历程。一个真正自信的人会说："我从那些失败中学到了许多。"

我的女儿为了她的朋友竞选班长日夜操劳。她们都信誓旦旦地想要改善学校的环境，比如暴力和性骚扰问题等。吉尔善于鼓动宣传、写演讲稿，她有领导者的资质。她的朋友经过艰辛的努力之后还是失败了，因此吉尔也倒下了。在她渐渐摆脱了这个阴影之后，我指出了吉尔在努力过程中所获得的东西——组织能力，协调分配任务能力，进行公共演讲的经验，对学校教职工的尊敬以及密切新老朋友的关系。这些重要的技能将贯串她的一生。

——杰夫，15岁的吉尔的父亲

在任何年龄段允许女孩做自己。父母要为女孩提供经验以发展其能力，使女孩在必要时能够采取行动并实现预期目标。我们对她们能力的鼓励和认可能够增强女孩的信心。有的女孩充满幻想和沉思、动作缓慢、犹豫不决；有的则充满好奇，以行动为导向、迅速决断；有的外向、健谈；有的安静、内省；有的是慢性子，有的是急脾气。这些独特的气质让我们看到女孩不同的气质。了解女孩的气质可以指导我们找到鼓励她的正确方式。比如，文静的人喜欢阅读，她对阅读的热爱会使其对文字产生喜爱，而对文字的喜爱会激发起她写作的愿望。精力充沛的人可能会喜欢运动，对运动的热爱可能会使她爱上跳舞，对跳舞的热爱可能会激发她表演的热情。我们要做喜欢的事情，追寻真实的自己。

栅栏

青春期的女孩表面上反对家里的规矩、传统和价值，但实际上她们仍然期望并且需要我们在家里制定一些限制性的规定，并采取一些公平的措施。当我们的女儿处于青春期时，在适宜的行为举止方面，她们会听从我们的教导、谅解、鼓励、建议，以及其他的一些主张。

我们不得不承认，在女儿成长的这个阶段，我们不可能真正地管住她们。我们监督她们的时间和她们的成熟程度成反比。女儿有自己的决定权和选择权，我们无法干涉她们在自己的时间里想要做些什么。我们唯一能做的事情就是不断加强我们的联系，并当好生活中的榜样。

家庭矛盾是有价值的。我们很少有人喜欢紧张，因为它可能会伤害感情，会给平静的家庭带来不和谐。我们实在不愿去理会那些棘手的问题，希望它们能自行消失。但是韦尔兹利大学斯通中心的研究者们发现：如果女孩生长在一个允许矛盾存在的家庭，她们就会有更强的自信心和更强的能力来同他人相处，发展一种更深层而完美的关系。如果我们在困难时期遗弃了我们的女儿，假装一切正常或否认问题的重要性，那么她们就会感到孤独，因而逐渐疏远了家庭这个她们本该依赖并从中得到支撑的源泉。在家庭中总是回避矛盾，会导致青春期女孩自尊的丧失，总体上对健康不利。学会处理争执、使别人知道自己的委屈、正视不公、解决矛盾以及控制自己和别人的愤怒，这些都将有助于我们的女儿充满自信，具有能力，勇敢地迎接生活的挑战。

不断地重新评价警戒线。青春期产生不和谐的普遍原因在于我们没有意识到女儿在其他新的方面的成熟。在她11岁时，我们为了她的安全和舒适而采取的一些限制措施，到了16岁会让她觉得压力过大甚至产生敌意。当一个女孩对自己的行为有能力控制时，应该考虑修改警戒线。

对于我们家所有的女孩，我一直坚持让她们在规定的时间内做作业——一般是在围着餐桌吃完晚饭后。这样一来，她们就可以在睡觉之前做完作业，而且我也在那儿，可随时帮助她们。既然玛格已经上高中了，我不得不将家庭的管制放松一下。她在自己的空余时间以及兼职做保姆期间学到了很多东西。其他年幼的女孩依旧例行在晚饭后做功课。不过，如果玛格提前做完，我可以允许她利用这段时间和她的朋友们在电话里聊聊天。她看起来也很满意我对她的信任，至今也从未滥用过特权。

——玛丽，玛格（15岁）、阿米和乔（9岁）的母亲

花点时间来交谈。为十几岁的孩子选择合适的约束和结果处理方式，对家长和孩子双方都需要有较大的灵活性。试图通过威胁、哄骗、训斥以及惩罚等方式对女儿进行教育是没有用的，这将会导致暴力冲突的发生和家庭的解体。当我们试图了解她们的感情和需要时，女孩们则更愿意了解我们对某些问题的观点——为什么我们觉得有必要对她们进行某种约束。如果我们能听取她们的意见，讨论并满足她们的需求，那就能够使女孩了解并具有

她们自己的思想,坚持她们的立场,并自己采取行动而不是等着别人为她们处理纠纷。

做重要的事。对许多青春期女孩来说,想真正成为一个有责任感和成熟的人并不容易。在一些琐碎的事情上对她们吹毛求疵,只会使我们之间的矛盾更加深化。发型和颜色、鼻环以及满口时髦的词语,这些我们也许看不习惯,甚至觉得恶心,但是太注重这些会拉大我们之间的距离。女儿表现出这些与众不同的行为,可以使我们发现她们真正喜欢的东西,从而培养她们自身的审美观。在绝大多数情况下,她们只是想考验我们之间的关系,考验我们是否能在任何情况下都会爱和尊重她们。

也许体环一词在这里很重要,因为许多父母都因为这个问题来找我们。这让我们许多人感到毛骨悚然,似乎这一行为离我们自己青春期时的时尚相去甚远。在耳朵上打许多耳洞的趋势已经迅速发展成为一种对刺穿任何表面足够大的东西的热情——眉毛、鼻子、肚脐、嘴唇、舌头、乳头、生殖器等。要上体环的人必须年满18岁,所以如果没有得到父母的同意,很多年轻人都是自己给自己或者互相给对方穿洞。"身体项目"的作者们给出了对这种行为启发性的见解。他们说,这样做的理由是为了对自己有掌控权,拒绝做漂亮女孩的理想。"在一切都'亲密和个人化'的文化中,我们并不惊讶,一些年轻女性认为自己的整个身体,甚至是最私密的部分都是一个留言板。"这种理解可能用来解释体环问题不那么让人信服,但它有助于与我们的女儿公开谈论她们对尝试体环的想法。当我们必须决定在什么地方给女儿的行为划定界限时,体环就是一个很好的例子。

第十一章

你们无法理解我：13～17岁

在给青春期的孩子设置警戒线时，我们要透过现象看本质，不能只看到染成紫红色的头发和涂成血红色的指甲，而要看到我们的女儿现在是什么样子，将来会成什么样子。只关注最重要的方面而原谅她暂时的过错，可以给孩子更大的成长空间。我们可以让她一身黑装出门去而不说什么，但是当她满嘴脏话时，我们必须坦率地告诉她那样很不好；她可以把门关起来，不让别人看到她凌乱的房间，但在星期五的晚上我们必须告诉她，不能开灯太晚；我们可以原谅她偶尔一次忘记了给汽车加油，但当她把从妈妈那里借来的新衣服刮坏时要负责。要记住，怎样解决我们之间的纠纷要比我们决定什么事应该发生重要得多，并且，这使我们能够注意哪些行为对维持良好的家庭关系起关键作用。

让女儿按照她们自己的方式去做。自信、负责和善于竞争，这些都是在实践中培养出来的。如果我们坚持让女儿按照我们认为应该的方式去做一些事情，她们就会失去一些有价值的吸取教训的机会，例如，自己思考问题，冒险看看自己的想法是否奏效，知道什么地方犯了错并发现怎样去改正。

我的哥哥总有一些妙招。如果他自己不想洗车，他就会掏钱雇一个朋友去干，接下来他就会因为没有钱去看电影而忐忑不安。我的父母常常鼓励他寻找新的途径。但是，当我试图去做那些看来稀奇古怪的事情时，爸爸总是说："噢，我想那可不是个好主意，你最好做一些实实在在的事情。"我鼓励自己的女儿按照她的想法去做，否则，她又怎么能知道自己做事的能力呢？

——琼，14岁的维罗妮卡的母亲

悄悄地讨论栅栏及越界的后果。"要面子"对青春期的女孩来说是很重要的，尤其当兄弟姐妹或朋友在旁边的时候。私下里讨论栅栏和相应的后果显得我们尊重女儿的情感和承认她长大了。如果我们实事求是地将那些不便公开的问题在私下里谈谈，那么青少年所面临的那些难题就会迎刃而解。

性

如今，女孩在性问题上比上一代人显得开放了，但是我们仍存有疑问，那就是这种开放是来自她们对性行为的大胆和随便，还是早期受到了电影、电视、书刊上的性信息或是同伴之间的相互影响？提倡性开放的文化信息使青春期的女孩受到严重影响。1985年，阿兰·加特曼彻学院的报告指出，在美国，十几岁的少女怀孕、堕胎、生产的情况比世界上其他任何一个工业化国家都多。值得警惕的是，美国是世界上唯一一个十几岁少女怀孕数量呈上升趋势的发达国家。

我们也许会问："这是怎么回事？"是该考虑为我们国家的年轻人提供受教育的机会和实行计划生育的时候了。仔细想想，我们的女儿生活在一个什么样的社会中，每一件事都和性有关，小到漱口水，大到汽车。这些都将导致女孩在情感上还没有准备充分之前，就参与成年人的活动。让我们讨论一下女孩在青少年时期遇到的性问题。

力量和性，性和力量。有许多理论都阐述了有关两性之间力量平衡的发展情况。一些专家认为，古代的妇女在她们满足了部落群体中那些强壮男人的性欲后,男人们会给她和她的儿女们充足的食物作为回报。这种以性交易为主流的交易确保了她们后代的繁衍。今天,"强壮的男人背后有聪明女人在操纵"的说法,也可能来源于此。这种安排对于从前的社会来说似乎挺正常,然而不幸的是情况整个失去了控制,男性在性方面比女性享有不适当的权力。

在我们这个社会中,越来越多的女性被男性强奸;越来越多的少女受到性虐待,而男性多为施虐者;越来越多的女生在学校受到男生的性骚扰;与男性相比较,越来越多的女性声称她们受到的是被动性交;而大多数关于女性的性权利和生育权利的法律也是由男性制定的。

美国国家少女联合资源中心的助理研究员费耶得拉·拉扎·维斯很好地解释了这一问题:"成年人必须了解这样一个事实,性关系是一种权利关系,年轻人有必要学会如何处理。"青春期的女孩在不适合的时候和不适当的异性或没有充分准备时,必须有足够的勇气对性行为说"不"!但严酷的事实是,大多数十几岁的女孩不再对自己在性方面是否活跃提出质疑。今天的问题是什么时候是说"不"的恰当时机,通常对这个时机的把握是模糊的,因为女孩们受到压迫,害怕说"不",并且她们也感到无能为力。女孩们有自信说"不"和设置坚固和清晰的警戒线,来自于高度的自尊和高尚的情操,这些使女孩有能力支配自己的人生。给女孩提供发展她们内在警戒线的机会,这有助于她们成为健康的女性。关于内在警戒线的问题,我们在第六章中谈到过了。

女孩得到了混乱的信息。我们对自己的性行为又清楚多少，感觉如何呢？当我们中的很多人揭开童年时性乱交的痛苦回忆，以及面对文化中混乱的性信息时，不知道还有谁能获得什么性快感。由于我们自己困惑，我们的女儿也困惑。如果父母对自己的性行为处理不当，就会给女儿错误的信息。我们可能在替女儿担心的同时又会促使她们发生性行为。一方面是因为我们希望她受别人喜爱，另一方面也可能是因为我们在这个问题上卷入过深，到了人身侵犯的地步。一个在青少年时期性发育受到挫折的母亲，把自己的性戒备与女儿的约会纠缠在一起。

> 我妈妈总想成为我的密友，知道我的一切事情。她总想让我告诉她有关我约会的情况：那个男孩长什么样？我们做了些什么？他在第一次约会时吻我了吗？我喜欢他吗？我们还会再出去吗？等等。她企图成为我最亲密的朋友，穿着和我一样，无论我的朋友们什么时候来她总会出现并加入我们的谈话。我的一些朋友认为她是一个伟大的母亲，因为她对任何事情都很精通。但是我认为这是一种侵犯。她到底想让我做什么？在约会时发生性行为并且告诉她吗？我不知道，她从没有直接同我谈过。我只是很庆幸自己从未怀孕或者遇到其他麻烦。
>
> ——玛丽杨，21岁

尽管性观念在过去的20年里已经大幅解放，但女孩仍然收到关于她性行为的混乱信息。我们的文化强调身体的完美，这使得女孩容易被性、亲密、调情、身体形象、性认同和自我价值所迷惑。在1995年的一次民意调查中，十几岁的女孩将完美身材定义为身高5英尺7英寸（约1.7米），体重110磅（约50千克）。为了保持如此瘦小的身材，塑造完美的形象，女孩沉迷于长时间的运动。

许多父母和学校都劝告青少年要避免早期性行为。但是，电影、电视、广告和时尚产业，以及同辈和一些父母给出了几乎相反的信息。"不要有性行为，但要看起来很性感。""不要说'是'，但也不要说'不'。""进行性行为意味着你可爱。""如果你有性行为，不要享受。""如果谈论它，你就是一个荡妇。"一个年轻人怎么能在这样的环境下健康成长？美国大学妇女协会1993年的一项民意调查显示，青少年女孩可能真的会被贴上荡妇的标签。调查结果显示，每5名女孩中就有2名有性谣传，其中包括向那些甚至从未与男孩拉过手的女孩或向被强奸的女孩夸耀自己性经历的女孩。如果一个女孩超重，是新生，或者在某些方面与别人不同，那她也可能被称为荡妇；当她在大厅里走路时，她可能会受到嘲讽，甚至有人会在公共场所写下关于她的性涂鸦。女性主义作者莱奥拉·坦纳鲍姆写道："一个女孩的性别状况暗喻了她适应美国女性气质的理想程度……通过性隐喻放大，她的社会差异定义了她的一切。她代表污秽女性。"与女儿们讨论性文化投射在她们行为和外貌的非语言信息可能会保护她们，并帮助她们确定作为有性的生物，她们是谁。

女孩得到的另外一个混乱信息与避孕用具的使用有关。光靠警告女孩不能发生性关系，或不把使用避孕药和发生性关系联系起来，却希望她们控制生育，那简直就是自欺欺人。防止女孩受孕当然很重要，但关于生育控制，我们必须和她们好好谈谈——关于性交责任感、性交的安全性、避孕用具的使用、交往的其他方式、定期检查、爱、性满足、取悦对方以及怎样维持完美的关系等问题。大多数父母羞于讨论这些成人问题，但那些十几岁的孩子们在还没有从感情上真正理解，也没有得到正确的指导和保护，却正在做这些成人的事情。因此，她就难免要承担因过早地发生性关系而造成的危险和负担。我们再也不能漠视这些混乱信息给女孩们的不良影响了。

父亲有时会错误地把女儿当作性对象对待。对父亲来说，女儿的青春期是令他们紧张的时期，因为他们发现女儿的性发育会使他们产生反应。当出现这些感觉时，大多数的父亲选择退却，远离女儿，害怕自己会做出不适当的行为。以前的父亲很和蔼，关心女儿的一切，支持女儿的每一分努力——这也是女儿最大的乐趣。但现在父亲变得冷漠、畏缩，不再花时间与女儿分享那些有趣的、令人激动的冒险经历。一些明显的性反应当然会给女儿造成迷惑和伤害，但父亲的退却对于父女双方都是痛苦的、艰难的。

如果父女双方的关系曾经非常亲密，女儿就会很疑惑到底发生了什么事或她做错了什么而导致这种亲情的丧失。首先她会在外部寻找原因，接着会转向自己，仔细考虑是不是因为自己不够漂亮、不够聪明、不够可爱，借此确保自己能弥补他们之间的裂缝。

我 8～12 岁时经常和父亲一起做事。这些是我童年最难忘的回忆。父亲是一个郊游爱好者，经常会在周末带我去屋后的小山玩。他给我上最生动的科学课——辨别鸟叫声、自然界的植物和土壤成分。我们搜集一些漂亮的石头，把口袋装得满满的，带回家建成石头花园。父亲和我都非常喜欢这段时光，我们的谈话和笑声中还常常带着相互间的鼓励。13 岁那年的夏天是我独自度过的，我们的快乐时光也因此宣告结束。父亲会因为我在身边而显得很尴尬，不知道说些什么，我们也不再一起上山探险了。我一直没有真正从这种失落中恢复过来，很长一段时间我一直想弄明白自己究竟做错了什么。自那以后，我还一直企图要恢复我们之间原有的那种关系。

——简，41岁

父亲应该欣赏女儿的性成熟，但不能把她看作性对象。在女儿成长的不同阶段，父亲应该采取相应的、自己觉得比较合适的行为方式处理与女儿的关系。当女孩进入8～12岁这一年龄阶段时，就不应该再和父亲一起洗澡或一起用卫生间。一些人很早就停止这样做，另一些人则较晚。每个家庭对于裸体和隐私的习惯各不相同，这取决于父母自己童年时期对性行为受控制或禁忌的情况。大多数女孩在7～8岁时会对自己的身体感到害羞，父亲就应该尊重她们的隐私需要。

一些女孩会令她们的父亲伤脑筋。作为女儿生命中的第一个男人，父亲是个英雄，他的慈爱和关怀是女儿最渴望的。有时她们会不惜采取任何手段赢得父亲的爱和认可。除非父亲很清楚自己对性的界线，否则和十几岁的女儿保持合适的关系就会比较困难。总之，女儿需要和父亲保持亲密的联系。许多研究的结果表明，父女关系的质量的好坏会严重影响女性日后能否拥有互爱和性依恋。

研究员兼作家维多利亚·萨库达在她富有洞察力的一本书《妇女和她们的父亲》（Women and Their Fathers）中写到，如果父亲们在女儿成长的过程中不能提供情感上的帮助，那么这些女性成年后就会在发展和维持满意的关系方面遇到困难。研究还表明，如果父亲从一开始就关怀女儿，就不那么被女儿的性吸引所迷惑。

普度大学的研究员法姆·卡米丽娜博士建议，在女儿的生活中父亲的角色应当由监护人转为密友。当父亲知道女儿想自己做出决定时，应当给予情感上的支持，使她能发展更成人化的行为。知道父亲能够提供保护、建议和鼓励，会使女儿有信心对自己的行为负责。这将增强她的自尊和能力。

父亲和女儿保持亲密关系的关键在于父亲和其生活伴侣之间的健康而完整的性关系。这样他就能够探讨在女儿成熟过程中所出现的情感问题，能够给予和接受、关爱和亲昵，能够在和女儿略有"出轨"的情况下重新厘清思路，在从事父亲这一伟大的职业时能够获得支持。

在美国社会，月经是一个禁忌的话题。 在第四章中我们已经讨论了月经这一文化中的禁忌问题。每个月都要影响一半人口的这一强大力量却没有引起相应的重视，这个事实值得重申。至今，在初潮时，女孩仍对这种生理奇迹感到困惑，为什么每月都会流血却不会死亡。

在传统文化中，当男孩到了青春期时会被带离部落，开始接受严格的训练，这种训练会使他们由男孩成长为男人。而女孩的成长仪式则是等待，等待女性特征的苏醒。现代的父母不知道如何指导女儿生活中这个具有纪念意义的阶段。通常我们会让有关机构给女儿讲述"生命的事实"。学校会放映有意义的影片，计划生育诊所会举办性教育讲座，教会的年轻人组织也会组织讨论性别关系等问题。女儿会说："别告诉父亲！"她们安静地独自忍受生活中这段经历所带来的巨大冲击。母亲知道，亲密的朋友也知道，但女儿对于自身变化的最深刻的感受却通常是不能用语言表达的。

（学校的铃声响了……4个女孩从不同的角落里跑到前台来。她们笑着喃喃细语，边笑边相互绕着跳舞。同时问着各自最感兴趣和最隐秘的事。）

4个女孩：你有吗？没有。你有吗？没有。（她们……陆续退场……学校的铃声再次响起，4个女孩又上台来。只有楠有了小小的变化，她用走代替了跑，略显一些女性的姿态。所有的女孩又在C地点碰面了，重复着相同的问题。在其他女孩说完"不"之后。）

楠：有。（其他女孩尖叫着跑下场，留下楠独自一人。她走到D地点跪下来，祈祷。）亲爱的上帝，为什么会发生在我身上？人们都告诉我，您是充满爱心的，仁慈的，只惩罚坏人和罪人。我不记得自己做错了什么，为什么要受到这样的惩罚。妈妈称它为"倒霉"，说所有的女孩长大后都会有。为什么您要给所有的女孩加上这样的倒霉呢？老天爷，有时，我的胃和背都特别痛，我想体内一定是出了什么毛病。我也非常害怕人们会看出来。上帝，它从那儿出来就已经够糟的了，为什么还要让它是红色的？上帝，如果它会发生在每个女孩身上，为什么要选我作为第一个？其他的女孩都认为我太可怕了。求求你，上帝，求您了，请让它离开我。我以耶稣的名义请求您。阿门。（校铃再次响起。其他3个女孩像以前一样跑进来，在C地点碰头。）

其他3个女孩：你有吗？没有。你有吗？没有。你有吗？

女孩二：我有。（其他女孩尖叫着跑下场。楠和女孩二拥抱在一起。校铃再次响起，她们走上前台，女孩三蹒跚着走进来。）

所有人：（对贝基）你有了吗？

贝基：没有。

所有人：（对女孩三）你有了吗？

女孩三：是的。（她们尖叫着接受了。楠，女孩二和女孩三一起走出去，贝基企图跟上她们，但她们推开了她。）

贝基：（跪在 D 处）上帝，为什么发生在我身上？我有什么毛病？妈妈说我的时间就要到了，就像其他的女孩一样，但我恐怕出了某些错。我是说，看着我。（指着自己的胸）我发现每个人都看着我，奇怪我身上发生了什么事。祖母说它是你的一件礼物。那好，如果你能将它给所有的女孩，为什么不把它给我呢？上帝，我只求你这一件事，我不再求你了，请让它来吧。以圣父、圣子、圣灵的名义。阿门。（校铃再次响起。她退场……）

——一出由莫利·纽曼和芭芭拉·丹玛史克合写的小品

我们必须意识到，第一次月经是女孩成人的重要标志，它表示女孩离开了受保护的童年生活，进入拥有权利和担负责任的女性阶段。每个女孩对于这件重要的事情有着不同的看法。有些人羞于启齿；有些人则希望在这段时间内受到特别的注意。父亲会带着女儿出去吃饭，送给她们有纪念意义的礼物，或写一首诗表达他们对女儿新身份的赞赏。有些母亲会给女儿及其朋友准备好茶点表示庆祝，精美的瓷器、银质的茶具、白色的礼服和可口的蛋糕。而另一些母亲则会邀请自己的女性朋友参加聚会、讲述自己的经历来教育女儿，给她们耐心的安慰并传授积累多年的治疗腹痛、背痛和疲劳的经验。

治疗师琳达·赖利是位单身母亲。她教育女儿梅勒妮在月经期应注意身体。"大约在月经来临的前一天她就会有预感，我劝梅勒妮少运动，少外出，保持平静。女孩虽有各种反应，但我想她总是需要安静以免外界的干扰。第一天她通常会心烦意乱，所以我考虑如果她愿意可以向学校告假，而且我们也同意她不必干家务。那天她通常会待在房间里，拉上窗帘，听听轻音乐或读书看报，她从不提出过分的要求。似乎比我当初更了解身体和生理周期。"

当今的观念认为女孩在月经期会行动迟缓、动作减慢，认为是出了毛病，所以许多广告趁机宣称他们的产品可以帮助女性在月经期也能像往常那样游泳、打网球、爬山，甚至可以忘记自己的生理周期。这正是问题所在——这等于教育女性不要关注自己的身体，忽视这神圣的创造、愈合、再生现象。

我们应当花时间和女儿一起举行仪式，庆祝她们进入古人所谓的"血液神秘"阶段。通过倾听和促膝交谈，我们会发现，什么样的仪式可以使她们感动，当她们带着自信、轻松和自豪进入女性行列的时候需要我们做些什么。

真实意图

我们眼看着女儿在一夜之间由幼苗成长为大树，她的花蕾预示着灿烂的盛开。女儿开始逐渐成熟，正像我们认识的一位父亲所说的："含苞待放！"思维活动和身体结构的巨变有时可能会掩盖她初显的个性。我们不知如何才能把握女儿的心态、激情、迷恋和要求。

我对莎米了解得比以前更透了。她与小孩子们相处得非常融洽，在孩子群里她是最出色的。实际上不管谁在周围，她总是最好的。但是，她变了。我想她是被身体变化、别人的期望以及迅速增强的理性思维能力所压倒，于是她感到失落。她的独特天性戏剧性地被掩盖了。直到她在夏令营中当志愿者或做咨询员才恢复自己独特的个性。这才是真正的她，她很出色。

——简，14 岁的莎米的母亲

少女容易在清醒和糊涂之间摇摆，极需要我们为其提供一个远离喧闹的安静之处。在黑暗中，需要我们呼唤她的名字，给她带去一线光明，照亮她的心灵。

我才十几岁时，最大的梦想就是乘豪华轿车到商业街去购物。我不知道自己是怎么想的。如今我 21 岁，在大学从事妇女健康问题研究，主要是帮助那些无助的妇女。我认为现代文明中的女孩一生都会经历类似的"购物阶段"。从某种程度上讲，有点可笑。但感谢上帝，我已走出这个阶段。而许多正在读高中的朋友却依然在那里。这有点可怕。

——玛卓，21 岁

"想按照自己的方式行事"是十几岁女孩行为的真实意图。这些想法有时显得很矛盾。"我想穿戴得和其他人一样，衣着打扮既显得独特又能合群。""我想去哪儿就去哪儿，朋友和父母管不了！"在受家人、朋友、媒体和其他文化导向以及自己内心的向往等混合信息的影响下，十几岁的女孩会先这样做，随即又那样做。渴望我行我素但又必须与家人、朋友和其他人相处，这常常不可避免地使她左右为难，因此她觉得无人理解自己。

珍妮：我女儿14岁时，我很难用语言让她知道我了解她的心思。有时她陷入困境，显得心灰意冷，我用心理训练的方法对她说："你其实太在意了。"女儿瞪着我，好像我来自另一星球。"哦，老天！连你也让我觉得不快！！！"我对她的愤怒很吃惊，因为我自以为了解她的心思，以为她会因为我的理解而倍感欣慰。现在当女儿回顾往事时，她告诉我她最需要的是我的支持。她的真实意图是，"站在我的一边，听我说，我独自难以应付"。

大多数十几岁女孩的行为都存在这样的矛盾："我不想一人应付，帮帮我，但是不要指挥我应该做什么，因为你们根本不理解。"华德福的教师贝蒂·斯塔蕾对她们的这种矛盾做了很好的解释："父母必须承认孩子想从父母那里得到无法得到的东西，她们需要引导而非强迫，需要建议而非命令，需要约束而非惩罚，需要理解而非责难。在需要帮助时，她们希望周围的大人是能提供帮助的人，而不是权威人士。"

父母该怎样做呢？下面所举的例子是受调查者和我们自己在生活中的亲身经历。我们希望能借此洞察女儿的心思。

言语：熄灯时间不公平。我无法向朋友解释，你不理解，别管我！！！
真实意图：我希望你信任我。

言语：妈，我男友打电话找我时，你别一讲就是半个小时，行吗？
真实意图：你是我妈，而我是他女友。

言语：我不明白为什么我不可以观看成人影片，你把我当小孩！！！

真实意图：我不喜欢这个规定。

言语：你们有性别歧视。我哥16岁就可以单独开车，你还给他一辆车。而我17岁了，却只能用老掉牙的篷车载着妹妹。至少你也应该答应我可以在周六把车开到海滩去，和我的朋友们一起玩。那儿可比在坑坑洼洼的道路上驾驶安全多了。如果是我哥提出要求，你们一定会毫不犹豫地答应他！！！

真实意图：我要求重新制定一些家规。

我们的女儿有形容情感、怨愤、奇想和表达意见的独特方式。填上你经常听到的女儿所说的话，看看这些话语背后的真实意图是什么：

言语：
真实意图：

言语：
真实意图：

言语：
真实意图：

采取措施

女儿在生活中一直寻求我们的理解、支持、建议，有时也需要我们在必要时采取措施。在她长到十多岁时，生理和心理的需求使她变得浮躁，所以我们必须灵活应变，对她耐心友好。我们会发现许多女孩在青春期优雅自信，勤学惜友，积极参加社交活动而且与家人相处时风趣幽默。父母在女儿人生的十字路口应该及时给予帮助，在她们生活中起积极作用。以下是能给女儿提供积极帮助的有效方法。第九、第十章中有许多建议也适合十几岁的女孩。

作为一家人，父女、母女要同舟共济。十几岁的孩子不愿与父母在一起，而喜欢和同龄人为伴，认为她们才更理解自己。事实并非如此。显然她们需要家庭的保护，在家里，她们不必担心受到不公平和排斥的待遇。家庭是女儿人际关系的中心，我们应该努力让她们融入其中，在她们遇到挫折时，家就是她们安全的避风港。

父母和女儿一样能从相处中获益。我们建议父母选择女儿喜爱的活动：父亲不断融入女儿的生活，带女儿看电影、赴宴会或看橄榄球比赛，花时间倾听和了解她们的新观念，使她们发现自身的价值是父亲给女儿的最珍贵的礼物。母亲可以和女儿讨论任何话题，比如只有女性参加的滑雪旅行，或者去大城市疯狂购物、下馆子、进影院，教育她们女性之间需要朋友。

参加女儿在学校或社会的活动。许多父母对女儿开始约会感到不安。她花这么多时间和谁在一起？那个陌生的男孩是不是体贴、友好、值得信任呢？别的孩子到处闲逛，我们却把女儿接回家，她会怎么想呢？要了解女儿的朋友及其参加的活动，最好的方法是加入其中。学校组织聚会和旅游时，与女儿结伴；为女儿和她的朋友举行家庭聚会；建议女儿邀请一两个朋友一起与全家外出或旅行；邀请女儿的男友晚上到家里来吃爆米花或看电视。我们想了解她朋友的积极行动可能会让女儿感到十分惊讶，但这是我们的责任。温和地告诉女儿家里的一些规矩，告诉她，父母有责任知道她和谁在一起。父母对女儿约见朋友的要求要大度，她越成熟自然越有发言权。

资助一项集体运动或担任教练。父亲应该同女儿共享棒球或足球带来的欢乐，志愿担任当地球队的教练。集体活动会给父女提供共同参与的机会，同时也会吸引公众对女性体育项目的支持。

为女性争取平等的受教育的权利。你的女儿在高中阶段是否投入了大量的金钱、精力和时间参与女性团体或个人运动？她是否学习了应该学的数学和科学？老师和教务人员是否支持她学习自己感兴趣的科目，如物理、工艺或文艺？在我们国家的学校里，女儿应该享受最好的教育机会。如果你在亲临她的课堂与教师交流之后，了解了学校的教学实践和学校是如何看待男女生的需求以后有疑问，你可以同所在区的有关官员、国家公民权利办公室或国家教育办公室联系，查询有关父母如何为女儿提供更佳教育机会的信息。

庆祝"带女儿一起去工作"的日子。由妇女基金会创立的"带女儿一起去工作"，是培养女孩自尊的好机会。在尝试了那些适合女性的工作后，女儿对自己将来的择业趋向会有更现实、更具体的想法。专家预测，到2000年女性能够胜任2／3的职业，所以"带女儿一起去工作"似乎是我们对将来的明智之举。

支持孩子参与社会服务。到 13～17 岁时，女孩就会有强烈的平等和公平感。她们不一定愿意帮忙做家务，但当别人需要帮助时，她们会非常热心，全力以赴。到看守所当差、替疗养院的人们读写信件、志愿到日托中心帮忙、担任低年级学生的辅导老师、送食物给收容所里无家可归的人，提供这些必要的服务有助于她性格的成长和增强对文化道德、社会经济以及宗教区别的了解。

大多数城市都有青少年的活动项目，比如加利福尼亚州奥克兰的东奥克兰反击活动。在那里的一次玩具枪交易会上，一次能卖出 300 支仿真手枪。而志愿者们希望多给小孩提供非军事玩具，以减少家庭和街道的暴力行为。这可以使青少年能更安全、更健康地投入学校和社区的活动。

对任何有关性骚扰的抱怨都要严肃对待。全美女学生联合会已经确定，女孩在学校难免会遇到如下情况：
- 与性有关的评论、玩笑、动作及神情。
- 展示或张贴与性有关的图片和文字。
- 浴室墙上涂满淫秽的图文。
- 关于她们的桃色新闻。
- 关于她们是同性恋的谣言。
- 在穿衣或洗澡时被别人窥视。
- 露阴。
- 别人以猥亵的方式呆看、摸、抓等。
- 流氓似的拉衣服。
- 受到别人猥亵的挤蹭。
- 被流氓拦截。

- 被强行索吻。
- 被强行做与性有关的动作。
- 衣服被强行脱掉。

前面已经提过,我们认为要女孩忍受在学校的遭遇是很不公平的。作为父母,我们必须寻求解决这种严重问题的方法。咨询别的家长、会见校方领导,找到一种方法使女儿所在的学校成为安全有趣的场所。

警惕性虐待现象。治疗师琼·斯特恩是康查科斯塔自杀危机热线的负责人。他解释说:"父母很难发现女儿受到性虐待的迹象,因为没有人会想到这些。他们将此现象与女儿在青春期对隐私的需要相混淆。在与男友分手或关键学科考砸时,她们的正常反应是畏缩和郁闷。对于隐私的必要性要结合如下现象加以考虑。"

1. 错误地估计了冒险行动。受过虐待的女孩会从事很多冒险活动。她们认为既然最坏的情况已经发生,那她们就可以做任何想做的事,因为不会再有更糟的情况了。她们总是发现自己处在危险境地,甚至迷失方向,比如在危险的公园独自夜行,不把危险当回事,不去设想会发生什么。由于年纪轻、阅历浅,她们自以为不会有更坏的情况。恰恰因为如此,这样的女孩会再次受到伤害、强奸或不法分子的攻击。她们反复使自己受伤害,破罐子破摔。

2. 不服从权威。最严厉的要求对受过虐待的女孩也无济于事。这些女孩看到成年人无法保护她们,就认为成年人不值得信赖。

批评和劝解都无法取得她们的信任。我们应寻求多种沟通方式让她们认识到需要我们的帮助。

3. 拙劣的谈话技巧。有些受虐待的形式和程度，让女儿感到无法摆脱，因为她们的生活间接地与施虐者相连，只有隐瞒才能得以生存。她们通常会隐瞒实情。她们分不清是诱惑还是在谈判。我们应该温和耐心地教她们怎样才能不以受骗者或受害者的方式处理好这样的事。

4. 混淆爱情与普通感情。一位被采访者讲得很清楚："我与他结婚时，我并不爱他。我当时才18岁，他是第一个对我好的男人。"受过虐待的女性容易因为男人的温柔而马上坠入爱河。她们通常就这样结婚，生儿育女，过早地背上沉重的家庭包袱。许多类似的婚姻失败了，她们发现自己又受到了伤害。只有成熟后才能分清同情、爱恋以及要求维持长久关系的承诺。

5. 不为将来做打算。因为在她们的经历中最糟的情况已经发生，受过虐待的女孩容易把受虐的创伤延伸到生活的方方面面：即使达不到自己的实际需要，她们也满足；一旦离开帮助就不知所措；认为订婚能留住易失的爱情；甚至冲动地攻击男性。一位年轻的女士回忆道："我闯入酒吧，把眼前的任何一位男士从座椅上提起，仅仅为了显示自己才是控制一切的人！"

注意自杀的危险信号。尽管男孩自杀的成功率比较高，因为他们会采取一些更致命的手段。但是青春期女孩自杀倾向的比率却是男孩的4～5倍。如果生活的巨变使她受到挫折，请警惕她如下的行为反应：

- 食欲减退。
- 睡眠方式改变。
- 减少交友及其他社交活动。
- 易怒、害怕、固执。
- 主要性格发生变化。
- 经常身体不适或劳累。
- 自虐行为。
- 专心于与死亡有关的事。
- 极度害怕暴力。
- 不理智的奇怪行为。
- 过度自责和羞愧。
- 失望、沮丧和绝望。
- 把自己的东西送人。

女孩在青春期总会遭到来自生理、心理、文化和精神方面等问题的打击。当有不幸的事情发生时，比如离婚、家人或朋友的死亡、失去一段珍贵的情缘、吸毒、性虐待或性骚扰等，她们会感到穷途末路。上述迹象可能不足以表明自杀倾向，但是如果我们的女儿陷入困境，为保险起见，我们应该建议寻求专门指导。

父母必须为双方的关系而努力。女孩在青春期对别人的反应极为敏感。父母是女儿在日常生活中相敬相爱的典范。任何不公、争执和矛盾都逃不过女儿挑剔的眼光，我们会因为自己的行为而付出代价。离异的父母很难摒弃双方的分歧，共同帮助女儿走进健康的少年时光。当那些继父或继母努力寻找在新家庭中的位置和确保自然的家庭关系时，会发现女儿特别反叛或畏缩。

出于为自己和女儿考虑，不管以何种方式，父母都应该不断地努力改善双方的感情关系。父母相敬相爱能为年少的女儿营造出和睦温馨的天堂，引导她们进入健康的成年阶段。

与儿子交流。问问男孩，如果他们是女孩，他们的生活会不会不一样。他们认为女孩应该如何做？他们会意识到女孩在学校所受的性骚扰吗？关于这一点他们能够做些什么？对于媒体、学校和工作环境所维系的陈规和文化歧视，儿子和女儿一样都应该受到教育。任何人都不可以限制我们实现梦想的权利。

第十二章

寻找自我：18～29岁

> 大学就业顾问：作为一名年轻的成年女性，现在你关注的是什么？
>
> 凯利（22岁）：我是谁？
>
> 我有哪些才能？
>
> 我该如何发展这些才能？
>
> 我又该怎样利用这些才能？
>
> 今天的疑惑限制了明天的成就。让我们满怀坚定、积极的信念勇往直前！
>
> ——富兰克林·德拉诺·罗斯福

成长的任务

一个女孩从抱在怀中的小不点长成了站在我们面前的婷婷少女。她们4岁时的一些小爱好、小习惯,可能曾令我们担心不已,但如今,都已成为让她们健康成长的礼物、才能与资源。

在利萨4岁时,她会把任何生病的动物带回家来。现在,她正在进行医疗实习并申请到国际灾难医疗救援队工作。

——安娜,26岁的利萨的母亲

在她5岁时,我们为她建造了一个玩具小屋,这个小屋主要都是由她设计的。如今,她在我们当地的一家建筑公司上班。她也是我们这个城市从事这一行业的第一位女性。

——詹森,28岁的马里恩的父亲

帕梅拉曾经是全职保姆,她经常照顾一些小孩子。我想让她成为一名律师或医生,哪怕是一名牙医也行,因为她有这方面的才能。但情况并非如此,她在大学里学的是儿童发展专业,在那里她遇见了她的丈夫,并且有了两个孩子。现在她的孩子都已经长大了,她又回到了学校,关心自己想要的生活。她告诉我,她想当老师,这是她原有的梦想,她看起来很喜欢这个工作。

——约耳,27岁的帕梅拉的父亲

在寻找自我的成长阶段,女性的主要任务是在生活中寻找属于自己的位置,小到如何与人交往,大到如何适应这个世界。作家兼理论家艾米丽·韩库克博士认为,现有的文化在对女性进行描述时,往往用"现成的模式"剥夺了"她们自我定位和做出选择"的权利。当今的年轻女性所面临的最大挑战就是如何避免这种情况。这些现成的"女性的模式"将会使年轻女性失去为自己的生活道路做出选择的机会。

珍妮: 刚上大学时,我想学有关社会工作的课程,因为我想帮助那些有智障的孩子。这是一件非常艰难的工作,所以我向父亲说出了我对自己能否干好这件工作的疑虑。他建议我做一名老师,因为如果我丈夫无法工作的话,我就必须有一份工作。虽然那时我还没有结婚,也没有立即结婚的打算,但我还是接受了他的建议,学习初级教育专业。教了两年书之后,我辞职了。因为这项工作使我感到很失望,也让我精疲力竭。我真的不适合这项工作。我不想责怪父亲建议我从事这一职业,因为教书能使我在经济上得到保障,我知道他是一番好意。做出这样的选择很容易,但只考虑了安全,而没考虑自己的个人意愿。经过25年的摸索,我终于能够如愿以偿地从事自己喜爱的工作了。

现在的年轻女性比以往任何时候的都有更大的自由来决定自己的命运。很多人都是先选择自己的生活方式,然后再成家、立业,或双管齐下。她们有发表心声的自由，而不是保持沉默或躲起来。她们有权决定是否结婚以及何时结婚，是否要孩子以及何时要。我们鼓励她们要敢于领导而不是盲目随从；按自己的意愿生活而不是完全依赖于某个人；按自己的方式行事而不是遵从文化中的陈规陋习。

女儿所面临的任务并不轻松。人们期望她们在社会上扮演各种角色时有自己的思考、感受和动作。她们必须有勇气在生活中了解、选择、申请、决策、领导并采取行动。这些男性化的动词以前很少用于女性。现在她们已经具备这些才能，但经常是遮遮掩掩，悄无声息而且鲜为人知的。现在，我们对她们寄予厚望，在走向人生的旅程时她们还需要什么呢？

需要

女儿需要耐心、支持、空间和理解。正值年少的女儿常常会疯狂地开始，然后破坏性地结束。有些人的确能够了解自己的思想，做出自己的选择，非常轻松地生活，但对于大多数的人来说，要迈出第一步并不容易。还有一些人在制订计划时没有困难，但不能持之以恒。一些人的生活方向偏离了轨道，遇到了重重的艰难险阻，但通过努力最后又走上了正轨。尽管有些人可能从一开始就知道自己要走的路，但对于大多数的年轻女性来说，刚刚步入成年的那段时光是她们为了解自己的内心需要而进行尝试和品尝人生滋味的阶段。

大家知道，十几岁对于男孩来说正是尝试错误的时光。也许

第十二章
寻找自我：18～29岁

父母会奇怪为什么他们的女儿在年龄还小和没有濒临危险时不去尝试呢？有一些女孩尝试过。然而，文化的约束和父母的限制，使得那些十几岁的女孩迟迟不能为自己的生活方式做出选择。

干吗这么急？也许是因为父母们想让女儿生活得好一些，不希望看到她们成年后陷入经济困境。这很自然，也确应如此。充分理解女儿成长任务的艰巨性，有助于父母在女儿面临生活抉择时提供有益的指导、支持和理解。

寻找良师益友。建立同伴间相互支持、寻找现实生活中可以成为女儿的榜样的良师益友，这些人有着健康、成功和全面的生活模式。这有助于那些刚刚步入成年的女性选择正确的人生道路。当女孩们选择结婚准备生孩子时，其他的母亲——不管是刚刚当上母亲的还是早就成为母亲的，都是这些女孩学习做母亲和照料家庭极其重要的榜样。大学教授、顾问、朋友、朋友的朋友、同事、老板、其他专职人员，甚至是父母，对于女孩在处理婚姻事业问题上都能提供有益的指导。从那些能成功地兼顾事业和家庭的父母们那里，我们能够找到解决工作难题的诸多诀窍。

放开她的手脚。对于许多家长，特别是那些有女儿的家长来说，最不容易做到的就是让女儿选择自己的生活。我们可以对她们过早结婚、肄业及选择工作表示关注或提出建议，但最终的决定权还是掌握在她们自己手里。我们要充分信任女儿的智慧，让她们为自己的命运做出选择，而不是告诉她们应该如何如何，这样可以给她们勇气去战胜所遇到的任何挫折。处于各个年龄的女孩对亲情、友情都有自己的价值观。当得知有父母的支持、信任和认可,而不是指责时,她们就能安定、自信地继续走自己的生活道路。

我的母亲不明白我为什么住得这么远,我为什么爱我的工作。每次我们通电话时,她总是问我什么时候结婚,什么时候回家,为什么我还在做这份糟糕的工作。我害怕给她打电话,因为我要么咬紧牙关,不理她,要么为自己辩解,可她从来不听。她认为她知道对我来说什么才最合适,最完美。对她来说,我是一个坏女儿,更糟糕的是,我是一个失败者,因为我还没结婚,住在她隔壁,有四个孩子!

——克里斯塔,24岁

任何年龄段的女儿都根据她们的人际关系来衡量自我价值。当得到父母的支持、信任和认可,而不是评判和指责时,她们就能安定、自信地继续走自己的生活道路。

女儿们仍然需要父亲。当她们衡量自己的技能和梦想时,父亲可以为女儿提供稳定的支持。对于一位年轻女子来说,让她的父亲真正倾听她的担忧,而不是帮她解决所有问题,意味着她可以和父亲讨论自己的困境,并提出她自己的解决方案。"对我来说,当我谈论自己的问题并解决自己的问题时,我父亲愿意倾听,这对我意义非凡。他一直在帮我解决问题,所以他教会我如何思考问题,以及如何做出自己的决定。"

每当我遇到实际问题,比如如何申报我的所得税,或者如何申请汽车贷款,在整个过程中,我都可以依靠我的父亲教我怎么做。当我不得不第一次做点什么时,他教我的经验和耐心非常有用。当我的车被撞了,而司机没有保险时，我的父亲会帮我弄清楚如何用保险报销。如果没有父亲帮我，我肯定要出一大笔钱！

——珍娜，23 岁

一个忠诚、包容、支持、可以让人依靠的男人可以为女儿与他人建立亲密关系打下基础。即使是最有自信的年轻女性也可能在遇到困难或不良关系时感到自己的自尊心受挫。

我和一个让我感到困惑的人约会。我似乎做什么都不对。当我想看电影时，他会想去跳舞。当我做了意大利晚餐时，他却想吃中餐。当我邀请朋友过来时，他会希望独处。我们一开始就错了，我们永远都不可能。知道不管我做得多么糟糕，我父亲都认为我很棒，这对我很有帮助。

——林恩，26 岁

如果双方都愿意保持联系并敞开心扉，那么女儿成年后的日子对父女来说都会很特别。我们听到很多女人惋惜地说她们离开家后很少与父亲真正地进行交谈。

现在，每当我给家里打电话是我父亲接电话时，他都会问我过得怎么样，然后就把电话交给我的母亲。他从来不想知道我身边发生的新鲜事。我很想他。

——莉兹，23 岁

当他们的女儿离开家后，许多父亲不确定如何与她们沟通。他们可能会退缩，不想干涉，也没意识到女儿可能会因为得不到父亲的专业知识和指导而感到被抛弃了。女儿也可能会退缩，因为她们害怕父亲批评或指责自己的生活选择。现在父亲和女儿需要敞开心扉去沟通，探索如何保持联系以及如何成为朋友，这对许多父母和成年子女来说是一个艰难的转变。

女儿们仍然需要母亲。"镜子，镜子，在墙上，我终究和我的母亲一样。"有些女人呻吟着说。她们意识到有时自己身上有母亲的影子。可能因为她们发现自己的兴趣和母亲年轻时的兴趣一样；或者当她们教自己的孩子时，嘴里会说自己母亲曾说过的话；或者直到她们说出自己的想法并记得母亲也曾说过类似的想法时，她们才意识到自己和母亲的想法很类似。无论这些是积极的还是消极的，与母亲的关系在女性的生活中非常重要。

在我18岁的时候，就在我开始明白我的母亲有许多奇思妙想，是一个很有深度的人时，她去世了。我从来没有机会真正了解她的生活，不知道她处理一些问题时的感受，比如她和她妈妈相处得如何，或者她刚刚成为妈妈时是什么样子，她为什么决定成为一名记者。现在，当我做重要的决定时，我很想念她。我真的想要孩子吗？还是我只想工作和旅行，不想承担这些责任？

——劳拉，26岁

母女之间的纽带具有巨大的潜力和可能性。从亲子关系向成人友谊的过渡可能需要很大的勇气、率真、诚实、理解、同情心和幽默。母亲可能很难放下自己的权威地位，无法让女儿获得自己的权力和专业知识。有些母亲可能忍不住对她们已经成年的孩子的职业、生活方式或伴侣选择进行判断和批评。母亲可能会过度关注女儿的生活，不能给年轻人她们需要的空间和尊重。这些难题为基于平等和亲密的母女关系创造了巨大障碍。

你要知道大多数女儿都希望与她们的母亲有一段有意义的关系，这很重要。如果过去的困难阻碍了母女关系的发展，母亲们必须迈出第一步来进行弥补。对于过去的失败、疏忽怠慢或无意识的错误向女儿道歉是开启对话的必要条件。一个关心但置身事外的第三方，如牧师、调解员或治疗师的帮助有助于消除误解，还有助于母亲和女儿说出她们彼此需要和想要的东西。对于女儿来说，了解她母亲的经历非常重要：她如何看待某一件事；她对此感觉如何；她做某件事的原因；她有什么遗憾；她学到了什么。知道母亲处理问题的经验，女儿才可以更全面地了解她的母亲，与母亲建立沟通的桥梁。这种关系使女儿可以得到母亲智慧和经验的支持，有勇气开展自己的生活。

在我的母亲告诉我我小时候她的生活状态之前，我从不了解她的勇气和韧性。我有4个哥哥，年龄都很接近，在四哥4岁的时候，我出生了。我不知道在我出生之前，我的奶奶艾拉中风了，她过来和我的家人一起生活。那时，我母亲要照顾奶奶，还有4个小男孩。当时，艾拉胡思乱想，厌恶世界，卧床不起。她在我出生前两个月就去世了，所以我没有见过她。因为她是一个负担，所以我的母亲对那时的生活很少谈起。当我母亲后来告诉我有关艾拉的事情时，我母亲的坚忍更让我尊敬她了。我意识到自己也可以这样坚忍不拔，此后，很多事对我来说似乎没那么不可能了。

——琳达，27 岁

女儿送给母亲的奇妙礼物是对世界的全新视角以及创造和体验快乐的可能性。透过女儿的生活，母亲对精神和心理成长、社区参与以及对快乐的追求有了新的认识。那些对自己的女儿敞开心扉的母亲会发现她们的热情、希望和变革的潜力。

我的女儿总是告诉我她的新发现,她刚刚推荐了一本关于女性主义第三波浪潮的书。我很愿意听听那些年轻女性对女性主义者和参与了女性主义第二波浪潮的母亲们的看法。我们有很多要讨论和相互学习的地方。她帮我继续保持年轻的心态。

——马西,51 岁

母亲和女儿可以通过许多方式建立更紧密的互利和互相信任的关系。母女读书小组、电影俱乐部和晚宴很受欢迎。母亲和女儿也可以加入政治、服务或艺术组织,这些组织可以为母女团聚和共度时光提供机会。我们认识一个每周为无家可归者做饭的母女团队,一个一起参加徒步旅行的母女团队,还有两个做绗缝圈的母女团队。母女之间有很多可以更好地去相互了解对方的方式。不要再浪费时间了。母女团聚吧!

内部指导系统

从出生到 7 岁,女孩是通过手和脚来表达自己的。她的任务就是通过感官探寻世界来发展自己的意志,通过摸、爬、看、嗅、听、跑、抓和尝来获取信息,和周围的世界紧密相连。8～12 岁,她开始理解情感生活,即自己心灵的生活。青少年时期,心智的发展引导她去探索理性世界的真理,并达到全面的理解。在女儿成长的过程中,她不断地编织她的关系挂毯,使它越来越复杂,同时,女儿的能力也不断增强,这使她能够关心、爱、同情并促进自身及他人的发展。

18～29岁，女孩们的意志、情感生活、智慧和关心他人的能力交织在一起，使她们成为一个全面健康的女人，踏上今后的人生旅途。内在的指导系统将通过梦想、幻想、思维、预感和情感指引她实现人生目标。我们能否保护女儿免受性别歧视和旧传统认为的"女孩不能干这干那"对她们的控制，将影响她们对自己内在智慧的信心。内在的引导能使她们了解下一步的行动，意识自己的不足与局限，同时也清楚自己的优势、才能和智谋。有了内在的指引，她知道何时该对自己不想或不需要的东西说"不"，也知道如何对自己心中的愿望说"是"。

没有了内在引导系统的指引，刚刚步入成年的女儿也许会感到没有信任感、失落、难受与烦躁。她们可能会漫无目的地在从一种体验到另一种体验中徘徊好些年。要去支持这些迷惑的"流浪汉"，父母会感到特别困难，不过，女儿的心灵仍会根据自己内在的节奏展现。如果到了28岁，女儿仍没有确定自己的生活道路，那么就该促使她走出我们的庇护。阻碍她们走向自我反省和心灵成长的因素有很多，如不幸福的婚姻、对母爱的需求、不如意的工作、经济上的拮据、一次意外的事故、亲朋好友的死亡、严重的疾病等。

继续支持我们的女儿，听听她们的想法，仔细考虑她们的观点，通过消除彼此之间的冲突来增进沟通，会增加她们对自己内在智慧的信心。她们感受得越多，思考得越多，适应生活的能力就越强。

栅栏

女儿在童年时期时，我们总是尽力为她的行为设置一些栅栏，选择一些符合常规的行为模式。父母的这种责任虽不轻松，但对女儿形成健康的心理却至关重要。父母将所制定的防范措施传输给女儿的过程是一个渐进的过程，这一过程主要发生在女儿13～20岁。有了我们的指导，她们逐渐地变得有自己的行事动机、能够适应环境、自立、负责、可靠。能够遵循自身内在的引导，能对他人的痛苦有所表示，能适应家庭、社会及外部世界的需要，是成长为一名健康女性的标志。将来我们的女儿会设置这些栅栏来指导她们的下一代，培养她们的子女拥有健康的内心世界。

性

女儿成年后，大多数会离开自己童年的家，去求学，与朋友生活在一起，结婚组织自己的家庭。由于没有了父母的看管，她们的性生活得以发展。虽然在家中住时她们的性就很活跃，但我们还是不愿公开接受这些事实。我们确信她们懂得有关避孕及性安全的知识，但我们并不真正想知道其中的细节。在这一点上，父母和女儿之间是不同的。但是，一旦离开家而独立生活，女儿的性的问题便会在父母与女儿的关系中第一次体现出来。

现在我们不得不面对一些以前从未遇到过的情况和问题。当她第一次从大学里将一个男孩带回家时，我们该如何解决住宿问题呢？当她决定与一群青年男女一块儿住时，我们该怎么办呢？当她和她所爱的人一块回家来，我们又该做何感想呢？我们该阻止她们吗？她的性生活会对她的弟妹们以及我们自己的性关系产生什么影响呢？所幸的是在女儿告诉我们她的计划之前，我们已经考虑清楚了自己的处境。在这一点上，我们不能阻止她选择自己的生活。在考虑她的性生活会给我们的家庭带来什么样的影响时，我们有权发表自己的意见。这也许会是一段复杂的、艰难的、有待理解的、需要耐心的时光。我们应该开诚布公地交流，明确而诚恳地告诉女儿我们的感受，希望她在按自己的方式满足自己的需要时，能考虑父母的感受。

母亲会经常和刚刚成年的女儿自由地讨论有关性的感受、经验和问题。女儿在性方面变得更为成熟，使得单纯的母女关系转变为普遍而稳固的朋友关系。

尽管现在人们追求新的性平等，但在性行为方面，年轻女子与年轻男子还是有所不同。绝大多数的女性还是希望找到一个长期的性伴侣，而不仅仅是一夜激情。她们希望在拥有令人满意的性关系的同时，也能与男友融洽相处，他们之间有共同的目标，一起分享欢乐，经常在一起谈谈生活中的小事，携手共度安静的片刻和独处的时光。女性与性有关的事情比男性多得多。女性在经历各种关系的纷繁变化之后，性会慢慢成熟起来，例如生孩子，产生新的思想，有了步入社会和参加工作的念头。男性的目的与责任就是为了家庭和孩子，他们原始的、本能的性特征促使他们传宗接代，使这个家族越来越大，并一直延续下去，而女性的本能则是将她们与性成熟的生育能力结合在一起。

真实意图

在我们的心中始终保留着有关她们各个年龄时期的一些深刻印象。从一开始,我们看见稚嫩的幼芽破土而出,随后的几年,我们就想象着她们能像一棵小树那样茁壮成长、长高、挺拔、成才、开花。我们就是那孜孜不倦的园丁,给她们施肥、除草、打桩、修剪枝叶。我们必须知道女儿表现出来的每一个新的习惯、特征或行为都会帮助她们寻找自我的真实意图,但在当时我们很难意识到这一点,而是错误地把它们当作女儿的本质。尽管有时很痛苦,但她们还是要借助我们的力量建立自己的栅栏,了解自己的活动范围。她们想方设法,又是刺探,又是引诱,又是指责,来探查我们的世界观。我们的耐心——有时不那么耐心——是要鼓励她们划定自己的范围。我们不断地呼唤她们的名字以提醒她们记住自己是谁。

虽然女儿仍继续寻求我们的支持以及和我们的联系,但现在我们必须放手让她们寻找自己的生活道路。不管她们对自己的将来是充满信心,还是止步不前;不管她们是犹豫徘徊,还是能把握进退;不管她们是自由地翱翔,还是深陷泥潭;不管她们在遇到艰难险阻时改变方向,还是顽强顶住,勇往直前;也不管她们是孤军奋战,还是与朋友和同事并肩战斗,她们都在向自己的目标——健康女性前进。

一切都已熔化,渗入泥土
从希望到行动,从言语到沉默
我的事业,我的爱情,我的时间,我的命运

都已聚集，变得热烈起来

要像树苗一样茁壮地成长

——梅·萨顿

父母必读养育系列图书

内容简介： 这是一本写给年轻爸爸妈妈的成长教育规划书，内容涉及当今养育生活细节，直击父母关心的养育痛点，书中一桩桩的小故事，每一幕都会让你惊呼"对！说得没错！就是这种想法！"兰海老师用智慧将现实典型小案例与教育规划指导相结合，解读孩子成长密码，用理解、接纳和爱，打开养育孩子的全新世界，帮父母成为孩子的成长规划师。

内容简介： 从一位资深幼儿教育者的视角，作者通过她的见闻和自己的故事，来与大家分享教育孩子路上的点滴与历程。对于养育孩子这件事，没有标准答案，也没有速成班，唯有用心去呵护，去引导才能让孩子不断在这个世界中，找寻真实的自己。16篇亲子故事，不仅带给你养育的经验，更重要的是引发思考，懂得如何一起同孩子成长，又该在慢养的路上如何勇敢前行。

内容简介：一本在欧洲引起极大轰动的畅销书，一份挑战传统教育观念的认知清单，一种开启童年美好回忆的生活理念。我们要告诉孩子如何在世界上拥抱美好……

内容简介： 追踪记录太阳花生长的高度，比较自己和朋友的身高，可以理解冰冷与温暖，测量一块木塔，尝试听听不同动物的声音，使用放大镜观察昆虫……

本书将国际幼儿科学教育理念带到你和孩子的生活里，将儿童带到科学学习的道路上，寻找无尽的科学游戏，玩转最初的科学思维。